编辑委员会

宁夏广播电视台研究思考文集

融媒时代的

困惑与求索

段鹏举 宋 韬◎主编

黄河出版传媒集团
阳光出版社

图书在版编目（CIP）数据

融媒时代的困惑与求索：宁夏广播电视台研究思考

文集 / 段鹏举，宋韬主编. -- 银川：阳光出版社，

2024. 12. -- ISBN 978-7-5525-7701-3

Ⅰ. G229.2-53

中国国家版本馆 CIP 数据核字第 2024G89B19 号

融媒时代的困惑与求索

——宁夏广播电视台研究思考文集　　　　段鹏举　宋韬　主编

责任编辑　胡　鹏

封面设计　马春辉

责任印制　岳建宁

黄河出版传媒集团　出版发行
阳　光　出　版　社

出 版 人　薛文斌

地　　址　宁夏银川市北京东路 139 号出版大厦（750001）

网　　址　http://ssp.yrpubm.com

网上书店　http://shop129132959.taobao.com

电子信箱　yangguangchubanshe@163.com

邮购电话　0951-5014139

经　　销　全国新华书店

印刷装订　宁夏精捷彩色印务有限公司

印刷委托书号　（宁）0031486

开　　本　710 mm×1000 mm　　1/16

印　　张　23.5

字　　数　352 千字

版　　次　2024 年 12 月第 1 版

印　　次　2024 年 12 月第 1 次印刷

书　　号　ISBN 978-7-5525-7701-3

定　　价　68.00 元

一半是问题，一半是答案

几位同事刚刚完成一部关于贺兰山的纪录片。与笔者交流时，他们除了谈论片子的得失和拍摄中的辛劳，还特意说起曾遇见过的一个自然奇观——

有一天，他们攀上贺兰山顶，只见以山脊为分界线，一侧浓云密布，而另一侧则澄澈如洗。这脚下的天地，竟然呈现出泾渭分明的两个世界！"无限风光在险峰"，他们被此景震撼，赶忙摄入镜头，并庆幸不虚此行。

自然与人生，往往异曲同工。

2024年央视春晚上，主持人尼格买提在配合魔术师刘谦表演节目时，拼错了两张扑克牌。为弥补这一失误，他后来在元宵晚会上进行了再次展示，同时说明曾经拼错的两张牌——一张是A，一张是Q。当时，他说的一句话意味深长——"Q和A，就得在一起。因为我们的生活，一半是问题（Question），一半是答案（Answer）"。

无论是贺兰山巅的奇特风光，还是广电业内的这则趣闻，细加品味，均能给我们带来深切感悟——这世间，凡有问题，必有答案。但问题与答案之间，往往隔着一座大山。我们需要探究的是，如何才能实现脚下的跨越？

由此联想到我们的融媒改革，求索的过程何其相似！

改革，其实就是为发展中的问题寻找答案。当前，宁夏广播电视台融媒改革仍然面临不少难题，比如，我们全媒体生产的布局怎样才能更加合理？流程机制如何进一步理顺？精品创作能力怎样才能稳步提升？开放合作如何处理好自立与分工的关系？等等。经历多年的探索与实践，我们虽然取得了不少成绩，但与实现"系统性变革"的目标要求仍有较大差距。此刻，敢问路在何方？

本书是近年宁夏广播电视台职工调研思考文章的汇集，大多数内容曾在各类刊物或相关场合表述过。其中，有的是对相关问题的调研，字里行间充满了对发展的忧患；有的是对既往经历的复盘，条分缕析地展现了工作成果；有的是头脑中灵光一闪的点子，还要等待实践的验证；有的则属于对外来经验的梳理，正在探寻与工作实际结合的具体方式。无论怎样，这些文字都体现了全台职工对各类问题的深切思考，以及对加快发展的热切盼望。我们把它们以书籍形式汇集保留下来，正是希望能够为宁夏广播电视台进一步深化融媒改革提供思想动力。

此外，在思考之外，我们还想说——改革更需要有勇气去行动！知与行，往往相辅相成。相比而言，知固然重要，但行更加可贵！马克思说，"哲学家们只是用不同的方式解释世界，而问题在于改变世界。"邓小平说，"不干，半点马克思主义也没有！"习近平总书记说，"社会主义是干出来的。"这些思想，均体现出马克思主义的实践本质。这告诉我们，要担负起推进主流媒体系统性变革的历史使命，必须勇于打破各种利益固化藩篱，改变许多历史惯性的羁绊。这就需要我们拿出干事创业的勇气与行动，不断提高改革的执行力。

2024年，一款名叫《黑神话：悟空》的游戏异常火爆。孙悟空作为中国古典文学中的经典形象，千百年来不断赋予着人们改变现状的梦想。其实，我们每个中国人的心中都藏着一个孙悟空。他那敢于向不合理的秩序和各种困难问题挑战斗争的决心与勇气，赋予这款游戏以灵魂，同时也给我们当下进一步推进融媒改革以强烈深沉的精神激励与情感共鸣。笔者注意到，在这款游戏被玩家们追捧的同时，网上一段关于孙悟空的对话也再度流行——

"大圣，此去欲何？"

"踏南天，碎灵霄！"

"如若一去不回？"

"那便一去不回……"

我们想，要让各类改革举措落地见效，使宁夏广播电视台实现系统性变革，这种"一去不回"的实践勇气必不可少！

所以，我们编辑此书的目的，不只是汇集智慧，更在于唤起行动！

编　者

2024年12月

目 录 /Contents

点子荟萃：大珠小珠落玉盘

"黄河云"如何发展，听听他们的建议！

培训手记：问渠那得清如许？

交流互鉴:他山之石能攻玉

论文撷英:且行且思细穷源

调查研究

不畏浮云遮望眼

以黄河云平台为依托
加快推进宁夏全媒体传播体系建设

吴　静

　　建设全媒体传播体系是我国媒体深度融合进程的重要方向，是坚持和完善舆论引导工作机制的关键内容。2024年是媒体融合作为国家战略推进的第十一个年头。党的十八大以来，从构建"现代传播体系"到"全媒体传播格局""全媒体传播体系"，媒体融合发展不断向纵深推进。

　　作为我国全媒体传播体系建设中的重要一环，省级融媒体平台处于承上启下的"中游"位置，地位十分重要。自2019年5月贵州省"多彩贵州宣传文化云"平台作为国内首个省级融媒体平台率先上线运行以来，全国各省区结合自身实际，从组织结构重构、业务流程再造、产品创新等多方面切入，陆续打造出了各具特色的融媒体平台。当前，无论从相关决策考量来看，还是从宁夏媒体融合的实际来看，重视发挥黄河云平台的功能，对加快

推进全区全媒体传播体系建设都具有十分重要的意义。

目前,宁夏全媒体传播体系建设存在媒体融合推进力量分散、自有阵地客户端发展缓慢、自我造血能力不足等系列问题,亟须设计建立"一盘棋"的工作机制,努力实现"一体化"传播。本文将以问题为导向,研究探讨如何以黄河云平台为基本依托和重要抓手,加快推进宁夏全媒体传播体系建设的现实路径。

一、黄河云平台的发展现状

2022年1月1日,宁夏黄河云平台正式运行。经过近三年的实践,"黄河云视"客户端下载量已超过73万人次。2024年客户端上传稿件20万篇,直播超过200多场次,总阅读量过千万次,新媒体矩阵传播量过亿次,是我区目前最大的新闻客户端。但从现实来看,黄河云平台对宁夏全媒体传播体系建设的基础支撑作用和引擎功能还未充分发挥。

(一)全国省级云平台发展模式与宁夏黄河云平台功能定位

媒体融合作为一项国家发展整体战略推进已近十年,各地依托主流媒体探索建设县级融媒体省级技术支撑平台,其发展之路各异,成效差别较大。总体来看,全国经验主要分为五大类:一是省级电视台独立运营,全国共有13个省区采取这种模式;二是省级日报独立运营,全国共有4个省区采取这种模式;三是广电、报纸联合运营,全国共有4个省区采取这种模式;四是新型媒体集团运营:这种模式全国仅有一家,又称"河北模式";五是其他运营模

式。此外，全国还有 8 个省区结合本地实际情况，采用其他运营模式。

宁夏黄河云平台肩负着为全区探索建设全媒体传播体系，也承担着探索建立符合互联网传播规律相应工作机制的先导职责。根据"全区一朵云、共建一个端"建设思路，当前，需要建立常态深度合作共建的工作机制，进一步提高融合度，增强协同性。按照中央相关精神，黄河云平台应为县级融媒体中心的党建服务、政务服务、公共服务、增值服务等提供技术支撑、运营维护，通过强化内容、渠道、服务、技术等层面的建设，构建起一个良好的区域媒体发展生态。应该说，这是全区全媒体传播体系建设的重要基础与基本前提，也是当前切实可行的突破方向。

(二)黄河云平台基本情况

黄河云平台建设运行至今，在全区媒体"一体发声、一体传播"工作中，发挥出重要的基础平台支撑作用，在提升信息传播效率、增强媒体内容互动与个性化传播、促进媒体资源整合与共享上取得一定成效。

1.平台功能方面。依托黄河云"一端一平台"，黄河云为 5 市、22 县区融媒体中心初步构建起以移动端为核心的融媒体生产传播体系，赋予了各市县区储存空间共享、视音频素材共享、制作工具共享、图片音乐版权共享、平台功能升级共享、网络安全共享等权益。依托安全高效的专线链路，实现 22 县区融媒体中心网络互联，保障了各县区网络环境安全，使各县区能够高效开展视频直播、远程会议、媒资存储、资源调用等业务。通过远程视频会议、线上指挥调度、宣传指令下发、联合报道发起等功能，搭建了以黄河云平台为核心，以黄河云视客户端、市县区网微端为主体，多渠道联动、全景式呈现、全过程融合的传播矩阵。

2.内容建设方面。从宁夏广播电视台层面来看,积极推进宁夏广电音视频内容生产优势同宁夏黄河云移动化媒介传播优势融合贯通,统筹全台 9 个业务部门、53 档栏目全部入驻黄河云视客户端。全台月均在黄河云视客户端上传作品 1500 多条,原创新媒体产品 1800 多条,极大丰富了新媒体端的节目资源和融合生产。通过生产流程再造,实现大小屏同步直播、实时回看回听和黄河云视客户端首发,有力推进了全台媒体融合突破性进展。目前,全区 5 市 20 县区每年依托黄河云平台生产制作发布新媒体产品超过 3 万条,黄河云每年带动市县融媒体中心直播重大活动、重要会议超过 120 场次。依托黄河云安全高效的专线链路,初步探索建立起重大宣传任务"联合报道模式"。

3.渠道建设方面。目前,黄河云平台已经架起央媒、区、市、县四级联通桥梁,并在联动传播方面取得了初步成效。与全国 30 个省级、100 个市级客户端建立联系,重点活动全国推流。联合各县区融媒体中心推出《向任山河出发—108 里徒步壮行任山河 29 年忠贞无悔护航路》《24 小时爱上宁夏》《生态中国》《黄河岸边我的家》等 20 多场次大型直播联动活动,被央视频、新华网、中新网等中央媒体及 20 余家省级媒体转发,全网播放量超过 1000 万人次。"黄河云视"客户端正在成为我区具有较强传播力、引导力、影响力、公信力的权威媒体发布平台。

4.评价体系建设。建立《全区主流媒体所办新媒体生产传播效果评价通报》《宁夏广播电视台黄河云视客户端一体化发展评价办法》《宁夏广播电视台客户端一体化考核指标》,覆盖全区媒体单位的宁夏黄河云融媒体平台"建管用"机制进一步提升新闻协调指挥调度能力。以周为单位,对宁夏广播电视台各中心在黄河云视客户端及第三方平台发稿情况、原创作品、阅读量等进行一体化考核,分析形成《宁夏广播电视台黄河云视 App 及第三方账号传播数据分析》,推动加快形成"对内抱成团、对外一张牌、全区一盘棋"的区域媒体大融合格局。

5.人工智能应用。2024 年 7 月 16 日成立宁夏广播电视台人工智能(AIGC)工作室。工作室积极开展虚拟数字人和人脸合成研发应用,制作生成宁夏广播电视台 6 个 AI 电视主播和 7 个 AI 声音虚拟主播库,在大屏节目《新闻早点到》《新闻正点击》以及宁夏交通广播、宁夏经济广播等全面使用,为传统媒体赋能。融合 AI 技术推出《宁夏不一样》《跟着星星看宁夏》《诗词里的宁夏》《时光·师恩》《中国节气神话系列》等系列短视频,推出 AI 互动产品"同升一面旗 同唱一首歌"等,打开了讲好宁夏故事的新样态。与此同时,在智能生成、智能校对、智能审核、数据库等领域加快技术落地,深度拓展 AI 应用场景。

二、黄河云平台现存问题

目前,黄河云平台仍未完全达到国家对县级融媒体省级技术支撑平台的建设要求。与国内先进省区相比,在平台技术、服务功能、运行机制、社会影响等方面仍有一定差距。从纵向来看,黄河云平台在宁夏广播电视台内还未完全形成以移动端为导向的新型媒体发展模式。从横向来看,带动市、县(区)融媒体中心一体化发展还存在着内生动力不足、专业人才匮乏、体制机制不活、上下联动不畅等困难。

1.整合全区媒体资源力量不足,全区"一盘棋"尚未形成

从定位上看,黄河云平台全区媒体"一体化"功能定位还不够明晰,从打造产品集合发布、技术支撑平台,到新闻生产流程再造,再到全区媒体"一体化"阶段责任分工、时间节点、目标考核等均缺少系统规划,引领全区媒体融合效果不明显。调研发现,部分媒体单位对全区媒体一体化融合发展存在焦虑和观望情绪,迫切需要明晰的一体化发展路径指导。如目前全区至少有 14 款新闻客户端、近百个新媒体账号,分布在不同属地,由不同层级的媒体独立运营。这一方面造成了各媒体单位新媒体建设重复投资、人员数量捉襟见肘,对黄河云参与的深度不够、意愿不强;另一方面

"各自为战"的模式也造成了各级媒体单位新闻客户端、新闻类账号体量小、结构散、功能弱的问题长期存在。

2. 用户活跃度不够，内容服务潜力仍有待挖掘

目前，黄河云视客户端日均活跃用户数在1000—2000之间，与全国省级主流媒体客户端相比还有不小的差距。在内容产品上，没有找到明显区别于央视频、抖音、快手等平台的定位。2023年，5市14县区依托黄河云平台生产制作发布新媒体产品超过3万条，总体来看，稿件多以电视新闻拆条为主，普遍存在数量不足、质量不优的情况，部分市县区融媒体中心为了完成指标，存在集中突击上传稿件的现象。在服务上，没有构建起区别于支付宝、微信、"我的宁夏"等平台的特色服务，"新闻＋政务"布局推进面临开发资金短缺、技术要求较高等诸多难题。政务服务对资金安全、网络安全、数据结算等均有极高的专业性、系统性要求，黄河云平台很难满足相应条件。

3.技术升级面临挑战，资金保障相对薄弱

黄河云平台建成后受资金限制，迭代升级频率低。平台制作工具相对简单，音视频剪辑工具智能化程度低、快速生产模板数量少等技术短板已跟不上媒体融合发展需求；受国家广播电视播出相关安全要求限制，黄河云平台现有媒资共享库和各媒体单位媒资系统难以打通，原始素材无法充分共享，影响新媒体产品生产效率；现有策划、采集、编审、发布、运营工作全流程难以满足所有媒体单位个性化需求；专业技术人员力量不足，难以为县级融媒体中心提供技术跟踪服务；缺乏持续投入的资金保障以及自我造血能力不足，维持平台正常运转存在困难。此外，由于专业人员总量少，难以兼顾内容生产、直播保障、推广运营、软件开发、网络维护等各项工作，也在一定程度上制约着平台发展。

三、依托黄河云平台加快推进宁夏全媒体传播体系的建议

宁夏全媒体传播体系建设,一方面需要明确宏观路径,坚定致力方向;另一方面又必须找准具体抓手,采取切实举措。在这一过程中,加强各级各类媒体间的联系和协同是大方向,抓住关键点持续发力是突破口。课题组认为,注重加强黄河云平台建设,是当前建设宁夏全媒体传播体系的可行路径。

(一)全媒体传播体系建设总体构想

建设全媒体传播体系,应着力实现各媒体机构的协同一体以及相关资源的相互融通。从大的方向和步骤上来看,可从以下三个方向上寻求突破。

1.内部贯通:媒体融合应先从实现内部一体设计、打通生产流程的融合发展开始。媒体深度融合,必先进行媒体内部的深度融合,这也是整合现有生产要素、构筑坚实发展基础的必然选择。各媒体要建立以新媒体生产和传播为依托的核心运行机制,从内部打通内容、渠道、技术、运营等业务,加快推进传统媒体和新媒体业态的深度融合。当前,对全区各级媒体来说,在现有基础上进一步深化媒体融合改革,不断加快内部生产要素的融合,是一项重要而艰巨的任务。

2.横向打通:依托核心技术资源及基础平台,通过横向链接实现连为一体、协同发展,是加快全媒体传播体系建设的有效路径。深化跨媒体整合,通过黄河云平台实现全区省级媒体的新闻资源后台融通,这需要从全面系统地角度出发,进行一体化设计。此外,对跨界整合探索而言,根据市场用户需求,依托黄河云平台链接更多社会资源,开辟"新闻＋政务＋服务＋商务"本地化模式,打造服务型、全能型媒体。

3.纵向联通:面对新的行业生态,构建新的传

播格局,能够找准、用好平台优势和渠道优势,需要传统媒体不断加强纵向联通。依托黄河云平台,努力推动全区媒体从"各自为营"向"抱团发展"转变,将区、市、县各级媒体视为"共同体"一体打造。当前,我区需要不断加强对区市县三级媒体资源的统筹力度,建立起整体联动、协同高效的传播体系,加快形成竞争合力。与此同时,大力发展技术先进、自主可控的互联网平台及窗口,为融合发展开辟新的产业链和业务增长路径。

(二)黄河云平台建设路径

课题组认为,黄河云建设初期应充分利用平台已有基础,集中力量从加强统筹管理、完善机制建设、提升技术能力、优化组织架构、打造客户端影响力等维度推进工作,破解全区新闻类客户端"小、散、弱"等问题,构建起"对内抱成团、对外一张牌、全区一盘棋"的区域媒体大融合格局。

1.进一步明确黄河云平台发展目标定位。基于目前黄河云平台发展状况,应进一步明确平台发展目标定位,制定黄河云平台"一体化"融合推进5年计划。通过挂图作战,逐步打通全区传统媒体与新媒体素材库,建立起覆盖广播、电视、报纸、网站等业态的统一选题池,通过一体化调度指挥机制和生产流程重塑,横向融通区级报、刊、台、网、端,纵向贯通区、市、县三级媒体,为全区媒体深度融合提供统一的基础平台。全区融媒体中心使用黄河云平台统一的信息系统,实现规范操作,内容共享。以宁夏黄河云平台为技术支撑,进一步完善全区全台黄河云一体化评价指标体系,通过稿件阅读量、传播量及客户端下载量等多维度评价,推动形成资源集约、结构合理、差异发展、协同高效的策采编发评工作机制。与中央级媒体平台建立良好合

宁夏首档AI手语播报新闻综合节目正式上线开播!帮助听障人士无障碍观看电视新闻节目 #理响宁夏 #AI #手语

作关系，争取互联网渠道的更大声量。

2.主动融入全区媒体一体化技术路径。制定出台《黄河云平台全区一体化发展规划》，不断完善平台技术功能。平台应为各市县提供云计算、大数据、移动采编、舆情分析、智能媒资等功能，为央媒、省级媒体以及其他媒体、平台预留便捷对接端口，实现以黄河云为统一技术支撑底座，各级媒体客户端百花齐放的融合格局。为此，应理顺各市县区新媒体平台和黄河云总平台关系，逐步将区内各级新闻客户端服务器迁移至黄河云平台统一管理，实现深度融通、资源共享。有新建客户端需求的市县区由黄河云统一设计施工，实现"全区一朵云，各端呈亮点"的目标。

3.打造黄河云"本地化"独特媒介景观。全国部分省级平台在媒体融合中以新闻产品为发力点，不断寻求特色、进行创新融合，取得了显著效果。借鉴这些经验，黄河云平台将依托党媒公信力，结合宁夏历史人文底蕴，瞄准年轻用户群体，深耕"本地化"资源。聚焦本地新闻资讯、特色文旅、政务服务、垂类兴趣圈层、智慧城市生活五大内容版块。以用户数据为发端，广听民意、广纳民智、广聚民力，主动参与宁夏整体城市IP形象的打造。同时，打造智慧社区，通过15分钟网上生活圈实现在线销售、蔬菜配送、家政在线预约等功能，增强平台实用性。

4.完善黄河云"平台+N"架构。以黄河云视客户端为"基本盘"，建立大端大号机制，陆续实施一系列资源整合项目，不断丰富平台内容，提升用户体验。在"黄河云视"客户端开发建设我区首个新媒体优质声音共享频道"宁听"，集纳全区自制音频、有声读物、广播剧及其他音频节目资源。开通"宁看"频道，整合全区电视节目资源，打通大小屏内容。此外，上线"市县融"频道，整合市县媒体资源，实现媒体客户端相互引流、抱团发展；与文旅部门、景区合作开发有声导览，提高用户黏性和可及性；引入自治区农家书屋、数字图书、优秀纪录片等互联网内容资源，让用户有更多选择。研发上线自主可控网上商城"黄河沿选"，打造最地道的宁夏"六特"产业网上购物平台，助力自治区"六特"产业提质增效。

5.提升技术能力,不断拓展技术宽度。建强用好黄河云平台,必须加快新一代数字技术在媒体一体化融合发展中的应用。目前黄河云3.0系统已投入使用,有效提升了黄河云平台设备使用效率和内容生产效率。宁夏黄河云融媒体平台下一步重点围绕一体化技术改造、策划调度指挥能力提升、黄河云平台功能完善三个方面建设一体化创作平台,做好一体化创作者平台项目的上线运行工作,实现新闻策采编审发评业务流程的数字化、智能化,提升整体运营效率。

6.拥抱人工智能,推动自主技术赋能。在现有基础上继续做强人工智能工作室,以深度融合为导向,进一步推动人工智能和黄河云视客户端的融合应用,以技术引领客户端功能升级,以技术赋能客户端内容迭代,以技术分析客户端用户模式,最终以强技术支撑推动黄河云视客户端融合发展。充分发挥黄河云平台技术优势,搭建以大模型为基础,具有人工智能生产能力的"创作者平台",以人工智能为媒体融合赋能,重塑"策、采、编、审、发"流程,实现选题统一调度、大小屏资源共享、工具统一使用、产品统一发布的融合目标;用主流价值导向驾驭"算法",促进科技向善、内容向善;推出黄河云版权交易系统,盘活媒体优势资源;加大数据应用能力,促进传播体系与社会治理体系有机融合。根据事业发展进度,在"人机交互技术(AIGC)"、人工智能媒体融合创新工作室、MCN业务等方面加大投入,推进AI技术在新媒体传播中的应用,拓展全新运营领域。

7. 加大政策支持保障力度，培育平台"造血"能力。根据黄河云平台发展现状，自治区党委政府需建立资金扶持长效机制，同时在各类宣传推广、人才培训、会务展览、节庆活动、电子

商务等方面，适度向黄河云倾斜，助力黄河云平台快速发展。黄河云平台提升支撑全区媒体尤其是县级融媒体中心媒体融合纵深发展的能力，目前面向市县融媒体已具备平台建设、产品开发、直播、AI 应用、云主机服务、网络安全运维、远程会议服务 7 大能力，通过高效利用专项资金，提升平台自我造血功能，合力解决黄河云运维资金少的情况，打开黄河云共建共用的长远发展局面。黄河云平台自身也应加大对人工智能、软件开发、服务器租赁、网络直播、电子商务、VR 展示、智慧社区等新型传媒业务的探索，不断提升自身"造血"功能，努力实现社会效益和经济效益双丰收。

四、结语

在建设完善宁夏黄河云平台过程中，应切实以新闻内容为重点，加强全区一体发展的媒体融合协作机制建设。建议在利益共享基础上，将"共建一个端"思路继续向前推进，将"黄河云视"建成全区融媒的核心客户端。同时，应处理好协作与竞争的关系，构筑全媒体传播矩阵，探索全媒体运营模式。为此，广电、报业之间应发挥各自优势，形成相互协作、适度竞争、发挥合力的关系，并加强与互联网商业平台的合作。互联网时代下，由于传统媒体在内容、用户、活动、产品等层面的运营经验不足，省级媒体应该在保持自身独立性以及内容技术自主可控前提下，进一步在流量引入、活动策划、运营变现等环节做好合作。此外，还应努力争取政策资金支持与加强全媒体人才队伍建设，为布局新的互联网业务方向夯实基础条件。

媒体融合背景下
"广电＋文旅"创新发展路径研究
——宁夏广播电视台探索与实践

张仁汉

2023年，是习近平总书记作出"加快传统媒体和新兴媒体融合发展"重要指示十周年，也是媒体融合发展作为国家战略整体推进的第十年。随着媒体融合不断深入，作为媒体融合主力军的广电行业积极迎变、主动求变、敏锐应变，取得一系列成效。新技术手段的更新迭代和媒介消费行为的深刻变化，正在促使广电与相关行业的边界加速消融。在这一背景下，"广电＋"或将成为媒体融合的新方向、新趋势和新形态，为广电行业高质量发展"加"出广度、深度、力度和温度，为广电改革和媒体融合创新带来无限可能。"广电＋文旅"这一发展思路和转型路径，成为近年来最有潜力的跨界融合模式之一。

一、媒体融合赋予"广电＋"的双重意涵

面对媒体深度融合的战略命题以及媒介与社会深度互嵌的趋势性特征，广电行业通过各种融合传播形式，探寻媒体深度融合的有效路径。"广电＋"模式推动了广电媒体与社会各行业的交融互动，为实现广电媒体的整体转型与长远发展提供了新的路径选择。

（一）什么是"广电 +"

媒体融合视角为充分理解"广电 +"的深层内涵提供了方向指引。其一，"广电 +"是一个系统发展理念。实现媒体深度融合，需要将"广电 +"视为一个整体，充分认识广电行业与其他领域之间的相互作用和依赖关系，以实现整体协同效应。其二，"广电 +"是一种融合发展模式。推动广电媒体融合发展，并非简单地"合并同类项"，须避免"加"而不"融"、"融"而不"合"、"合"而无"效"。其三，"广电 +"是一条转型升级路径。国家广播电视总局《关于加快推进广播电视媒体深度融合发展的意见》提出了"深度融合、整体转型"的目标导向。"广电 +"是一种战略性的改革和转型，意味着广电媒体需要突破平台、内容、技术、管理、人才等单一发展路径，以更高站位、更大格局、更深层次、更新理念推动广电媒体的融合发展与转型升级。

综上所述，"广电 +"是指广电行业要充分发挥主流媒体具有强大传播力、引导力、影响力、公信力的优势，以媒体深度融合发展为突破口，大力推动与各行各业的跨界合作，为相关领域事业和产业发展插上融合传播"翅膀"，提升发展水平和综合价值，最终推动实现广电与其他行业双向赋能。

（二）为何要"广电 +"

首先，"广电 +"是推动媒体深度融合的应有之义。媒体融合就是要推动传统媒体和新兴媒体从"你是你，我是我"转化成"你中有我，我中有你"，最后演变成"你就是我，我就是你"，真正融合为"不分你我"。除了要把新技术、新模式、新理念等作为发展的增量，广电行业还应主动拥抱其他行业，协同发力，做到能融则融、应融尽融，从"可见"到"可及"，成为媒体深度融合的推动者和领跑者。

其次，"广电 +"是应对复杂传媒生态的求变之举。媒体内容的多元化、传播渠道的多样性、用户受众的差异性等使得媒体运营和管理变得更具复杂性。广电行业应以"广电 +"融入、开拓和创造新的赛道，更好地适应和引领媒体行业的发展变化。相加是为了更好地相融。媒体融合的本来逻辑就是以媒介的连接性为基础逻辑的跨行业"宽融合"。从广电的实际情况来看，这种"宽融合"能够帮助广电媒体突破传统业务的局限,实现业务的创新和拓展。

再次,"广电+"是实现广电高质量发展的长远之策。党的二十大报告指出:"高质量发展是全面建设社会主义现代化国家的首要任务。"广电行业在这个首要任务中不可缺席,也不能缺席。如果把广电高质量发展看作一盘棋,那么,"广电+"有可能成为"一子落而满盘活"的战略之举,为推动媒体融合向纵深发展提供一条可行的突围路径。从实践来看,目前已形成"广电+互联网""广电+教育""广电+农业""广电+文旅"等多种有效模式。其中尤为值得关注的是,"广电+文旅"模式结合了广电媒体的传播力和文旅品牌的吸引力,利用先进的技术为用户提供丰富的体验,满足公众多元化的文旅需求,表现出巨大的发展潜力。

二、"广电+文旅"融合发展的双重逻辑

(一)现实逻辑:各级广电媒体推进"广电+文旅"的经验启示

从中央台到以上海、湖南、浙江、山东、河南、贵州等为代表的地方台,已初步探索出了一条"广电+文旅"的深度融合发展之路。比如,由中央广播电视总台与文化和旅游部联合摄制的大型文化节目《非遗里的中国》,通过节目带动既让非遗文化"活"起来,又让旅游市场热起来,并通过海外传播进一步扩大了中华文化影响力;又如,上海广播电视台利用自身拥有东方明珠电视塔、东方绿舟等旅游产业景点优势,不断地创制各类内容IP,用来呈现或融入文旅场景,实现了"以文塑旅"优势叠加、"广电+文旅"双生共赢;再如,湖南广播影视集团(湖南广播电视台)已将"媒体与文旅的深度融合"上升为集团发展战略,浙江广播电视集团、江苏省广播电视总台在"广电+文旅"统筹推进上提档升级,从综艺节目、文创产业等多维度促进了合作地区文旅产业的蓬勃发展。此外,山东广播电视台联合沿黄九省(区)文旅部门和电视台制作黄河文化溯源节目《馆长来了》,河南广播电视台"中国节日"系列节目联动各地文旅部门打造传统文化大IP,贵州广播电视台推出互联网体验式厨房烹饪美食节目《詹姆士的厨房》,也为融媒体时代推进"广电+文旅"提供了有益借鉴与经验启示。

（二）发展逻辑：内在契合、外在融通是广电和文旅深度融合的主要动因

首先，二者需求相通、发展相融，具有改革协同性。广电是文旅传播的主要渠道，文旅亦是广电宣传报道的重要内容。人民群众的精神文化需求日益增长，对于高品质的媒体内容和旅游体验的渴求更为强烈。"广电＋文旅"的跨界联动，是将这两种需求精彩交融的有效路径。特别是随着国家文化数字化战略的实施，广电与文旅之间的数据信息壁垒或将打通，智慧广电生态体系与智慧文旅服务平台有望实现系统对接。"广电＋文旅"的探索实践正好推动二者持续优化资源嫁接，朝着"纵向贯通、横向打通、平台联通、业务融通"的方向不断发展。

其次，二者资源相接、服务相促，体现高度适配性。深度的媒体融合是媒体以自身的品牌和在地性资源为基础，来链接更多的社会资源、商业资源、生活资源，促成它们的对接。系统梳理广电和文旅资源及其相互关系，促进双方资源整合和有效对接联动，不仅可实现资源的共享和优化，还可在内容生产、产品创新、交叉营销和品牌建设等方面共同创造新的商业机会和社会价值。与此同时，广电和文旅在服务上的相互促进也是实现二者深度融合的关键环节，由此，将会实现各自的价值提升和服务优化。

三、"广电＋文旅"深度融合的宁夏实践

"广电＋文旅"融合发展，是广电媒体立足新发展阶段、贯彻新发展理念，借机借势、主动破局，不断拓展"广电＋"边界的积极探索。"广电＋文旅"模式日渐成型，且已然成为当下广电视听平台创新探索的热门路径，在全国涌现出一批先行者和领跑者。宁夏广播电视台发挥区域文旅资源禀赋互补性强的优势，注重突出特色化定位、差异化价值和融合化实践，通过抓机遇、搭平台、强联动、促发展，探索出一条符合自身定位的特色发展新路，以三大方位、三个目标、四条路径实现了在"广电＋文旅"新赛道上提速、提质、提效，为助力媒体深度融合发展提供了参考性案例，也为推动广电高质量发展贡献了"宁夏智慧"和"宁夏方案"。

（一）把握三大方位，赋能"广电＋文旅"的迭代升级

一是积极倡导大宣传理念。2023年是媒体融合发展十周年，也是宁夏广电行业着力倡导大宣传理念、提升大宣传水平的十年。宁夏广播电视台在思想上时刻绷紧意识形态之弦，强化对意识形态阵地的管理，坚持正确舆论导向，把握好宣传主基调。在业务上始终坚持"导向为先，内容为王"，积极构建和践行大宣传理念，不断促进引导力、策划力、营销力、制作力、传播力"五力并进"，探索"广电＋文旅"的创新路径，推进融合形态迭代升级。

二是全面建设大系统工程。"广电＋文旅"是一个复杂的大系统工程，行业、市场和社会相关资源需要进行重新整合和激活。在这个大背景下，宁夏广电行业不断思考如何为文旅产业赋能，宁夏文旅行业同样也在思考如何通过"文旅＋传媒"实现跨界融合。面对发展新课题，宁夏广播电视台整合台属各大平台，宁夏文化和旅游厅集聚相关资源，双方多次调研协商，于2021年达成战略合作协议，协同建设"广电＋文旅"的"五个一"工程：制定一项五年行动计划；打造一个省级电视文旅频道；开通一个互联网文旅频道；构建一个"八位一体"文旅宣传矩阵；倡导成立一个全国广电文旅宣传合作联盟。

三是致力推动大发展格局。"广电＋文旅"是一种整体联动关系，若以零碎化布局则难以形成整体发展态势，需通过各自差异化的功能定位及资源优势形成整体竞争力和影响力。其关键突破点在于"跳出文旅看文旅"，将文化旅游融入经济社会发展各个层面，推动宁夏文旅资源优势转化为经济社会发展优势。基于此，宁夏广播电视台致力于成为推动大发展格局的"增效器"，着力构建"广电＋文旅"宣传推广体系，以创造力和创新力充分激活文旅的拉动、融合、催化、集成等功能，依托精品内容输出，拓展不同触达渠道，以使传播效果最大化、传播效应最优化，助力宁夏文旅事业产业融入经济社会发展全局。

（二）锚定三个目标，放大"广电＋文旅"的乘数效应

一是精准定位，当好全域旅游的记录者。2016年7月，习近平总书记在宁夏考察时作出"发展全域旅游，路子是对的，要坚持走下去"的重要指示。2016

年9月，经原国家旅游局批准，宁夏成为继海南之后全国第二个省级全域旅游示范区创建单位。2017年9月，在全域旅游示范区创建启动一周年之际，宁夏广播电视台与原宁夏旅游发展委员会达成"广电＋旅游"全面战略合作协议，将原宁夏广播电视台都市广播更名为宁夏广播电视台旅游广播，该频率成为推动宁夏全域旅游发展、宣传宁夏旅游品牌形象的崭新窗口。此外，宁夏广播电视台黄河云融媒体中心还联动宁夏全域旅游智慧管理服务平台，在"黄河云视"移动客户端打造全域旅游专区，把旅游达人的真实体验，通过话题、攻略、社群、榜单等方式分享出来，让内容借助大数据"出圈"，让热点流动以扩大传播面，让游客感知体验"指尖上"的宁夏旅游。

二是精心谋划，当好文旅融合的传播者。《宁夏回族自治区文化和旅游"十四五"规划》提出，加快推进文旅融合，全力把宁夏打造成为大西北旅游目的地。宁夏广播电视台联合宁夏广播电视局、宁夏文化和旅游厅，以此为契机开展调研，借鉴其他省区有关经验并结合宁夏实际，以媒体深度融合发展为突破口，成功争取到国家广播电视总局批复同意，将濒临关停的原宁夏广播电视台影视频道更名为宁夏广播电视台文旅频道。作为全国第四家、西北首家省级电视文旅频道，该频道聚焦红色文化、黄河文化等特色地域文化，联合《中国文化报》《中国旅游报》共同打造"现象级"文旅产品和流量IP，不断促进"广电＋文旅"从理念向实践转化。国家广播电视总局《广电视听评论》发文点评肯定了该频道以优质内容助力文旅产业高质量发展的成效。美兰德视频融合传播监测与研究数据库显示，宁夏广播电视台文旅频道开播至今，综合影响力整体呈有序增长趋势。

三是精品引领，当好宁夏形象的推广者。广电与文旅通过跨界"破圈"联动，不仅拓展了广电节目落地空间，也巧妙助力文旅产业发展，成为宁夏形象推介和展示的重要载体。具体实践成效集中体现在两个方面。一是打造主题节目与创新融媒内容相结合，为用户打开新"视"界。通过广播剧《闽宁镇》到电视剧《山海情》的联动播出，闽宁镇逐步为大众所知，如今已是全国知名旅游打卡点；访谈节目《解码一带一路》和纪录片《宁夏明长城》的系列传播，让宁夏故事传得更远、宁夏声音叫得更响;体验式真人秀节目《这里是宁夏》和大型系列直播节目《飞越先行区》的陆续诞生,让黄河文化弘扬和传承得以更加自觉;旅游新闻资讯节目《旅游风向标》和《天天文旅荟》的融媒宣传,让宁夏文旅形象得以提质升华。二是整合和激活广电和文旅的优势资源,共同推出新形式的文旅品牌项目。比如,通过广电和文旅彼此赋能,衍生出"长城博物馆""星星的故乡""葡萄酒之都"等文旅新IP,特别是"星星的故乡"在全国一度触发"破圈"效应。

(三)探索四条路径,形成"广电+文旅"的有效方案

一是坚持政治导向与融媒创新有机结合。宁夏广播电视台始终坚持在把握好政治导向的基础上,提升融合创新的工作力度。例如,2022年7月,由宁夏广播电视台发起,全国20多家省级电视文旅频道或相关频道负责人齐聚贺兰山,在宁夏广播电视台文旅频道开播当日,共同签订省级广电媒体"广电+文旅"战略合作协议,并就"广电+文旅"如何助力"稳保促"发出"贺兰山倡议"。参与合作的各方还将联动策划实施"秦岭宣言""泰山夜话""漓江有约"等一系列文旅主题活动,以高质量文化传播助力文化强国建设。又如,宁夏广播电视台连续三季策划推出大型4K纪实精品专题节目《黄河谣》,以黄河流域生态保护和高质量发展先行区建设中的文旅发展为突破口,通过记者行进式、互动式采访等深入宣传先行区建设中的"文旅名片"。2023年,该节目被国家广播电视总局列为"中华文化广播电视传播工程"重点项目予以扶持。

二是注重深耕本地与优化服务双向提升。媒体发展到场景时代,服务起到关键作用。宁夏广播电视台多年深耕本地,通过挖掘和发展本地资源、文化和特色,坚持将精品创作放在首位,注重广泛撬动社会资源提供精准服务,塑造出独特的宁夏文旅品牌形象。尤其是为助力宁夏全力打造黄河文化传承彰显区和大西北旅游目的地,宁夏广播电视台对内聚力、对外借力,依托品牌综艺节目,推动宁夏文旅从"入圈"到"出圈"、从"破圈"到"融圈"。比如,特邀浙江卫视《奔跑吧》栏目组来宁夏选址拍摄,凭借"三个一流"的融合实践实现了精诚合作,即通过"一流的节目团队+一流的文旅资源+一流的地接服务"成

功推出《奔跑吧·黄河篇》首期精品节目，努力讲好黄河故事，有效传播中华文化。再如，湖南卫视《亲爱的客栈》选址宁夏中卫讲述黄河故事，也因其与"三个一流"理念不谋而合。节目播出后，一批批游客纷至沓来，叫响了"让我们去宁夏，给心灵放个假"的旅游口号。

三是促进融媒生产与文旅场景多元适配。融媒体与文旅场景的多元适配是一个系统性的跨领域议题，其实践成效主要通过"广电＋文旅"构建消费新场景、提升文旅新体验、开发文旅IP新价值。2020年6月，习近平总书记在宁夏考察时强调，"随着人民生活水平不断提高，葡萄酒产业大有前景"，要"增加文化内涵，加强宣传推介，打造自己的知名品牌"。在近120公里的贺兰山东麓葡萄长廊中，宁夏广播电视台、宁夏文化和旅游厅连续三年在知名酒庄以朗读、诗会等形式开展葡萄酒文旅活动，打造了不同时间节点且有一定差异的文旅IP。比如，每年世界读书日，邀请中广联合会播音主持委员会、有声阅读委员会多位会员，在位于长廊北部的贺东庄园策划开展"百年老藤"系列主题活动；每年9月，联合浙江广播电视集团，在位于长廊中部的源石酒庄共同举办"星空朗读"文艺晚会；每年中国（宁夏）国际葡萄酒文化旅游博览会期间，邀约多位酒庄庄主，在位于长廊中南部的西鸽酒庄创意推出"瓶封的诗篇"主题诗会。以上品牌活动搭建了三个可听、可看、可感知的文化场景，以"广电＋文旅"之力串联起贺兰山东麓葡萄长廊的文旅链、消费链、价值链，正在持续擦亮"葡萄酒之都"的标识。

四是追求社会效益与经济效益双赢双收。媒体融合的市场价值属性必须服从于媒体的社会价值属性。"广电＋文旅"需立足整个经济发展、社会转型和国家治理过程中，坚守媒体初心，发出主流声音，用专业能力创造长期价值，以实现社会效益和经济效益的双赢双收。近年来，宁夏广播电视台倡议发起并连续三届承办了宁夏"两晒一促"（晒文旅、晒优品、促消费）大型文旅推介活动；作为主办单位之一，开展了闽宁两省区首届"山水连心·大红闽宁"文旅宣介活动、"云游中国·慢享生活"全国首次十省联动大型文旅直播活动等一系列首创活动，以大量图文、短视频以及互动直播的矩阵式宣推模式，获得巨大传播量。其中,"两晒一促"活动通过全媒体联动、融媒体传播取得较好的推广效果,为宁夏广播电视台累计创收超 1000 万元。该活动由宁夏卫视首播,联动中央主流媒体多平台同步宣传,并在视频号、抖音、今日头条、百度、快手、新浪等平台同步直播,累计传播流量超 45 亿次,提升了宁夏文旅品牌美誉度,扩大了宁夏"广电 + 文旅"深度融合模式在全国业界的影响力。

四、结语

在推进媒体深度融合发展的新征程中,广电媒体责任重大、使命光荣。媒体融合是大势所趋,融则多利,合则共赢。广电行业应聚势而上、乘势自强,在媒体深度融合发展中旗帜鲜明、守正创新,在探索"广电 + 文旅"实践中统筹推进、协同发力。当然,如何借好广电与文旅融合的东风,撬动广电媒体的各方增量,注入行业"自我造血"新动力,既蕴含机遇,也充满挑战。

"广电 + 文旅"体现了宁夏广电转型升级的发展方向。鲜活的宁夏经验见证了新时代以文旅小窗口讲好宁夏故事、传播好宁夏声音的"可行性"和"可及性",宁夏"广电 + 文旅"正逐步形成一盘棋的整体发展格局。宁夏广播电视台将一如既往立足宁夏、辐射西北、面向全国、走向国际,充分发挥独特优势,为推动广电行业高质量发展积蓄动能,为促进广电行业与文旅行业的共同发展全面布阵,也为坚定文化自信自强注入源源动力。

[本文原载自《中国广播电视学刊》2023 年第 12 期,曾获中国新闻奖(新闻业务研究)二等奖]

论创优报道中的主题策划和主题把握

张春华

在第 30 届中国新闻奖评选中，笔者和同事一起采制的电视消息《贺兰山生态环境整治后大批野生动物重回家园》获得一等奖。这是宁夏广播电视台近 20 年来在中国新闻奖评选中第一个电视类报道一等奖，无论对单位还是对主创人员而言，都是一个重要突破。这篇报道真切地反映了祖国西北重要生态屏障贺兰山整治修复中的可喜变化，以生动的现场紧紧抓住观众的视线，说服力、感染力都很强，得到了观众和评委的认可，也为做好类似题材报道积累了经验，更体现出了宁夏广播电视台对新闻工作精益求精的执着追求。

一、增强在时代大背景下谋划主题的能力——找准切入点

（一）大处着眼，聚焦生态文明大主题

人与自然是一个永恒的话题。"自然是生命之母，人与自然是生命共同体，人类必须尊重自然、顺应自然、保护自然。"党的十八大以来，以习近平同志为核

心的党中央把生态文明建设作为统筹推进"五位一体"总体布局和协调推进"四个全面"战略布局的重要内容,开展了一系列根本性、开创性、长远性工作,推动生态环境保护发生历史性、转折性、全局性变化。贺兰山的生态环境从乱到治,正是这一变化的生动体现。

黄河是母亲河,巍峨雄浑的贺兰山在宁夏被称为父亲山。贺兰山在中国地理版图上是季风区和非季风区的分界线,阻止了西北高寒气流的东移,削弱了东南季风潮湿气流的西迁,形成了我国200毫米等降水量线,成为全国重要的自然地理分界线——干旱与半干旱地区分界线、畜牧区与农耕区分界线、内流区与外流区分界线、草原植被与森林植被分界线。在全国的生态和气候格局中,贺兰山的地位十分重要。它还是重要的生态屏障,有效遏制了腾格里沙漠的东移。宁夏人对贺兰山有非同寻常的感情的原因是20世纪五六十年代,宁夏工业起步于贺兰山煤矿工业。在宁夏经济社会发展的各个阶段,贺兰山都发挥着不可替代的作用。但与此同时,在贺兰山课题项目:本论文为宁夏青年拔尖人才培养工程支持项目研究成果腹地,过度开采、私挖滥采的现象非常严重,峻峭壮丽的贺兰山在露天开采过程中变得满目疮痍、千疮百孔。保护生态环境就是保护生产力,改善生态环境就是发展生产力。"宁夏作为西北地区重要的生态安全屏障,承担着维护西北乃至全国生态安全的重要使命。"2017年

宁夏贺兰山生态环境整治后 大批野生动物重回家园

宁夏贺兰山国家级自然保护区石炭井林政办主任 夏智斌
现在我们看到的这片泉眼

5月,宁夏要求贺兰山国家级自然保护区范围内169家矿山企业全部关停退出,对贺兰山进行综合整治,打响了"贺兰山保卫战",地方主流媒体也打响了贺兰山生态保护的舆论监督战和新闻宣传战役。经过近三年的艰苦努力,贺兰山生态保护整治取得了巨大的成效,在这期间,宁夏广播电视台陆续作了许多报道,但笔者觉得应该有一篇报道能让普通观众最直观、最生动、最有说服力地感受到这种变化,这也成为很长一段时间内笔者始终思考的一个问题。

(二)小处落笔,找准报道切入点

长期进行新闻报道的一线记者把握大主题、大方向不难,难的是将大主题细化为可以下手的小落点、小切口。2019年国庆节后,在一次会议的间隙,笔者和一位国土资源部门的朋友聊天,他无意中说起前几天进山看到岩羊了。野生动物与贺兰山!野生动物回到曾经属于自己的家园!这让我怦然心动,也豁然开朗。随后向中心经常跑林业口的记者了解情况,他们在采访中也了解到的确存在这种现象。但动物是出现在贺兰山里未被破坏的地区,还是出现在整治后的矿区?有多少?这个不能确定,一切只能去贺兰山里采访时再一探究竟。随后,大家多次梳理采访主题,设想采访过程中可能出现的各种情况。最终由相关管理部门许可并陪同进山采访,准备无人机、长焦镜头、微单等各项装备,向离银川近百千米的贺兰山石嘴山段出发。

(三)以小见大,让故事和主题互相成就

在日常报道中,生态和动物题材的报道不少见,有时候出现的动物还很珍稀。这类题材吸引人关注,但也容易就事论事,成为社会新闻。在构思这篇报道的时候,我们始终把握住一点,就是把贺兰山生态环境整治放在国家生态文明建设的大背景下进行审视,把野生动物重回家园这一事例放在贺兰山生态环境整治的大事件下进行展现。只有把小故事小切口与大主题大背景有机联系起来,故事才有意义,大主题才有落点。

二、培养在新闻现场表现主题的能力——把握关键点

一篇报道之所以能得到大家的认可,是因为在报道中有一个或多个关键点,既能反映主题又能吸引观众,还能留下思考的空间。《贺兰山生态环境整治后大批野生动物重回家园》的一个突出特点是生动的新闻现场贯穿了整体报道。"在重大新闻事件中,是否有记者在现场是衡量一个媒体实力和权威性的重要标志。"在创作过程中,我们深切体会到,能否迅速有效地捕捉现场、分析现场和完善现场,对生动表现主题至关重要。就这篇报道而言,为了让报道立得起、记得住,我们重点把握了三个关键点。

(一)关键点一:7只岩羊,奠定现场报道的事实基础

新闻现场是新闻发生的场地,是新闻的核心要素,充满悬念的新闻现场是最具魅力、最能打动人的力量。采访的第一个镜头,从通过检查站进入整治区开始。从这一刻起,记者和护林员的目光始终在道路两侧寻觅。自从贺兰山生态整治行动开始以后,进出整治区和路口就开始严格管理。已完成削坡降台、矿坑回填、覆盖黄土、播撒草籽等措施的矿区更是完全进行封闭,除了巡护人员,不允许闲杂人员进入,依靠大自然完成生态修复。进入整治区不到10千米,几只岩羊出现在左侧的山脊上,但是距离太远,等我们下车,岩羊已消失了。相遇,让我们的心情无比激动;没有拍摄到,更让我们感到遗憾。车拐过一个小山包,往前行进不到一千米,突然在路的右侧,百米开外,几只岩羊从山坡上跑过!我们所处的地方,路的另一侧就是一个已经整治过的露天矿区,

小树和野草已经在林带中扎根。我们迅速停车拍摄。记者高凌的现场出镜也按照预案立即开始。这一切都被一个镜头完整地记录了下来并呈现在报道中,构成了报道的第一个段落。7只岩羊,解决了贺兰山生态整治区里有没有野生动物的问题,可以说构成了报道的事实基础。

(二)关键点二:一眼清泉,引发现场报道的情感共鸣

"沿着整治修复区往里,另外一群岩羊也与记者不期而遇,但很快消失在视线中。原来吸引岩羊的不仅仅是整治修复区新长出来的植被,还有珍贵的水源。在秀江整治修复区里,一眼清澈的山泉成为了野生动物们固定的饮水地,在这里我们发现了不少动物的脚印。"报道中,一眼清泉的故事是采访过程中边走边聊出来的。水是生命之源,一眼泉水,让每一位在现场的记者深切地感受到了大山的精灵们的家园是如此脆弱,人类的活动对动物的影响是如此直接!我们的心与野生动物紧紧地联系在了一起。

宁夏贺兰山国家级自然保护区石炭井林政办主任艾贺鹰在现场接受记者采访时说:"现在我们看到的这片泉眼,在2017年煤矿没有关停的情况下,上面飘的是煤灰,下面全是淤泥,而且这些植被上全部落的都是煤灰。2017年之后,贺兰山开展生态治理,进行修复,现在水也变清了,山上的草和树也变绿了,刚才我们看到的岩羊也回来了。"因为没有新的污染,这眼泉水的表层是比较清澈的,但是在泉水底部,仍然有沉淀下来的黑乎乎的淤泥。只有在现场才能感受到大山中的动物对泉水的依赖,以及这眼泉水的珍贵。

(三)关键点三:一条生态链,构建现场报道的价值落点

侦探剧中常见的桥段是案件侦破陷入僵局时,神勇睿智的主人公回到案发现场通过蛛丝马迹发现了关键点,从而使真相水落石出。在现场采访的过程中,野生动物的不断出现,让我们兴奋不已,但这些动物之间有什么联系,能反映出什么规律,我们之前并不清楚。经过泉眼,再往大山深处走,我们发现了成群的石鸡,它们正在渣土坡的草丛中觅食嬉戏,而一只金雕正盘踞在山顶盯着它们。这时,我们的脑海里立马闪现出了"生态链"三个字,因此报道中的"这也说明,一条完整的生态链正在整治修复区逐步形成"这一句是让整

篇报道立得住、信得过的关键落点。之前的野生动物是偶然遇到，还是常态化现象？是单种动物的回归，还是生态系统的恢复？直到这个点出现，这句话点破了题，才有了令大家信服的答案。现场的价值和魅力都在于此。

三、锤炼在编辑制作环节升华主题的能力——杜绝失分点

一篇好的作品需要精心修改、悉心打磨。除了策划阶段的主题谋划和新闻现场的主题把握，在后期写稿和编辑制作环节，更要关注如何让新闻的价值凸显出来，信息丰富起来，语言精练起来。《贺兰山生态环境整治后大批野生动物重回家园》在这一环节重点对标题、导语和正文三个部分进行了较为细致的打磨。

（一）"题好一半文"，精练平实的标题更能抓住观众

新闻标题往往是新闻作品的画龙点睛之处，也是立意核心。中宣部曾从改进文风的角度对新闻标题提出要求，"要做准、做好、做活标题，善于抓住要点、提炼有效信息，准确鲜明表达核心观点，避免机械呆板、不知所云、大而无当的口号式标题"。就这篇报道来说，标题是报道的核心事实，这也符合新媒体时代媒体表达简洁、直观的趋势特点。本届中国新闻奖一等奖的作品《新型大马力国产犁打破国外进口垄断》《5G技术助力国产机器人完成全球首场骨科实时远程手术》《云南开出全国首张区块链电子冠名发票 智慧旅游继续领跑全国》也是如此，观众在阅读标题的过程中，可能已经完成了对新闻价值的基本判断。

（二）先"引人"后"入胜"，逻辑清晰的导语更能凸显新闻的价值

"贺兰山是中国西北重要的生态屏障。2017年5月开始，宁夏要求贺兰山国家级自然保护区范围内的169家矿山企业全部关停退出，进行综合整治，打响了'贺兰山保卫战'。近日，记者在保护区采访时发现，昔日满目疮痍的工矿区经过

环境治理和生态修复，重现生机与活力，岩羊、马鹿等野生动物重新回到了家园。"一百多字，就电视消息来说不短，但在这篇报道中是非常有必要的，也是后期改稿过程中用心用力最多的。这条导语3句话，3个层面，从逻辑外延上层层缩小、层层递进，聚焦核心事实，放在大背景下，凸显了新闻的价值。

（三）记者"口服"更要观众"心服"，提高报道的说服力和可信度

史学研究中经常用"多重证据法"结合不同材料、不同证据对研究对象进行考证，从而得出科学的结论。贺兰山南北220多千米，在宁夏横跨石嘴山和银川两市，银川也是贺兰山生态环境整治的重点区域，在石嘴山段采访发现的野生动物并形成生态链的事实能否代表整个贺兰山的修复状态？在整理素材撰写报道过程中，我们觉得有必要再去银川的整治点进行采访。这次采访专程邀请了宁夏大学生命科学院张显理教授，并得到了一个意外的收获。"除了在石炭井整治区发现了野生动物的踪迹，记者在离银川市城区比较近的主佛沟整治修复区也有新的发现。"张显理教授和记者一起发现马鹿等野生动物时呈现出的惊喜、激动成为这条报道的亮点之一，为报道增色不少。在编辑过程中，我们也真实完整地保留了镜头晃动着寻找马鹿、焦点由虚到实的过程，第一视角的呈现，为观众营造了身临其境的氛围。

（四）"加""减"之间补短板，让报道有思考有回味

编辑、制作阶段的一项重要工作就是在报道的信息量上做加法，在精练文字上做减法。中国新闻奖评奖办法规定电视消息的时长不超过4分钟，考虑播音和表现手法的运用，1100多字，基本已经到上限了（《贺兰山生态环境

整治后大批野生动物重回家园》时长为 3 分 51 秒,文稿字数 1128 字)。在有限的篇幅和时长内,"加"就要是要通过画面语言和声音语言,传递更多现场同期没有表达的信息。这篇报道在改稿过程中,增加了同一地点整治前后对比的画面和自治区层面对今后一段时间贺兰山生态环境整治工作的总体部署。同时,在石嘴山的采访之后,增加了专家在银川的现场采访:"如果我们长期保持这种态势,继续加大贺兰山的保护力度的话,那么以后我们贺兰山的生态环境会变得更好,而且它会成为咱们国家人类和自然环境和谐共处的一个典范。"这一段既是述,也是评,通过专家之口,说出了记者想说的话,既让大家对贺兰山生态修复工作有了一个完整的认知,也反映出了生态环境综合整治修复工作不能一蹴而就,需要久久为功的客观现实,让大家有思考有感悟。报道在具体的修复整治措施上做了"减法",用"通过治理修复前后对比,可以看到通过削坡降台、矿坑回填、覆盖黄土、播撒草籽等措施,生态修复效果非常明显"这句话进行简要介绍,弱化了过多专业术语解读对报道节奏的影响和对主线内容的理解。

四、结语

新闻是客观事物的反映,事实是第一性的,新闻是第二性的。"不能只讲索取、不讲投入,不能只讲发展、不讲保护,不能只讲利用、不讲修复,要像保护眼睛一样保护生态环境,像对待生命一样对待生活环境。"《贺兰山生态环境整治后大批野生动物重回家园》这篇报道的产生,得益于近年来自治区党委政府深入贯彻习近平生态文明思想,在贺兰山生态环境整治上动真碰硬、久久为功,取得了实实在在的效果;得益于记者长期以来心怀敬畏、倾注情感地对贺兰山生态环境进行持续关注;也得益于践行"四力"要求,"勤于学习、善于思考、精于表达,培育强烈的专业精神和过硬的专业能力"的不懈努力。一篇好的报道凝结着许许多多采编播制作人员的心血和付出。我们也会以这篇报道为新的起点,继续坚持正确的政治方向、舆论导向、新闻志向、价值取向,唱响时代主旋律,发出奋进最强音,更加努力地为生态文明建设提供强有力的舆论支持。

以高水平人才工作
助推广播电视高质量发展调研报告

王丽波

习近平总书记强调，人才是第一资源。加快建设具有强大传播力影响力的新型主流媒体迫切需要建设一支政治坚定、业务精湛、作风优良、党和人民放心的新闻舆论工作队伍。调研组聚焦以"以高水平人才工作助推广播电视高质量发展"课题，在全面盘点宁夏广播电视台干部人才队伍现状的基础上，发放调研问卷481份，召开干部队伍、人才代表座谈会2次，座谈访谈160余人次，覆盖处科级干部、一般干部、年轻干部及高中初级职称各等级专业技术人员，梳理汇总8个方面75条意见，形成如下调研报告。

一、主要工作

宁夏广播电视台是高层次人才密集单位，现有干部职工1085人，其中在编679人，聘用406人。全台具有专业技术岗位职称资格的929人，其中高级职称223人，中、初级职称706人；具有博士、硕士及研究生学历102人，大学学历 828 人,大专及以下学历 155 人。近年来,宁夏广播电视台党组深入贯彻新时代党的组织路线,以媒体深度融合发展改革为牵引,以机构编制、干部选任、人事管理、分配制度、人才发展 5 项改革为抓手,把人才工作摆上重要议事日程,全力推动人才工作高质量发展。

一是深化机构编制改革聚合力。坚持集约高效发展,研究制定《内设机构调整优化方案》《科级机构设置、领导职数和人员配置方案》,打破原有机构设置,重塑内部组织架构,整合媒体资源,充实业务机构,合并 3 个频道 3 个频率,新组建 4 个部门。争取编制政策支持,管理部门科级机构由自治区党委编办核定,业务部门科级机构由台党组自行设置,组织架构进一步优化。

二是深化干部选任改革增活力。在不突破现有领导职数前提下,按照干部管理权限,加强领导班子政治建设和整体配备。拓宽选人用人视野,打破干部、工人身份界限和在编、聘用晋升壁垒,正处级干部由台党组选任,副处级、科级干部竞聘上岗,结合实际科学制定工作方案、选聘程序,严密规范组织实施,整个过程平稳有序,干部队伍年龄结构明显优化。正处级干部由 54.6 岁优化为 48.5 岁,副处级干部由 51.7 岁优化为 45 岁,科级干部由 47.2 岁优化为 38.3 岁,增强了干部队伍生机活力。

三是深化人事管理改革提效力。积极争取自治区政策支持,根据采编播管岗位需要,人员实行整体控制数管理并给予财政综合补贴保障,极大缓解了资金压力。规范年度目标效能考核、事业单位工作人员年度考核,修订《聘用人员管理办法》,聘用人员与在编人员同等管理、同等使用。研究制定《台属企业监督管理办法》(试行),加强台属企业重大事项监督管理,规范人事及薪酬管理。对干部人事档案开展专项审核,完成处级干部人事档案数字化加工。加强干部日常监督管理,做到常咬耳扯袖、防微杜渐。

四是深化分配制度改革添动力。改革聘用人员收入分配制度,建立以工作业绩为导向、以人才评价为激励的薪酬分配体系,薪资结构以定岗定级为基础,以调级调标为激励,按贡献和业绩支付工资报酬,将工资水平与职称、职务、学历、资历等挂钩,打通了聘用人员职称职务晋升通道,解决了长期以来聘

用人员职称职务待遇不兑现的突出问题，聘用人员人均月增资近 500 元，同时建立薪酬正常调整机制，提升了聘用人员的归属感，确保了人才队伍的稳定。

五是深化人才发展改革强引力。优化专业技术岗位聘用方案，组织开展了专业技术职务正高级、副高级岗位竞聘工作，首次开展聘用人员岗位聘用。加大人才培育选树力度，全台当选县级以上代表、委员等的 6 人，入选国家级、自治区级、行业各类人才 76 人次，自治区高层次人才 9 人。近 3 年有 501 人次被评为厅局级以上先进个人，获得自治区级以上业务类奖项 294 项。组织开展首届"首席记者""十佳记者""金牌主播""技术标兵"评选活动并给予奖励。组织开展职工双选，人员跨部门流动促进人力资源优化配置。加大人才引进力度，先后补充播音、视觉创作、软件开发、编辑、摄像、营销策划、技术维护等 112 名工作人员，其中 21 人为硕士研究生。组织参加各类培训 90 余批次 4000 余人次，全面提升全媒素养。

二、存在问题

调研中，干部职工对宁夏广播电视台干部人才工作总体比较满意，认为人事管理科学化规范化水平明显提升，解决了不少难事遗留事，办了不少好事实事，但也存在不少短板弱项。

（一）人才队伍整体结构现状与媒体发展融合化有差距。一是年龄偏大。全台干部职工平均年龄 42.30 岁，30 岁以下干部仅占 11.31%，46 岁以上干部占 39.64%。二是梯队不合理。后备力量不足、干部人才断档。正处级干部中没有 80 后干部，副处级干部中没有 85 后干部，科级干部中没有 95 后干部，90 后科级干部仅占科级干部总数的 13.59%。三是分布不均衡。同等级职称资格在编人员人数多，占 62.36%，聘用人员仅占 37.64% 且普遍职称资格较低，

高级职称资格中聘用人员仅占 3.52%，且均为副高职称。各类人才集中在融媒体新闻中心等部门。四是人才紧缺。普遍缺乏懂业务、善经营、会管理的复合型人才和后期制作、技术运维、艺术类等专业人才，特别是高层次创新型策划创意类人才、复合型经营管理人才、外向型国际传播人才、新媒体运营类人才紧缺。

（二）人才培育体系构建与媒体发展适配化有差距。一是顶层设计缺乏。每年虽然都对干部人才队伍建设作出安排，但缺乏整体性谋划、前瞻性思考和系统性安排，没有中长期规划和培养目标，相关配套政策还不完善、项目抓手还不具体。二是引进渠道传统。受制于事业单位体制等因素，近两年也引进了不少人才，但引进的方法不灵活，多为严格按照事业单位招聘工作人员的模式，很难引进一些实践操作能力强、岗位适配性强、专业要求高的人才。三是培养手段单一。干部普遍任职经历单一，交流渠道不多、交叉任职较少，多岗位锻炼不够。处级干部中有其他党政机关处级任职经历的仅占 9.09%，新提拔的科级干部交叉任职的仅占 16%。问卷调查显示，58% 的干部希望加大青年人才培训力度，建立人才交流、跟班作业、多岗位实践锻炼等制度。四是培训方式固化。培训形式比较单一，大多采取"课堂式"培训，缺乏实战实训式培训。培训的针对性和精准性还不够，未能根据实际特长、岗位需求等开展培训。

（三）人才评价激励机制与媒体发展快速化有差距。一是人才示范引领作用发挥不够。宁夏广播电视台人才总量大，具有高级专业技术职务任职资格、各类高层次人才和硕士及研究生以上学历人数占全台总数的 36.5%，但示范引领作用的发挥有待于进一步加强。二是人才评价考核标准不精准。干部考

核主要围绕"德、能、勤、绩、廉"5个方面，缺少针对岗位特点的内容设计。职称评审和岗位聘用受制于广播电视工作岗位分工细、门类多，难以用科学的标准准确全面衡量干部的工作难易度、个人的努力度和实绩的优劣度，定性指标多、定量指标少。一些系列职称评审奖项获取难、评审难度大，有的转为考评，有的转评其他系列。三是激励机制不完善。台属4家事业单位为公益一类，绩效工资难以发挥激励作用且与台内设机构收入差距较大。绩效考核评价标准不完善、指标不精准、内容不全面，还未能充分体现多劳多得、优绩优得、少劳少得、不劳不得。

（四）人才服务保障工作与媒体发展持续化有差距。一是政策宣传不够。对干部人事政策及相关文件、制度等宣传解读不够，与干部职工的沟通交流不经常。问卷调查显示，有15.18%的干部对人事人才相关政策知晓程度为不了解。二是服务保障不够。联系服务各类人才的工作还比较薄弱，对专业技术人员还缺乏有效的政治引领、培养引导手段。人才培养项目的选拔渠道方式比较单一，管理服务配套措施还跟不上。三是工作合力不够。一些部门和单位只重视业务工作，不重视对本部门单位干部的培养培训、日常管理和教育引导，缺乏思想引导和关心关爱。

三、对策建议

（一）聚焦高水平目标，强化党管干部党管人才。一是强化政治引领。选人用人突出政治把关，教育培训突出政治训练，干部管理突出政治监督，人才工作突出政治引领，老干部工作突出政治属性，要严明政治纪律和政治规矩，引导党员干部不断提高政治判断力、政治领悟力、政治执行力，增强"四个意识"、坚定"四个自信"、做到"两个维护"。二是强化顶层设计。紧紧围绕台媒体融合发展改革目标,全局统筹、高位谋划,结合实际研究制定《2023—2027年干部人才队伍建设规划》,明确干部人才队伍建设目标、主要任务、具体措施和工作要求,建立干部人才信息库,不断优化干部队伍结构。三是强化项目带动。每年储备推荐一批55周岁左右具有较强影响力的"塞上英才""塞上文化名家"等高端人才,遴选一批50周岁左右具有精湛专业造诣的领军人才,培养一批45周岁以下具有较大影响力和一定知名度的拔尖人才,选拔一批35周岁以下的青年托举人才,逐步形成梯队式人才体系。

(二)聚焦专业化标准,创新培养模式。一是突出重点培养。以新提拔处科级干部为重点,研究建立轮岗锻炼、跟班学习、基层实践制度,每年选派10名左右干部到基层挂职锻炼、上级部门跟班学习、驻村工作等。探索开展优秀年轻干部储备工作,发现一批35周岁以下政治素质好、能力素质高、纪律作风优良的优秀年轻干部,建立跟踪培养制度。以新入职人员为重点,集中开展以马克思主义新闻观、政治意识、规矩意识、台史台情、广播电视业务等为主要内容的岗前集中培训。二是注重实践培养。以全媒体人才培养为重点,围绕习近平新时代中国特色社会主义思想教育、马克思主义新闻观教育、媒体融合、专业能力等内容,制定并组织实施分层分类培训计划,增强培训的针对性和精准性。积极为专业技术人才搭建外出学习交流平台,与广东、福建等省级广电媒体积极对接,以参与项目、日常跟班等形式,每年选派业务骨干进行中短期培训。与区内外高校积极协调,每年选派2—3名中高级职称人员开展互聘交流、访问学习。鼓励技术部门选派人才到业务部门、设备生产厂家、兄弟省台等参与节目制作、设备组装、调试调校等,提升实践能力。三是注重梯队培养。发挥骨干人才"传帮带"作用,组织台内高层次人才、领军人才、拔尖人才、"十佳记者""金牌主播""技术标兵"等各类人才,以及具有丰富实践经验的业务骨干、在专业领域有研究有造诣有成果的人才等开展人才梯队"师带徒"工作,科学设计帮带项目,建立跟踪服务和督导考核制度,扩大帮带覆盖面。创新人才引进方式,灵活引进一批急需紧缺专业人才。

(三)聚焦优质化激励,激发创新活力。一是充分发挥考核评价指挥棒作用。对处级以上领导干部坚持把政治标准放在首位,探索开展政治素质专项考察,综合运用工作任务完成情况、巡视整改、督查检查、审计信访、个人有关事项报告核查、干部人事档案审查等各方面成果,细化考察指标,全方位考实考准干部。对处级以下干部以岗位职责和所承担的工作任务为依据,建立完善考核制度,优化考核方式,细化考核内容,推动形成能上能下、能进能出、奖优罚劣。二是充分发挥绩效分配导向作用。制定《奖励性绩效工资考核分配办法》,进一步优化绩效考核和收入分配体系,细化考核细则。指导各部门修订完善绩效考核二次分配办法,规范奖励性绩效工资审核及发放流程,充分体现以岗定薪、岗变薪变。三是充分发挥聘用管理激励作用。科学设置竞聘方案,组织完成中级职称竞聘、初级职称聘用工作。建立健全内部岗位管理制度,坚持事业发展、竞争择优、激发活力原则,研究制定《岗位聘用管理办法》《非领导职责职员等级晋升办法》,规范三类岗位聘用,明确岗位聘用的管理、程序、方式,激发干事创业活力。

(四)聚焦常态化服务,优化成长环境。一是树立"一盘棋"意识。做好干部人才工作的上下联动,研究制定《人力资源部"点对点"联系服务基层工作制度(试行)》,健全完善台和各部门常态化联系服务、沟通协作和推进落实机制。二是凸显"头雁式"效应。发挥各类人才带动作用,建立人才项目台账和跟踪服务、管理督导机制,研究制定《人才专项经费使用管理办法》,组织开展各层次人才项目结对工作,使各层次人才互帮共促。三是强化"精准式"服务,组织召开人才工作座谈会、干部人事人才政策宣讲会、职称评审政策解答会、职称申报培训会,为高层次人才发放《服务指南》,为各类人才项目印制发放《人才项目指南》,在台内新媒体平台开设干部人事人才政策宣传专栏,全方位建立常态化、全链条、多层次的服务体系。

关于开展"加强宁夏广播电视台全媒体传播体系建设，探索轻量化 IP 化制播系统及交互式广播应用"的调研报告

武惠宁

为扎实推进学习贯彻习近平新时代中国特色社会主义思想主题教育，深入贯彻习近平总书记关于调查研究的重要论述，进一步加强宁夏广播电视台全媒体传播体系建设，探索轻量化 IP 化制播系统及交互式广播应用，2023 年 5 月 15 日至 6 月 9 日，调研组对我台办公室（科技管理办公室）、融媒体新闻中心、公共节目中心、技术中心、传输发射中心、罗山电视调频转播台、六盘山电视调频转播台进行了专题调研。

一、调研背景

《中国广电"十四五"发展战略和 2035 年远景目标纲要》中指出，未来五年，中国广电将以习近平新时代中国特色社会主义思想为指导，"打造智慧广电媒体、发展智慧广电网络"，进一步夯实广播电视和网络视听基础建设，从而引导推动行业在数字内容生产、高新视频发展、广电 5G 建设发展、新视听服务开发等方面持续发力。

伴随着这些年国家 4G/5G 网络迭代建设，各层级网络用户在网体验日新

月异，也为广电行业带来了一波概念洗牌，催生出了云上重服务、云下轻资产的理念，面向媒体融合制播的轻量化设备部署已经逐渐成为主流，类似于NDI协议的轻量化网络技术已趋于成熟，成为可实际应用于业务生产的技术平台，也将在今后融媒体制作领域持续具有竞争力并发挥出最大的潜力。

按照"轻量化、移动化、云化"的技术路线，在新媒体制播和传统制播革新方面，5G便携式、轻量化移动制播系统和轻量化演播区的建设不仅可以大大提升节目制作效率，降低运营成本，在持续打造行业竞争力方面的优势也更加凸显。一定程度上，轻量化的云制播方案可以应用在不同场景下活动直播制作，简化导播台、调音台、推流器、网络CPE等硬件设备支持，精简前期准备环节和摄录、后台制作的人员调度，实现从采集、传输、制作到分发和播出的全流程业务覆盖。

此外，信息技术的进步带来传播方式和媒体形态的重大变革，加快推进制播系统向全IP技术架构转变，构建面向下一代媒体制播网络IP化高清、超高清制播体系，加快制定全IP制播标准，是未来行业发展的一个重要方向。采用IP化技术来构建新型制播系统，基于开放式的IP网络，带宽充足，网络覆盖范围大，高可靠传输链路技术成熟，IP架构系统结构布线简单，节约投资，传输协议成熟，可以实现节目资源的最大共享，协作能力强，更有利于推进新媒体业务。

二、我台各技术系统运行现状

我台技术系统所属广播电视播出、传输、覆盖工作战线长、任务重、范围广。为全台广播电视和网络视听节目采录、制作、播出、集成、分发、传输、覆盖等环节提供技术支撑及安全播出保障。多年来，技术系统基础设施运行和建设工作紧密围绕广播电视宣传业务，着力加强安全播出工作，在事业整体加速发展中，不断巩固、夯实技术运行保障措施。

（一）广播电视录制播出

技术中心承担我台广播电视摄录、制作和播出设备的管理与维护工作，为广播电视节目录制、制作提供技术支持和保障，负责我台广播电视节目的播出工作。主要负责维护运行的广播系统包括：广播播出总控系统、广播制作播出网络、6 个直播间、5 个语录室、7 个制作室、1 个 300 平方米录音棚、2 部广播直播车等；电视系统包括：电视播出总控系统、演播室视音频灯光系统、全台网和媒资系统、6 辆特种车辆、1 套高清 EFP 系统以及高标清摄录设备等。目前有 5 个 100 平方米高清演播室，1 个虚拟演播室，1 个 400 平方米高清演播室和 1 个 1200 平方米演播厅。

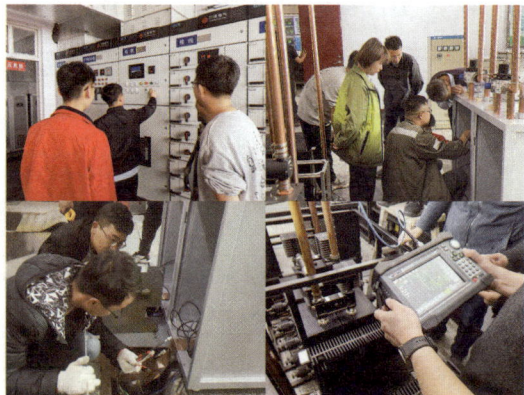

10 年前，我台广播系统全面实现了数字化和网络化，电视系统编辑制作、媒资、演播室、播出系统互连，全部实现网络化、数字化，并接续完成了高清化改造升级。近年来充分保证了融媒体新闻中心、各频率、频道的常态节目以及各类大型活动录制、直播工作的技术支持和保障任务。但之后技术制播体系整体（包括 IPTV 集成播控分平台）基本再未进行大的系统投资改造，各设备系统投入运行均超过 10 年，无论是网络安全设计方面，还是硬件设备、软件系统架构、网络基础设施等，在支撑全台媒体融合形势下融媒业务生产需求方面存在明显的短板。

(二)广播电视传输覆盖

传输发射中心、罗山电视调频转播台、六盘山电视调频转播台分别依托各台站地理位置特点和专业分类，承担着我台广播电视节目传输覆盖任务。主要包括宁夏卫视频道和台 5 套自办广播节目的上星传输，全区范围的广播中波覆盖、无线数字电视节目和调频广播的覆盖。

我台一直都重视对技术系统设备设施的投入，尤其近年来经过有计划分阶段的更新改造，传输发射系统已实现所有台站的远程监控。台自办 5 套广播节目(新闻广播、交通广播、经济广播、旅游广播、音乐广播)通过全区调频同步网基本实现同频同步覆盖。此外，除全国地面数字电视 700 兆赫移频后发射机为单机运行状态外，其他传输发射系统均按照总局62号令要求实现了包括台站信号源、电源以及发射机备份在内的台站本地自动化运行维护。

(三)融媒矩阵传播

除已有的宁夏广播电视台网站、"红枸杞"、黄河云视以及微博微信公众平台等新媒体平台，各节目生产部门也依据新媒体节目传播形态需求不同程度地应用抖音、快手、视频号等开展线上内容传播。各平台依托我台音视频节目、融媒制作内容，通过整合我台各频率、频道重点节目资源，拓展了手机、平板电脑以及移动互联网用户，建立了分门别类、数量众多、种类齐全的全媒体资源库，突出音视频直播，突出媒体联动，紧扣全媒体特点，加强本土化和原创性，也构建起媒体、用户、商业、娱乐、应用一体化的网络平台。

三、调研中突出的问题及对策

(一)技术部门设备系统老化，疲于应对安全播出压力，在融媒传播时代支持保障多样态、多渠道节目传播分发的能力上同节目部门的需求存在差距，主要体现为硬实力不足的问题

广播电视确实是一个重装备、重投入的行业，台里依托贷款项目在十多年前实现了技术系统数字化网络化，完善了制播高清化陆续累计总投资超3亿元。运行十来年现有的设备系统做任何一项升级改造少则几百万动辄上千万。近几年，台党组通过积极争取资金，虽然进行了部分系统的升级改造工作，但也是仅对最紧急、最迫切的部分系统进行了功能加强和安全播出隐患排除。前述提到，由于信息技术的迅速发展和迭代，已经使媒体传播方式和生产形态发生了重大变革，从我台节目制作部门实际使用需求角度，技术支持与内容生产包装供求不匹配的矛盾已日益凸显。日常节目的前期摄录设备较为落后，尤其是场外设备使用依靠市场化租赁的情况已渐常态化。对于节目制作部门而言，5G便携式、轻量化移动制播系统和轻量化演播区的建设对提升节目制作效率，降低运营成本，持续打造新媒体"短平快"行业竞争力而言，是急需解决的"刚性需求"。

在日常节目的制作包装方面，如何提升演播室的使用效能，将实景演播

室打造成多种风格、多用途,多区域、多角度、多景别,可以适应不同类型的节目需求的融媒体演播室;如何使虚拟演播室能够为节目制作人员提供更多更灵活的创作空间,以期创造出更优质更吸引眼球的个性化内容,是目前优化节目制作硬件配置亟待解决的问题。同时,技术系统因设备老化超期服役等原因,又面临极大安全播出风险,这也成为我台广播电视节目制作播出和媒体融合发展的瓶颈。

从这个角度来说,资金投入不足是我们面临的主要问题,但更重要的,是需要正视这是融媒时代整个广播电视行业发展共同面临的困境,不是我们一个台的问题,必须要结合现实条件和实际需求,在保安全的情况下确定发展方向,描绘总目标,制定路线图。要以问题为导向,分清主要矛盾和次要矛盾,梳理轻重缓急,统筹实现在局部变化中向整体转型迈进。

解决对策:

1.多部门联动积极申请各类专项资金,统筹使用台内台外经费。牢固树立"大安全"理念,以政治立台、新闻立台为基础,首要任务是确保广播电视安全播出万无一失,确保新闻制播内容安全、播出传输安全。去年以来,在台党组正确领导下已经利用财政资金对电视节目制作网、新闻制作网和广播制播系统实施了重建和融媒制播改造,今年下半年还将实施基于原有广播电视大媒资系统云化改造的数智化资源融合平台建设项目。这些工作,将陆续消除我台技术系统制播领域由于设备陈旧带来的基础性核心性安全隐患。

2.把握技术发展趋势,迎合节目制作需求,多形式分步骤实现制播系统的IP化轻量化。在资金有限的情况下,及时把握媒体传播技术应用逐步转向IP化轻量化的趋势,通过云化、集成化、应用服务化的方向,逐步摆脱重装备、重投入的羁绊。实实在在结合节目部门融媒节目内容制作多形态、多场景、矩阵

分发的不同需求，在系统改造的过程中加强轻量化设备购置和智算应用，通过设备演示试用、技术服务分期购买等方式，化解一次性大资金投入的压力，切实提高技术部门在融媒节目生产上的支撑引领作用。坚持以锚定方向、持续接力的方式，逐步在我台形成有规模的 IP 化轻量化制播系统。

3.规划好发展方向，统筹大项目稳步推进，逐步夯实技术系统硬件基础。精心组织好宁夏广播电视传输发射基地迁建项目的建设实施工作，保质保量保进度；争取按时完成宁夏卫视高清频道实现上星传输；积极推进宁夏广播电视台 4K+5G 超高清制播系统建设项目分期分步实施；继续推进六盘山电视调频转播台技术区基础设施重建，不断巩固技术系统保障能力，提高媒体传播硬实力。

（二）技术人员知识结构更新迭代跟不上融媒时代技术应用发展的节奏，大部分停留在"保运行"层面，亟待进入到"促发展"的阶段，主要体现为软实力不足的问题

调研中发现，由于广播电视技术系统从采录、制作、播出、传输、覆盖、监测全过程来说分类详细、专业特点区别很大，加之多年来模式都是各管一摊的孤岛式运行，大家之间唯一的联系就是视音频信号的连接，技术人员相互之间、各专业系统相互之间的了解都存在欠缺。技术人员取得中级以上职称的人员比例相对偏低，制约职称评定和晋升主要因素除了广电行业技术类奖项多为评奖门槛高、奖项类别设置有限、评奖难度大的国家级奖项（由中国电影电视技术学会和中国新闻技联颁发），大部分技术人员创新研发能力较为薄弱，技术成果少、申报奖项的难度大，也是其中一个重要原因。一方面大家都有提升自我的意愿，却找不到突破口；另一方面，由于资金投入受限，技术迭代更新和应用缺乏动力，技术部门在服务节目制作部门内容生产的多样化需求上相对被动。尤其是，传输发射系统的技术人员囿于传统单向广播业务属性相对

固定，日常工作中大多只能保证常规运行，很难关注到新技术的应用和突破点，科管办技术人员缺乏技术发展横向交流和纵向支持，缺乏全台整体技术体系科技发展趋势的规划指导。从规划发展层面上来说，还需要进一步激发技术人员的内生动力，拓宽视野，才能更好地服务我台媒体融合事业发展。

解决对策：

1.多措并举，加强技术人员能力水平提升。尝试搭建上下贯通、内外联动的专业技术人员继续教育培训应用场景。横向拓展技术人员到先进省台学习交流的渠道，增加实地学习广播电视前沿技术的培训机会，拓宽技术应用发展思路；纵向通过台内技术交流培训、大型活动技术保障等方式，进一步加强技术系统内各专业之间、技术系统与节目部门之间的沟通联系。利用好有限的设备、人员、资金等资源，清楚在现有条件下我们能做什么，对方需要我们做什么，双方一起协同合作应该怎么做。在查找问题、思考问题、解决问题的过程中相互学习，共同提高。

2.持续推进与西安交通大学共同建立的"智慧传输与交互广播技术研究实验室"良好运行。继续开展《地面数字广播多场景应用研究》和《基于无线广播信号的隐蔽通信系统研究》等课题攻关。同时在宁夏广播电视传输发射基地迁建项目等大项目实施过程中依据我台技术人员的专业特长，组织基层职工分专业、分层次、分批次参与到陆续开展实施的课题攻关和项目实施当中，利用一个大课题带动多个子课题，通过校企合作的带动作用、大项目应用的示范作用，逐步提升技术人员能力水平，用目标成果激发工作热情，增强组织凝聚力。希望能逐步利用子课题成果，拓展申报利于职称评选的奖励或奖项，在扩大我台创新发展的平台上给专业技术人员自身也创造更广阔的价值体现平台。同时整体提高我台在科技创新发展和技术保障方面的能力，逐步提升我台在全国广电行业里的综合实力及知名度。

调研中，各部门单位提出的意见建议和存在的问题不止以上内容，有系统性的也有比较碎片化的。经过调研组的讨论梳理，总体归类为以上一个硬实力和一个软实力的问题。调研组的调研深度和思考可能还有欠缺，从解决的办法措施上还不甚完善，还请大家就调研报告不足之处批评指正。

随心笔谈

欲识庐山真面目

"融媒体新闻中心"，如果是一道筵席？

宋　韬

融媒体新闻中心的工作，重要且繁杂。初来任职，如履薄冰；但不久后，心里逐渐有了谱。

中国有句古语，治大国若烹小鲜。意思是说，治理国家的思想和烹制小鱼的手法有相通之处。今天，我们党治国理政，强调运用"创新、协调、绿色、开放、共享"五大发展理念。这些理念，烧制一道菜肴需不需要？运筹一个部门需不需要？自然需要！

那么，如果把"融媒体新闻中心"看作一道筵席，该怎么"烹制"呢？我想，如果能够理解运用"五大发展理念"，即便"摸石头过河"也是有章可循的——

创新："菜品"需要推陈出新

如果总是端上同一道菜，味蕾就会逐渐麻木。好的厨师，一定不忘为顾客推出新菜品。那么，"融媒体新闻中心"这道筵席，如何

做出新花样?

首先,"菜谱"不能总是一个面孔,品种需要多样化。《宁夏新闻联播》《新闻话题》《午间新闻》《晚间新闻》……不能始终"老三样",不妨再添几样——《新闻早点到》《新闻正点击》《新闻空间站》《新闻e周见》。"旧瓶新酒"也罢,"改头换面"也罢,先让"菜谱"靓起来!《宁夏新闻联播》可小心渐变,突出抓好"凤头、猪肚、豹尾"——"头条工程"强调紧跟大局、整体内容力求充实明快、片尾画风"变脸"《看见宁夏》;其他栏目求新为上,应大胆探索——《新闻早点到》劲吹网络新风,《新闻正点击》展现基层风貌,《新闻空间站》确立民生路线,《新闻e周见》推崇激扬文字。尽管"菜谱"的更新距目标尚远,但日日行,不怕千万里……

"菜谱"变化的背后,也有"烹饪"组织方式的变化。在融媒体新闻中心内设机构调整中,把台网站、红枸杞客户端和全台网络运维职能划出,一定程度上实现了"减负"目的;把各个"部"改称为"组","主任"更名"组长",表面上是称谓的变化,却意在突出业务导向、一线导向;对岗位设置调整优化,在尊重个人意愿前提下鼓励人员流动,一大批人走上新岗位。整个调整过程看起来"浪涛汹涌",实际上却"波澜不惊",因为打底的原则是"事业为上,以人为本"。

尽管如此,改变也并不容易。因为一要对抗历史惯性,二要进行利益考量。总之,需要有技巧,更要有韧性。

接下来,节目改版如何巩固、扩大、提升?五市记者站如何建立"造血机制"?工作室制度怎样落地见效?还需要在实践中边思考、边探索……

改革创新,永远在路上。

协调:"五味"应当和谐搭配

《宁夏新闻联播》是道"主菜",但毕竟"独菜"难成席。只有添加上一些可口的"配菜"，整个"筵席"才算得上品类丰盛。

这道"筵席"要做到整体协调，先要考虑处理好各"菜品"之间的关系。以《宁夏新闻联播》这道"主菜"为核心和龙头，精心对各栏目"菜品"进行搭配。前文提到的《新闻早点到》等几个栏目，构成纵向布局的几道"招牌菜"；而以"新闻眼"为标识，全新推出《理响宁夏》《对话新宁夏》《他山之"识"》《媒体看宁夏》等周播栏目，并改版《新闻话题》，则是横向布局中的"特色菜"。这些"特色菜"既为实现创新、改变，也意在丰富、协调——《理响宁夏》通过理论阐释，传递"思想的力量"；《对话新宁夏》突出政策解读，阐释"实干点亮梦想"；《他山之"识"》借鉴外地经验，体现"视野决定认知"；《媒体看宁夏》集纳各媒体报道，"换个视角看宁夏"。只有把这些"菜品"都陆续端上来，形成相互贯通、相互支持的矩阵化布局，整道"筵席"才会更协调养眼、更味美可口！如今，这道"筵席"的陈设仍未结束……

要把"筵席"精心办好，也要做好"系列菜"——

注重"凉热搭配"。大小屏需要协调，巩固大屏的同时，向"移动优先"方向努力。制定新媒体产品评估办法，多管齐下、共同发力——优化评分机制，不断加大新媒体绩效占比；建立奖励机制，让优秀作品更具"含金量"；探索点评机制，要求及时反馈创作得失；建立推广机制，因为"酒香也怕巷子深"。以上

种种举措，目前还在探索阶段，"融合尚未成功，同志仍需努力"！

还要注重"荤素搭配"。电视新闻和广播新闻也需要彼此协调，应从"两张皮"真正向一体化方向努力。今后，还需要不断探索两者的节目融合、人员融合、机构融合，解决广播新闻被边缘化问题。这是事业发展需要，同时也是人心所向！

制作一道丰盛的"满汉全席"，背后离不开厨师团队的精诚合作。所以，以上需要协调的各类关系，并不是冷冰冰的纸上推演，背后其实都是人与人的关系。"人对了，世界就对了！"工作的协调，经常体现在人的协调；人的协调，必定会推动工作的协调。而能否协调好人的关系，对改革成败具有关键性意义。

绿色："成本"必须精打细算

生活中，人们常把节本降耗称作"绿色"，这一理念可以无处不在。

我们摆设"筵席"，在追求品类丰盛的同时，还要注重防止"餐饮浪费"。只有始终自觉"过紧日子"，才能更快实现"过好日子"。在创收遇到困难的环境中，往往"省下的就是挣到的"。此时，"节流"的效果甚至比"开源"更显著。

对融媒体新闻中心而言，日常开支最大的一部分是"车费"。曾经，根据车队的记录，记者每月使用车辆的里程大多在 40000 公里以上，"能绕地球赤道一圈多"。当然，实际上跑不了这么多的路，这主要和记录方式和用车规则有关。要解决这一问题，首先是要有监督机制，通过内部公开把一些"水分"挤掉；其次，本着降本增效的原则，允许选择更多交通方式或用车平台；其三，探索"私车公用"的具体方式，做到既符合实际，又合理合规。目前，这些手段还都在探索并细化中，但成效已经非常显著。有时候，做事可能会触碰一些"小规矩"，但维护的却是"大原则"。

各类支出中令人"心疼"的，还有"差旅费"。为做一道"筵席"选购食材，可以"乘车"前往，但经常"打飞的"恐怕就不合适。面对每年接到的各类赴外地采访任务或相关来函，如果一概来者不拒，有些成本支出就会是"难以承受之重"；如果规模上总是兴师动众，也会增加一些不必要的负担。所以，一是要根据新闻价值进行研判，与对方沟通采取多种信息采集方式；二是要尽量

减少出差人数，倒逼"全能记者"的培养。经过一年的实践，这种"过紧日子"的意识逐渐深入人心。事后算算账，这样"斤斤计较"，挺值！

坚持"过紧日子"，之所以能获得职工拥护，在于让他们看到了"过好日子"的希望。节省下来的经费"办成了一些难办的事"，一是防止挤占绩效额度，稳定了职工收入；二是添置了一批摄录设备，保障了采访需求；三是支付了节目改版包装费，让大小屏更加靓丽；四是还能挤出些经费投拍纪录片……

我们筹备"筵席"讲求精耕细作，也一定别忘了精打细算！

开放："厨艺"注重交流互鉴

做个好"厨师"，只是闭门造车不行，交流互鉴必不可少。我们的"方针"是——互惠互利前提下的"积极主动"。

与央视的合作是向"国宴"大厨学习。2024年全国两会，仅一周的时间，宁夏台在央视《新闻联播》上稿5条，其他时段上稿8条。这一成果已经称得上"可喜"。它的背后，是与中央广播电视总台及宁夏总站相关通联渠道的通畅。2024年，我台和央视启动人才培养"星火计划"，每年选派4人次到央视学习；同时，选派2人到宁夏总站挂职锻炼。这既是为了学习提升，也是在主动谋求合作。这一年，宁夏台在央视上稿有明显提升，而且协助宁夏总站完成了《中国式现代化万千气象》《共和国巡礼》等一批大型节目的创作。宁夏总站在感谢信中曾说，双方合作是"亲密无间，并肩作战"……其实，这些合作还只是新起点，正进一步走向稳固、可持续。

与兄弟省台的合作，是与全国"菜系"切磋——延续与福建台《闽宁纪事》的

合作，但在合作方式和机制上正进一步调整深化；加强与广东台《镜头下的西部乡村》合作，目前这部纪录片已经被中央新影集团推荐参加多个国际电影节展映，继续扩大战果；加强与其他省台的节目合作，在今年多次联合开展大型直播活动的基础上，正谋求2025年全国两会继续"放大招"……成功的合作，从来不是单向的。应该做到既开放合作，又自信自立。

与市县融媒体中心的合作，是向"乡土菜"采风——利用通联渠道共同打造《新闻正点击》栏目；携手推出大型新闻直播行动《飞越新宁夏 奔赴现代化》；热情欢迎市县融媒体中心同仁来挂职学习……这种通联合作的不断密切、深化，延伸了我们的新闻触角，成为日常新闻报道的稳定来源。

加强与宁夏大学新闻传播学院的合作，是办好"厨校"的双向奔赴——指导播音主持专业学生在周末早、中、晚各档新闻节目中亮相，并参与现场出镜报道，为荧屏增添了青春气息；指导新闻专业学生拍摄与学校有关的新闻，为《宁夏新闻联播》供稿，确立"宁大融媒"的标识；指导广告专业学生参与新闻融创产品创作，跨越书本知识与现实运用的鸿沟。目前，双方正协商建立实训基地，并将学生实训纳入学校课程体系……有人担心这一合作模式不够稳定，因为学生具有流动性。其实，也可以换种方式理解——正是因为"兵"如流水，能够不断带来新鲜活力，才造就了"铁打的营盘"。

共享："营养"追求大众亲民

曾经，不少餐饮店推崇"宫廷盛宴"，恨不得菜品都沾上"宫廷"的边儿。其实，真正具有生命力的却是具有"烟火气"的菜品。任何一道菜，如果做不到大众化共享，就不可能传之久远。我们今天熟知的地方名菜、名小吃，均是如此。

同理，我们生产的节目，也只有做到让更多受众喜闻乐见，才能够广泛传播，达到引导人、影响人的目的。如何把理论节目办得"接地气"？如何让时政节目具有"人情味儿"？如何让经济等专业新闻做到"通俗化"？如何适度适量开展舆论监督，让节目有"筋骨"？如何坚持做好民生新闻，让节目有"温度"？如何切实推进媒体融合，让节目有"网感"？……其实，"三贴近"、"走转改"、强"四力"，都是好"药方"，关键还在如何付诸行动。为此，要具有水滴石穿，久久为功的韧劲。以上虽然都是"老生常谈"，但只要问题仍然存在，我们就不能懈怠，且应常谈常新。

此外，我们说的"共享"，还包括如何让职工更具"获得感、幸福感、安全感"。在传统广告市场"大势已去"的环境下，我们需要通过积极创收来保障职工基本收入，调动他们创作的积极性，努力形成良性循环。当收入得不到保障时，一味谈情怀就会显得软弱无力。我们还要创造一个公平分配的环境，"不患寡而患不均"，任何时候都是如此。作为管理者，必须时时加以注意。公平，不仅是绩效分配，还包括各类机会。当然，机会均等不一定能完全做得到，但要让职工看到管理者的努力。起码，作为管理者自身，不能事事占先，否则何以服人？北宋欧阳修一句"先天下之忧而忧，后天下之乐而乐"千古流传，我们学习先贤的襟怀，不妨从身边做起！

本文以"做菜"为喻，阐述了五大发展理念对做好本职工作的方法论意义。其实，"创新、协调、绿色、开放、共享"的理念，放之四海而皆准，可用于千行百业。当前，我们面临媒体融合发展改革的新形势、新任务，还需要不断提高统筹运用五大发展理念的能力和水平，努力把团队建设好，把工作这道"菜"烹制好！

另外，理念方法再好，归根结底要依靠行动的热忱。在一个只愿意"饭来张口"的人看来，处处都会是行动的障碍。而他想享用的每一道"菜"，也只能在头脑中不断"画饼"。因此，我们要时刻提醒自己——只有积极采取行动，才有可能"烹制出精美菜肴"，从而让理想之光不断照进现实！

理念与行动，必须并行不悖！

破壁融合 提升集约创新能力

陈志远

当前,媒体深度融合正处在爬坡过坎的关键时期,迫切需要在纵深发展进程中进一步统一思想,加快取得新突破。通过交流探讨,我们需要厘清误区、找准定位,推进创新创优,做精新闻主业,不断提升媒体核心竞争力。

一、打破部门壁垒,实施项目优先

把握住全媒体时代舆论的主导权,需要我们站在更宽的角度考虑媒体融合,将互联网这个最大的变量变成广电事业发展的最大增量。通过结构重组、流程再造,实现共建共享,这是媒体深度融合一体化创新性发展的现实需要。要想实现集约化创新性发展,就要实现一体化全流程的管理运行架构,打破部门之间的壁垒,发动深层动员能力,让好创意能够直达管理层,围绕一个 IP

内容,节目制作、宣传推广、市场运营、产业开发同步推进,一键触发。

首先,要健全部门之间的合作机制,比如打开创意渠道,打开合作渠道。在合作渠道方面,可以引入策划合作机制。目前各个部门都有自己的策划能手,我们可以创造条件,让他们之间进行思想上的碰撞。在重大项目实施前,召集跨部门的策划交流会,形成针对时事热点、重大报道更具质量、更有可操作性的策划,再落实到各部门或者各项目之间具体执行。

其次,健全项目制运行体系。针对一些好内容、好策划,形成项目团队,由项目负责人组建临时团队,形成团队组合模式。根据台内项目需要,不同团队之间可分可合,所有业务部门在不影响本身业务外,以项目为中心,抽出专门人员组成联合小组,集成合力,共同打造精品力作。

二、兼顾多维度,涵育创新创优策源地

首先,要对标对表改革要求,回归主流媒体主业。长期以来,我们在节目研发制作和推广传播上存在着内容和形式单一、影响有限、同质化严重等问题。其根本原因在于做强主业用力不够,许多节目宣传痕迹重,不接地气不讲效果。同时在主流媒体融合发展中,也有主业迷失的倾向,采编播力量看似在小屏上每天忙得热火朝天,但反哺大屏意识不强,新闻宣传主业的增量能见度不高。对此,我们应通过深化融媒改革,加强传播力建设。坚持主力军高质高效"双线作战",既要做精做活主频道,又要做优做强核心新媒体,形成电视端大屏与移动端小屏"受众互动、内容互哺、影响力互补"的全媒体传播格局。

同时,在创新创优过程中,总编室要综合节目主流价值、创新程度、质量评估考核、收听收视效果、全媒体传播等多维度考虑,和各节目生产部门共同分析研究融媒传播的规律,有针对性地精准传播主流舆论声音。

在互联网语境下,节目的生产还要切合时代需求,找准切入点和着力点,在融合产品、融合形态、融合手段等方面不断推陈出新,使时代精神和时代故事得到更充分、更精彩的呈现。

集约化创新性发展
平台建设、内容创新、机制完善是关键

李　钰

互联网语境下如何实现集约化创新性发展？我认为，要从平台建设、内容创新、机制完善等几个方面来考量。

互联网语境下，受众会根据自己的接受习惯和需求，选择不同的平台、不同的内容去关注，而媒体吸引受众的关键

就是做好平台，要"守住大屏，开拓小屏"。只盯着频道频率做节目只会越做越死，而全面转战小屏放弃大屏也是不可取的。如何守？如何拓？这就要求我们有解决问题的勇气，有互联网语境下的智慧和抉择。目前可以借鉴的做法是：一次采访，多次分发。从网端获得热点话题，记者跟进采访后在大屏节目中播出，再返输小屏端再度发酵传播。无论哪一种操作方式，其核心都是通过跨屏联动共振，多轮发酵，形成更良性的传播互动关系。在我台的融媒体改革中，大家已经初步具备了互联网思维，小屏发布也做得风生水起。但是，大小屏联

动却效果不明显，网端账号的影响力也亟须增强。台里目前的经营和衍生收入多来自大屏，小屏变现微乎其微。我们需要在"守住大屏，开拓小屏"上多下功夫，网上网下两条腿走路，打造我们的优质平台。

打造平台，内容依然是王道。

对于从业者而言，我们必须积极拥抱新的技术和新的渠道，但也一定要坚守内容的价值规律，这也时刻考验着我们的内容创新能力。在做好内容创新方面，我们需要厘清的问题是：该引领还是该迎合？为了获得更多关注和点击，我们会选择适合于受众口味的表达方式，尤其是小屏发布，会不由自主地迎合网民的喜好。然而，这种迎合就真的对吗？就算你迎合了，就真的"叫好又叫座"吗？

习近平总书记激励新时代文艺工作者"坚守人民立场，书写生生不息的人民史诗"。人民的需要是文艺存在的根本价值所在。宁夏广电作为党媒，要当好人民的"笔杆子"，为人民抒写、为人民抒情、为人民抒怀。只有站稳这个立场，才能摆脱创新的困境，增强自我突破的勇气。只有站稳这个立场，才能创新表现形式，把时代史诗通过群众喜闻乐见的方式表达出来，传播开来。振奋的、温暖的、感动的、有趣的、有用的、正能量的内容才能在满足群众文化需求的同时引领社会进步，媒体才能在这个过程中获得受众的认可。

创新发展、打造精品栏目都需要完善的机制保障。

当前通过"拆墙"打破部门、平台间的藩篱，真正做好融的工作，是我们融媒体改革的方向，也是我们需要动脑筋思考并切实解决的问题。我认为，"拆墙"和"融合"，不是把几个部门一并了之，而是要打通平台资源，打通用人机制，打通绩效考核，通过完善机制提升媒体核心竞争力。目前，全台各频道频率普遍存在人手紧缺的困难，频道频率之间存在衍生经营任务的竞争，也有互相争抢项目的情形。要拆，要融，就要握指成拳，合力出击。具体来说，人力资源上，台里可以建立人才流动机制，通过项目制、工作室制等机制激活人才资源，挖掘内部潜力，引进优质人才，激发人才创作活力，最终解决人才短缺问题。内容发布上，可以互通信息，共同策划，然后各平台根据节目特点及风格分别制作不同类型的节目进行传播。这不仅能够最大限度拓展平台的影响力,还能有效避免栏目的同质化。经营衍生任务上,可以集中各平台传播方式和传播优势,与客户一体谈判获得项目收入,然后通过内部分配机制合理分配,各平台根据贡献获得应得的份额。大河有水小河满,在增加台总体收入的同时避免内卷,各平台也会少些焦虑,多些尊严。

需要廓清的是,融合不是大锅饭,"拆墙"不是一锅粥。越是强调融合,越要在内部管理上明晰责权,越要制定精准的内部管理制度。台要做好台的顶层设计,中心也要做好中心的顶层设计,处理好中心与频道的关系,处理好频道与公司的关系,让每一个层级的干部都明晰自己的权力和职责,让每一个岗位的职工都清楚自己的任务和价值。对于电视节目中心来说,文旅频道的组建、新成立公司的运营、经济频道和少儿频道的整改提升,都迫在眉睫,而且互相牵扯互相制约。这都需要从制度的层面解决基本构架,并通过行之有效的措施推动改革。简单的"拆东墙补西墙"不但解决不了问题,还有可能导致几个频道整体陨落,目前刚刚鼓起的士气也有可能迅速衰竭。只有通过建立各项机制,通过精准考核激发并巩固每个单元的活力和生产力,才能稳住队伍,并进一步提升内容的质量、经营的能力和平台的影响力,打造可持续发展的媒体平台。

互联网语境下广播集约化创新性
发展之浅思

吴　海

以前广播是受众的传统收听渠道之一，拥有庞大的用户群体，但开放化、平台化、互动化的移动互联网的出现，极大地改变了受众与广播的互动方式和关系。当前，广播面临着媒介环境、行业、终端设备及受众用户等多方面的挑战。受此冲击，我们的生存空间被极大挤压。

一、互联网语境下节目内容存在的问题

1.内容同质化严重，受众"视听疲劳"。直到今天，节目的同质化问题仍令人诟病。一种类型的节目如果取得了不错的收听、收视率和播出效果，很快就被各台竞相模仿，同类型的节目一拥而上，存在很严重的模仿、跟风行为，创作质量良莠不齐，长久以来也会使受众产生"视听疲劳"。另一方面，广播节目在原创性上做得不够好，优质原创节目十分匮乏，无法满足日益"挑剔"的受众的需求。

2.传统收听渠道受众流失。尽管目前传统节目市场仍然会涌现一批品牌节目，但好节目的数量在整体上还是呈现下滑趋势。究其根本原因在于，融媒体语境下,多元化的媒体渠道不断蚕食受众注意力,大部分年轻受众开始放弃广播渠道。广播节目的线性播出模式以及选择性低的特点,不能真正与受众建立良性沟通和互动,这些广播电视节目已不能吸引和留住大规模受众。

二、互联网语境下节目的转型策略

1.建立专属融媒体数据库,助力表达的多样性。宁夏广电在建立节目融媒体内容生产机制的基础上,应继续着力建设融媒体数据库,加快实现台网融合、转型升级。在形式上除涵盖文字、图片、音频、视频的数据库之外,还包括其他渠道和工具的数据库,比如以蜻蜓FM、喜马拉雅为代表的收听数据,以百度、谷歌、新浪微博为代表的搜索数据,以B站、抖音和腾讯视频为代表的视频网站数据,以知乎、豆瓣为代表的网络社区数据等。建立融媒体数据库还只是内容生产的第一步,还涉及到数据库信息整合、提炼、优化等技术层面的操作问题,从长远上讲,还将影响节目制作的组织架构、运行模式、资源配置。这个过程肯定会是一个长期积累、慢慢发酵的过程。即使"伤筋动骨"也是有必要的。有了融媒体数据库,我们节目内容制作将更加得心应手,在进行多渠道分发时也更加顺畅。

2.建立节目融合性,重塑内容生产流程。随着媒体环境的剧烈变化以及移动互联网技术的发展,广播节目也开始重新架构自身生产方式。通过利用自身建立的融媒体数据库,重新梳理生产流程和生产方式,增加节目的创新性,让节目焕发生机和活力。融媒体的核心是内容一次采集、多次生成、多平台发布的一体化经营模式,所以结合台里的融媒改革,广播节目中心重新调整自己的设置、人员、业务运作模式,融合数据采集、内容生产、节目传播各业务流程。经济广播打造的《经广宁夏行》《928健康有道》《经广悦读汇》《眊这一家子》等栏目、活动,创造性地孵化出"内容＋产业"的模式,将优质内容与民生经济、健康、短视频等进行深度融合,用全新的思维重新架构节目生产流程。

3.借势新技术,加速节目内容创新变革。很长时期,技术仅仅是节目顺利制作、播出的保障性因素,是作为辅助角色出现在节目制作的业务流程之中的。但在新的媒介技术不断发展的今天,宁夏广播开始重视加大音视频直播技术的应用，为节目内容的创新性变革提供新契机。新技术使得节目更具多元性和可视性，为节目受众带来全新的视听体验。

4.生产模式集约化，扩大传播渠道。在融合的大背景之下，广播的经营管理、衍生创收必须立足自身优势循序渐进，要理解融合不是将广播的本身特性直接抹去，嫁接到另一种媒介，而是一种双向的关系。尽管新媒体的发展日新月异，但是"内容为王"才是不变的真理。打造品牌节目，提高广播的核心竞争力，是广播在转型中不可回避的问题。而"互联网＋"的语境下，做节目始终要有"产品意识"，要更注重品牌的打造，在受众心中塑造良好的美誉度，形成持续"消费"的习惯。

5.打造广播品牌，延展品牌意识。在转型期间，广播媒体应利用多种渠道和技术打造自己的品牌，树立良好的媒体形象。首先是要有品牌意识，然后要懂得如何去确立自己的品牌形象。在建立品牌形象之后，需要借助一系列活动来实现品牌个性的推广。比如，可以通过策划大型活动树立自身的品牌形象，还可以借助公益活动及节目主持人知名度，放大个性化的品牌效应。

归根结底，广播还是需要提高自身节目的核心竞争力，做好节目，树好品牌。在内容制作方面，作为传统媒体的广播本身就有较高的制作水平和力量。借助融媒体技术，抓住广播本身节目的特点，制作可以获得大量信息又快捷方便的融媒节目等均有助于提高广播媒体竞争力。而在互联网语境下集约化创新性发展的过程中，构建全媒体传播格局，将同样会成为广播转型中提高竞争力的助推器。

持续推动人才队伍建设
积极应对内外挑战

石向果

当下的广电行业,既要面对外部的激烈竞争,又要千方百计确保优质内容的持续产出,着实不易。在我们事业发展最重要的支撑力当中,人才队伍建设无疑占据着重要地位。可以说,创作队伍的品质一定程度上决定了媒体的品质。

近年传统媒体人才流失较为严重。在推进媒体深度融合改革中,人才的结构性缺失也是面临的一大难题。这个缺失,我认为,依托外部招聘,不如内部培养。

内部培养的方式之一,是推进工作室制度和项目制。根据 2020 年 11 月26 日国家广电总局下发的《关于加快推进广播电视媒体深度融合发展的意见》精神,我们在起草台工作项目制管理办法时,充分体现了以下思路:

一是相较传统事业管理体制机制,"工作室"更加强

调员工个体的自主性、能动性。通过制度设计，让工作室成为内部创业平台，与台共同分享利润，实现多赢发展。

二是在机制上有所突破。赋予工作室负责人、项目负责人一定的选人用人权、自主运营权、资金支配权、资源使用权，并建立健全相应的服务体系，打破现有机构、部门、编制、身份限制，促成人才良性流动，实现内容、产品、运营、技术服务等各专业岗位协同合作、创造价值的全新组织单元。让一批有意愿、有能力、有抱负的优秀骨干人才发挥辐射带动作用，形成创新创优的良好氛围。

三是体现人才梯队培养思维。让工作室和项目成为人才队伍建设的"沃土"。不仅要解放专业化生产力，让优秀的节目创意人、内容制作人专注于专业的事，也让年轻人有实操锻炼机会、项目操盘机会，培养出更多更具产品思维的制作人。

我们在和中广天择合作《黄河谣》（第二季）项目中，感觉它的执行团队就是一个成熟的工作室。项目制片人总负责，各工种分工明确，责任到人，团队有一套完整的运行机制，无论是导演组会议、报题会流程，还是统筹会机制、录棚机制、外联机制等，都成熟而规范。在样片录制期间，我台编导、灯光、录制、摄像各工种近30人加入其中，学方法，学经验，从中获取的不仅仅是一次业务锻炼的机会，更多的是独立操持一个完整项目的流程历练。对于我台人才体系建设来说,同样是一个"传帮带"的过程。所以,我们也希望各节目中心的年轻人能加入到此类大型节目的生产流程中,去听、去看、去想,学方法,找差距,感受先进的制作理念,学习讲故事的能力,这对年轻人业务能力的提升是事半功倍的一个有效途径。

四是市场思维的锻造。工作室与各节目中心制作团队最主要的差别,是经营模式上的差异。各中心制作团队由节目中心负责全部人力成本,而工作室则自己对自己负责,人财物权力相对更大,但同时压力也更大,意味着工作室要以经营思维考虑目标、推算收入、核算成本。针对工作室的生产内容,考虑其商业逻辑、未来的可开发性、内容的可持续性就显得尤为重要。

内部培养的方式之一,是推进专项深度培养。依托工作室、项目制的实施,融媒体项目创作中心计划和总编室、人力资源部联合推出两个针对青年人才的培养计划。

一个是"三十未满,创意有你",让有想法的年轻人和各节目中心的主任们面对面聊创意、谈想法、提建议,展示年轻人的创新活力,给他们最直接的发声机会与渠道。让每个人都能表达新鲜观点,时刻保持头脑在线。

另一个是"三十而立——青年导演(导播)培养计划"。今年春晚,我们从全台抽调了十几名同志,全部进入导演组,从节目创意、内容编排、视觉呈现、小片设计、灯光方案、全媒体宣推等全流程参与其中,每个人都受益匪浅。我们也想通过这样一种方式,让青年编导利用业余时间加入到这个培养计划中,通过案例分析、创意分享、实战实操等形式,培养出一批导演导播人才。

通过工作室、项目制方式,加大青年人才的培养,解放专业生产力,让更多青年人才各尽其才,各尽其能,有机会做自己最感兴趣项目,挑战最愿意尝试的事情,让互联网语境下的宁夏广播电视台更加生机勃勃。大家同呼吸,共命运,一起向未来!

统筹管理强业务 严格标准做精品

丁半农

我台目前在"集约化""创新性"和"打造精品"方面存在着比较大的问题。如何解决问题,我认为有以下几点。

一、明确定位,统筹管理。我们要聚焦一个目标,宁夏广播电视台是做什么的? 媒体深度融合发展是做什么的? 在我看来,目标有三:传统媒体转型、主力军挺进主战场和成为新的经济增长点。其中,主力军挺进主战场是最根本的。全国、全区工作大局的主题宣传,有没有专项经费和联办收入都必须要做,而且必须做好、传播好。各中心应该按照围绕大局,规范秩序,资源共享,扬长避短,突出专业化、品牌化、特色化。避免好做的都做,难啃的都躲;有经费的趋之若鹜,没经费的退避三舍。

二、盘点家底,聚焦业务。以日播电视节目为例,我台的产能其实并不大,4 个节目中心 11 档日播栏目,合计时长 360 分钟,其他的都是周播、季播和大

型活动。而我们5个电视频道每天播出时长是5850分钟,每天原创首播节目量不到10%。具体实践中,往往策划很"丰满",产品很"骨感"。我认为,我们必须明确导向、优化流程、科学调配,建立可行有效的策划和评价机制,淘汰落后产能势在必行。新媒体做得不好,也是落后产能,也必须被淘汰掉。宁夏台必须聚焦业务,找准突破口。集中一点,我们才能出圈。

三、严格标准,打造精品。曾看过一个热搜,人大代表张兴海建议"鼓励年轻人少送外卖、多进工厂",我觉得用在我们身上也很妥帖。媒体深度融合发展改革是要打造广电版的"工业4.0",是要努力成为具有一定区域影响力的新型主流媒体,我们的"年轻人"不能成为流量的奴隶。习近平总书记说"要确保中国人的饭碗主要装中国粮",宁夏台的节目也一样。不管什么时候,我们必须要有自己的全流程人才队伍———一支关键时刻拉得出、冲得上、打得赢的队伍,不该外包的坚决不能外包,宁夏台阵地的旗帜要牢牢掌握在自己手里。我们生产的内容产品,镜头必须精美,制作必须精良,审核标准必须严格,还要经受得起传播效果、人民群众和市场的检验,因为我们是专业的。如果没有稳定优质的内容输出和自己完全自主知识产权、有影响力的新型平台,只剩下个别微信公众号、视频号或者抖音号,那我们真的是遭遇降维打击了。

四、时间不多了。这个台对我们每一个人都保护得太好了,以至于很多人都意识不到危机有多严重。广告是受众规模的风向标,2014年到2021年,我在卫视工作,期间广告代理标的额下降了一亿多;目前,全台电视频道基本看不到快消品的品牌广告。我们的退路已经不多了。总局《关于进一步加强专业

电视频道建设管理的意见》明确提出:"对严重偏离频道定位、内容导向不正、节目质量低劣、综合效益低下或不具备开办条件和能力的专业电视频道,依法依规坚

决实施退出"。我们一定要记住习近平总书记说的这句话：对于已经失去受众的媒体，是不打强心针，不做人工呼吸的。

五、血总是热的。这是一部老电影的名字，主人公罗心刚厂长在临别的时候说："有人说，中国的经济体制像一架庞大的机器，有些齿轮已经锈住了、咬死了，可只要用我们的血做润滑剂……这话已经说滥了、不时髦了、没人要听了，可无论如何，我们的血总是热的。"各位同事，宁夏广电是沦为被拉闸限电的落后产能，还是蝶变成为新基建、新动能，在你，在我。日拱一卒，功不唐捐；为者常成，行者常至。

心怀天下 创新卫视发展生态

张 染

关于如何做强宁夏卫视，我就基于一个核心问题"为了谁，依靠谁"谈谈自己的思考。

我们做的所有节目为了谁呢？一手托党和政府的宣传重点工作，一手托老百姓的注意力和满意度。本质来讲，这两个方面也是统一的，所以我们要做老百姓爱看的、党和政府满意的融媒视频节目。很多同事都认为，我们要做创新，要融合传播，要做平台经济，要抓住短视频机遇。但理性地思考，这个问题就是：如果包括资金在内的各种资源不匹配，再好的创新都可能迎来一个"剪刀差"。比如说短视频，中国互联网信息中心 2022 年的统计数据显示：中国短视频用户总规模 8.7 亿，这已经接近行业的天花板了。这也就意味着，短视频市场也不是一个蓝海市场了。我们无论是长节目内容生产还是短视频内容生产方面，都是在一个存量市场里进行争夺。这就是我们考虑宁夏卫视生存的大前提。

　　"要么做第一，要么第一个做"，这是湖南卫视做强的核心秘籍。对标这个秘籍，我们在存量市场里竞争，是很难做第一的。那么仅剩下一条路："第一个做"。第一个做也绝非易事，也需要很多条件的配合。我们目前更多思考的——是在现有条件下，如何实现创新？如何成为那个"第一个做"的人？思考所得是：将现有资源进行叠加整合，衍生出新的样态和模式。比如自治区每年要做的"两晒一促"活动，我们每年都会让它呈现创新点。第一年仅仅是22个县区的宣传片展播，第二年配合"晒优品"这个重点，我们自主加码，策划了融媒访谈节目《宁夏有礼了》。市县长在演播室讲优品故事，与大屏节目播出同步的直播间里，主播就以公益价格带货这些县市的优品，每场都有10万＋的关注。第三年，我们让"两晒一促"实现国际化传播。这是我们叠加整合卫视国际传播资源，助力节目创新的思考逻辑。

　　那做这些创新的节目依靠谁呢？无非依靠"人"、"机制"和"内容生态"。近年台里改革力度非常大，在人和机制两方面都做了很多的工作，带来很明显的变化。但是只依靠卫视中心现有的60多人肯定不能做强宁夏卫视。所以，我们希望从机制和内容生态方面做一下思考，希望可以依靠全台、全社会的力量来做强宁夏卫视。比如建立机制，让台里各个节目团队积极生产外宣节目，鼓励他们的节目上卫视频道播出。比如开放平台，每年召开一次"卫视节目提案大会"，让社会公司、社会组织都参与到卫视节目的提案工作中。这有很多成功的先例，湖南的马栏山就有200多家社会公司是围绕湖南卫视生存的。我们不应是这些社会公司的竞争对手，而应该是他们生存的依托，与我们共同构成强大的内容生态。

　　文章合为时而作。务虚思考的终极，还是要符合当下。

用户思维谋创新 瞄准市场要效益

李 岩

互联网语境下要实现集约化创新性发展，我想首先要把握好互联网语境、集约化、创新几个关键词。

互联网语境，是我们面对的大环境、大背景。

互联网语境的突出特点之一，是传播的个性化。从作品层面讲，小到一篇报道，大到一档节目，都要找到与众不同的切入点、关注点，摆脱千篇一律的表达方式。如果进一步放大，就是要求我们的频率、频道要有鲜明的个性。要有界定清晰的目标观众，即：性别结构、年龄结构、收入结构，喜好是什么？借用一句术语，就是要有自己的观众画像。要有明确的市场定位，它的目标客户是谁？创收的方向在哪儿？明确了这两个关键点，匹配与之相适应的节目组合和编排思路，这样频道才能形成自己的独特调性，找准持续发力的方向，解决同质化的问题。

互联网语境的突出特点之二，是信息传播的全球化。这就要求我们要放宽眼界、放大格局，摆脱地方媒体的惯性思维，至少要站在全国的层面考量工作。在内容建设方面，什么样的题材、什么样的角度能引起全国观众的关注，即使拿到全国收视市场去竞争也能有一己优势？其实，葡萄酒等我区的优势产业就特别值得开掘。开发这样的题材，我们就会能拥有自带流量的传播力。在传播力方面也要拓展。传播的落脚点在播出平台，播出平台的辐射力一定程度上决定了传播效益。因此，我们也要关注和央级媒体、商业性新媒体平台，乃至外媒的合作，把传播力再扩大。

互联网语境的突出特点之三，是商业化。我们面对的生存压力，以及和商业性平台的竞争，都要求我们必须补上这块短板。目前我们的创收主要通过广告和内容定制实现。其实文化产业拥有非常长的产业链条，我们需要在这个链条上找到自己的位置。我们应该积极探索新业态布局，以及对内容的多元开发。

集约化其实是一体化发展的方式，核心是效益。要通过要素的流动和重组，实现最小投入，最大回报。

要放大效益，包括社会效益、传播效益，经济效益。我想，打通台内壁垒，推动平台之间的融合是一个可能途径。也就是广播、电视、新媒体端之间的双向打通。以往更多的是电视往新媒体端、音频内容视频化的单向打通，其实新媒体端也可以向广播、电视端，视频内容也可以音频化反向打通。这样，能实现多元化产品开发，多媒体化传播。实现单个内容的最大化传播，也是效益最大化的基础。

集约化生产要求流动、重组，对我们来讲涉及到机制体制，涉及到生产方式。目前，融媒体项目创作中心已经完成工作室、项目制管理办法的起草工作，正在广泛征求意见。其中，就体现了要素流动、重组的理念，为内容创新创优创造条件。希望这两个制度的实施，能对推动全台创新发展有所助力。

互联网语境下，
我台如何实现集约化经营？

兰　仁

在全媒体时代媒体深度融合发展的趋势下，媒体传播形式趋向多元化和碎片化。社交媒体广告、在线视频广告等互联网广告市场加速爆发，消费者（也就是传统的观众或受众）接触的媒介内容和形式更为广泛。这给传统媒体经营带来了一定冲击，同时也为我台融媒体经营发展带来了一定的机遇。基于此，对于互联网语境下我台如何实现集约化经营提出以下两点建议。

一是持续深化广告模式创新，加快建设我台融媒体经营矩阵。随着互联网的快速发展与各类社交媒体用户的不断增加，相较于传统的电视、广播媒介而言，受众更愿意也更容易通过微信、微博、抖音、快手、B站等社交媒体获取信息，广告价值也随之从广播电视向小屏转移。近年网络直播带货的风靡，也使得广告主更愿意通过网络直播带货的形式推广商品，在推广品牌的同时直接扩大销量获益。在这样的大环境下，加快建立我台融媒体经营矩阵迫在眉睫。

第一，在微信公众号、微博、抖音、快手、B站等用户较为活跃的新媒体平台开设、运营我台官方账号。这些账号集新闻发布、时评、主题宣传等内容于一体，统筹布局微短视频和中长视频，积极推动宣传创新，成系列、成批次推出优质视频，努力做到立体化呈现、精准化传播，让主题宣传更接地气、更有人气，从而促进经营创收。

第二，搭建购物平台，完善网络直播带货机制。我台作为官方媒体，与网络平台中的经营主体相比更能赢得消费者的信赖，可以利用此优势搭建购物平台，完善网络直播带货机制。可以制作经营性节目，突破传统模式的束缚，对于合作方的产品进行全方位宣传，不仅包括产品宣传，还涵盖企业文化、生活方式、品质追求等内容，体现经营性节目的创新性、适众性、引导性和价值性，实现与消费者的交叉互动。

第三，整合各部门经营项目，加快建设我台融媒体经营矩阵。当前我台正处于集中统一经营的起步阶段，各部门应当进一步树立集中统一经营的思想，加强与经营中心的联动配合，将我台的社会效益和经济利益放在部门利益之前。综合现有资源进行整合营销传播，构建广播、电视、新媒体的融媒体经营矩阵，不断在市场中扩大全台媒体品牌影响力和广告吸附能力，实现社会效益和经济效益的双赢，构建我台"大经营"的工作格局。

二是借鉴学习中央广播电视总台"品牌强国"工程，整合政府和区内商业信息资源，逐步探索"品牌兴区"计划（暂定名）。"品牌兴区"计划强调融媒体发展、融媒体服务和融媒体传播，用"大屏＋小屏"的方式实现大小屏双屏联动传播。在传统媒体端展示企业风采和产品的同时，通过小屏进行更加快捷、广泛的传播。客户还可以通过经营性节目实现大小屏同步直播，展示宣传企业的新产品、新理念和新方案。在推广营销的过程中，根据品牌影响力以及对我区发展贡献的不同，对品牌给予一定的优惠以促进品牌发展，同时对各市县区的农业产业给予更多优惠，助力乡村振兴。

追寻新闻记者的荣光

田嘉辉

我所在的融媒体新闻中心,承担着打造好《宁夏新闻联播》这一全区新闻宣传主阵地的重要任务。作为其中一员,我也不断感受到大家在媒体融合创新上的努力。2021 年 12 月,中心策划推出了新媒体短视频产品《见·政》,聚焦宁夏发展的时政热点、重大主题、重要活动,以即时跟进、现场记录、轻松语态、独特视角来丰富报道,让时政报道更鲜活、更具吸引力。我作为主创人员之一,也在尝试探索中积累了一些经验。在《见·政》的创作中,我们会着重策划记者的现场出镜,用更生动、直观的方式把现场带给观众。我希望在未来,能够实现让不同的出镜记者塑造不同的立体人设,在出镜现场"说人话",做一个带有个人主观意识的新闻带入者。

央视的"收视密码"王冰冰与以往庄重、严肃的记者形象不同,在她充满人格化的报道下,央视新闻收获了一大批年轻观众。在融媒体时代,"新闻+Vlog"的创新性节目在"小屏""大屏"同步传播。记者第一人称视角的分享已不仅仅局限于新媒体的内容,以感受性的信息提高受众的沉浸感和代入感,这对电视传播同样重要。如果将一些优质的新媒体产品转化在大屏传播,会给电视观众带来更加耳目一新的体验。

新媒体内容量身定制。根据年龄、职业、教育程度等不同背景元素，互联网用户也分成不同的圈子和层次，大家的阅读爱好也是多元的。相信大家都深有体会，比如面对冬奥会，爸爸们可能关心的是中国队的夺金瞬间，妈妈们可能更注重选手和他们背后的故事，年轻人关注的是我什么时候才能买到冰墩墩，学生们可能会觉得：比赛上全都是考点。我认为，在新闻报道中，除了为受众提供多个平台的选择外，我们还应该深挖内容，为不同背景的受众定制差异化的内容推送。在新媒体平台，可以开设多档针对不同受众的栏目，明确栏目调性和语言语态，针对同一事件推送不同的报道。对年龄较大的受众，可以推送中立、官方的流程式新闻报道；面对年轻受众，则可以添加更多有趣的点，深挖细节，吸引关注。

在 2020 年，我有幸参加了一次为期三天的培训，聆听了来自央视以及湖南台各位顶尖大牛的分享，十分有收获。在回来后，我也兴致勃勃地向一些同事进行了内容分享，他们对此也非常感兴趣。媒体竞争日趋激烈，如何与时俱进是每一个媒体人面临的时代考题。我们在不断挖掘和开发自己潜力的同时，有时也会深深感慨能力不足的危险，就拿《见·政》来说，遭遇创作瓶颈、不知道如何创新表现形式时，会在新华社、央视新闻、B站视频上找找灵感。相信大家都希望能获得更多近距离感受学习的机会，来提升自己的能力。除了外出培训，我认为让外出培训的同仁来分享学习感受，也是一个二次交流和提升的好机会，能把学习成果让更多人共享。

当然，每一个优秀作品的背后都离不开组织的强大力量，无论是制度支持还是装备支持，相信一定都会给我们的创作提供巨大能量。希望我可以和伙伴们一起追寻新闻记者的荣光，一起参与记录这个伟大的新时代！

互联网语境下
推进主持人团队与个人 IP 化

马　丽

作为播音员主持人，如何主动融入融媒时代，保留自己的话语权？2021 年开始的台融媒改革中，台领导鼓励我们主持人行动起来，主动向融媒体主播转型。我所在的融媒体新闻中心也明确要积极孵化主持人网络账号，支持打造一批具有时代特色的融媒体产品，包括《明明说》《对话先行区》《主播说新闻》等。

早在 2019 年 2 月，我就试探性地注册了抖音账号"主持人马丽"。但起初我并不知道该做些什么，发布的内容也就是晒晒生活、抖抖幕后，内容有些杂，而且数量也不多。这样的状态持续了两年多，直到 2021 年台融媒改革的到来。当时，中心领导提出《黄河寻"宝"》，我们便把目光投向了"黄河"，决定系列短视频栏目定位为每期寻找一件与黄河有关的文物、人物、作物、生物等，透过不同文化属性的"宝"物，向新媒体受众粉丝展现、分享关于黄河流域源远流长的故事与情感。《黄河寻"宝"》开设仅两个月后累计播放量就接近 25 万，获赞 1.2 万，引发话题近千条。这些数据给了我们鼓励，但我们也清醒地认识到，一切还只是开始。

总结经验，我有以下几点建议：

一是主持人要多维度发展。媒体融合,主持人要敢于突破自我,走出舒适区,接受新事物。现在,提高"单兵作战"能力是我们播音员主持人必须面对的机遇和挑战,比如说浙江卫视主持人皇甫俊杰,还有宁夏的小李飞叨。这就要求全方位提升播音员主持人的综合能力。现在照着提词器、按照编导写的稿件机械地背词、念稿早已没人喜欢看。当然,比起大部分自媒体主播来说,传统媒体主持人有着扎实的普通话功底和主持表达能力。但走出演播室,走出预设内容话题,对主持人的把控能力、语言驾驭能力都提出了更高要求。在语言风格上,传统媒体多年固化为保守庄重严谨的风格,现在也要适当加入年轻人沟通的网络语言。

二是量身打造主持人 IP。IP= 流量。台领导提到,要把主持人品牌利用起来,发挥好"名人效应"。我们虽不算名人,但把"主持人"品牌包装好了,很容易对接到各单位、粉丝群体,这样也就更容易带动一档栏目、一个频道甚至全台的关注度和粉丝黏性。而且据我对身边同事们的了解,平台赋予了我们公信力和观众流量,我们也很愿意回报台里,为台里的融媒发展、业务发展作出自己一点点贡献。我熟悉的很多本地网红都签约文化公司,他们为什么不自己一个人发展呢?就是因为每个网红身后都有专业团队专门包装服务,类似于艺人、明星的经纪公司。没有一个大 V 是看似无意做起来的。

三是不为了一味追求流量而迎合低级趣味。国家税务系统和抖音平台已联合惩罚、关停了不少大 V 账号,起因有偷税漏税,也有内容或装扮低俗媚俗的。而且接下来,一定不会像刚开始那样全部放开鼓励、零门槛准入,管理和标准肯定会越来越完善、越来越严格。我们必须要维护传统媒体的公信力、权威性和职业道德底线,不媚俗、不哗众取宠。所以我们要尽量选择有文化内涵输出的内容,同时不忘记我们还担负着传播普及普通话的职业责任,权衡好方言与普通话的关系。

四是建议台里接下来继续广泛吸纳在新媒体领域有创意又了解市场的文案编导以及擅长用新媒体思维拍摄、剪辑的人员,继续增加新媒体实战能力的培训。因为通过实践发现,我们在传统媒体中也许很有经验,但传统媒体的表达方式和思维方式用在新媒体上不一定管用。也有台里在拍摄、剪辑上很有经验的前辈同事很诚恳地向我多次表达,希望我和团队出外拍摄抖音时约他们一起,到现场跟一跟,看看我们的工作流程。他们有这个积极转型、综合发展的愿望。

五是建议继续强化一些体制机制的灵活创新。请台里出台一些支持、鼓励我们进行新媒体探索尝试的利好政策或者实施方案,激发大家的积极性和能动性。拿宁夏成功由主持人转型新媒体网红的大 V"小李飞叨"来说,银川台允许他以个人名义实名注册文化公司,成立工作室。我台能否在政策允许的情况下,也尝试以市场为导向,对商务团队运营账号的机制做一些探索呢?

广告经营的创新性发展

李　建

随着传播渠道、传播终端的多元化发展，受众需求和市场需求都发生了巨大变化，经营策略也需要与时俱进。

一是巩固传统的广告形式。目前广告依旧是我台收入的主要来源，但是随着新媒体的出现，传统媒体受到了很大冲击。经营部门要充分利用台现有媒体平台资源，尽最大努力、最大限度地稳固广告经营局面。鉴于目前各媒体平台都在广告经营市场份额基数有限的局面下争取客户投放，我们更要为未来的市场多做铺垫工作，争取有更多投放量，让长期投放的客户参与进来。根据区内广告经营市场的特点和实际情况，我们要有针对性地调整工作策略，力求保持目前广告存量，努力增加增量。要努力扩大我台广告经营的影响力和市场经营占有率，采用市场主推（传统营销手段）、优势地位助推（我台主流媒体优势）、服务加推（客户维护服务）的组合拳模式，紧紧抓住我台作为自治区级主流媒体的影响力、传播力、公信力,不断增强广告经营的贴近性、服务性,开发更多市场空间。

二是深挖有经营属性的栏目节目,为广告经营寻找商机。要适时打造新型的具有经营性质的栏目,实现"电视＋广播＋多媒体"一站式、直通车模式,打通线上线下,建立"线上节目＋线下营销＋经营活动"的发展模式。首先,除了以频率、频道倾力打造的节目为基点外,必须强化联动作战,依托台属媒体平台开展经营活动,以活动促经营,以经营活动推栏目,做到节目和经营的良性互动与深度融合。其次,不仅仅停留在节目和广告投放,将经营性节目或栏目在各频道频率之间打通,形成媒体全链条化。要整合节目与活动资源,积极举办活动以拓宽创收渠道,以专业策划和服务赢得市场,拉动我台经营的提升。例如,可以建立"带货直播"、"观众俱乐部",举办"农产品展销会"、"市民购物节"、"节庆大集"等一系列活动。

三是构建具有地域特色的经营节目品牌产品。根据我们自己的资源优势,结合观众的喜好明确定位,用经营企业的思路来经营广告。例如,随着人们生活水平的日益提高,人们难免会有一种对外面世界的向往。我们可以瞄准这部分人群,把经营性栏目定位在宁夏本地特产售卖、旅游资源推介。经营性节目在策划上如果既有趣味和内容,必定能够积累一大批喜欢旅游和购物的观众,形成良好口碑。一旦培育了观众群,就能够形成品牌忠诚,带来的直接效果是广告经营的提高。

现在的市场对广告经营提出了更高要求,传统的广告传播模式已经无法适应当前市场环境。通过多媒体手段迎合消费者心理,实现广告经营的创新,不但能提升广告经营的效益,也有助于扩大我们传统媒体的影响力和宣传力。

关于推进我台媒体融合发展的几点意见

张雨薇

一、坚持内容为王，做好内容细分

目前，我台一些新闻资讯类节目没有对新闻内容进行整合和细分，而是笼统地全部分发，这使得新媒体平台内容不够垂直。

任何以新闻资讯为产品的部门，都应该根据用户的阅读喜好，既要做好有思想深度、有独立态度的"深"内容，又要做好时效性强、传播率高的"浅"内容。同时，还应在广泛的信息中取我所需，选择适合新媒体传播规则的内容，将内容进行再加工，增强用户黏性。

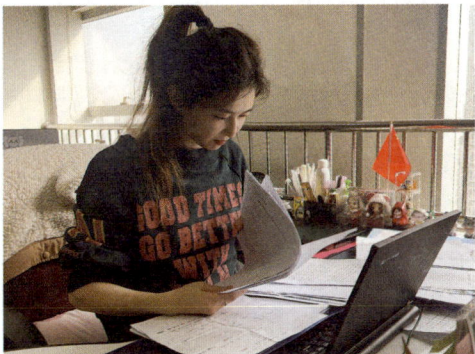

二、培养"用户思维"，满足不同用户需求

单一的传播渠道无法带来很好的引流效果，但同样的内容分发在不同平台上，由于同质化问题严重，也会使后台推流受限。这就要求我们以"用户思维"熟悉不同平台的特性，确定目标群体，提供目标群体需求的内容和服务，构建自己的媒体矩阵。

三、注重平台的品牌建设

平台内容一味追求数量,不注重宣传推广,就会致使平台本身的品牌建设滞后。品牌建设特别重要,它带来的效果是持续的。要树立自己平台在用户心中的品牌形象,前期必须做大量工作。例如,新媒体账号要想以权威性来树立自己在用户心中的形象,除了通过高质量内容等多种方式提高知名度外,还需要进行有组织的宣传和推广。只有带着互联网营销的思路和方式,把平台作为项目进行营销推广,才能使平台最终成为我们的品牌。

四、台网联动,推动新媒体产品运用,提高新媒体后期运维能力

要注重结合新的互联网技术,推动产品、内容和运营发展。应逐渐提高技术门槛,形成独有的竞争优势;应将不同媒介有机融合,通过多种分发渠道,把不同内容传播给不同受众;应生产符合自己平台特性的新媒体产品,例如2022宁夏春晚的红包封面,实发1600个,后期数据显示,传播到全国的人数有37417人次。

关于宁夏少儿频道创新创优的思考

袁 茜

面对 21 世纪的信息爆炸，影视传媒成为少年儿童最喜欢和易于接受的形式，并承担了传递信息、娱乐受众和教育引导少年儿童的作用。截至 2022 年，我国 0~14 岁人口 2 亿多，占人口总数的 17.95％，其中宁夏 0~14 岁人口为 100 多万。国家全面实施三孩政策后，少儿人数的增长为宁夏少儿频道的发展提供了巨大潜力。

一、如何进一步突出个性化

以金鹰卡通频道为例。在新媒体冲击下金鹰卡通深耕亲子、家庭市场，逆势扩张，高清上星获得了媲美综合卫视的收视竞争力。他们以 4~39 岁人群为目标受众，并将此逐渐扩展到 45 岁。2019 年上半年，金鹰卡通妈妈人群全国网、31 省市排名第一，儿童人群全国网、31 省会城市也稳居榜首。宁夏少儿频道是否可以借鉴此运营办法，将宁夏儿频道扩充为亲子频道或妇女儿童频道呢？现在的主体消费群体就是女人和孩子，而孩子的消费大部分也取决于妈妈。我们完全可以立足现有资源联动我台多栏目，打造妇女儿童的"她文化""童文化"产业链，形成温情、温心、共融、共赢的电视台品牌效应。

二、如何进一步提高趣味性

如何把正统的命题趣味化？我们在长期工作中发现，卡通形象非常符合儿童的心理特征，深受儿童欢迎。2022年北京冬奥会吉祥物冰墩墩一经面世，就得到了全世界的喜爱，高峰期更是一"墩"难求。所以，可以打造宁夏少儿频道的卡通形象，并赋予卡通形象动作和语言的儿童化，利用它的独特个性让受众对我们少儿频道的品牌产生亲近感、生动感、愉悦感。同时，把频道卡通形象融入频道的每个节目当中去，增加节目的趣味性，建立与受众的黏性。

三、如何进一步增强互动性

家长是儿童收看电视节目的最后一个"把关人"。那么，怎样把这个把关人带入进来呢？还是要立足于节目本身。宁夏少儿频道《成长帮帮堂》栏目是一档社教类节目。自开播以来，一直立足于为全区孩子和家庭打造一个答疑解惑、分享交流的平台。我们开设了视频号，结合时下流行的短视频内容呈现，以微剧、栏目剧等生动活泼的形式，让孩子和家长参与拍摄，从而及时、快速、有效地将节目内容传递给每一位家长。同时。我们利用小家庭带动大环境，策划了健康校园行系列活动；给各个校园准备了"帮帮信箱"，孩子们可以通过电子邮件、热线电话、信件邮寄等方式与我们联系，解决成长中的

问题;我们还把录制的 100 期党史节目刻录成光盘送给学校,丰富学校多媒体教学,让学生们通过一个个生动的党史故事了解党的历史,激励少年儿童爱党、爱国的意识。

四、发展策略及愿景

面对少儿市场竞争,宁夏少儿频道今后可以打造亲子运动类、赛事类、益智类、才艺类、生活类、教育类季播节目。通过融合历久弥新的经典常规栏目、极具吸引力的活力动画剧场和为企业量身打造的特殊资源,从不同年龄段的孩子、不同兴趣爱好的亲子家庭成员出发,做不同"口味"的金牌栏目、剧场。同时,不断推陈出新,持续上线更多的创新节目。

可以考虑开设以家庭为单位的互联网服务端,为家庭提供帮助、服务。例如:帮助家长选择适合孩子的托管机构、兴趣班介绍、线上线下家庭教育讲座等。

可以探索为孕期妈妈提供相应的辅导。我们以此为孵化器,等达到一定口碑、一定流量、一定社会效益的时候,也有可能、有机会去创建属于宁夏少儿频道的 App,进一步延伸我们的品牌价值。

重视前期策划 推广实施项目制

鲍 俊

从事新闻宣传工作 20 多年,我先后在摄像、编导、后期剪辑、制片人等岗位历练。针对我台创新发展的问题,我有以下建议:

一是全台成立策划团队。无论新媒体,还是传统媒体,内容策划是关键。没有好的策划,就出不来精品,制作出来的新闻、专题节目大多数仅仅能称之为产品,甚至还可能是残次品。凡是重点项目、报道和精品节目,务必要进行周密的前期策划,这样才能出文化精品。台内设立策划岗位,成立策划部门已是当务之急。同时台内应开展"金牌策划"评选,形成创意为王的氛围,同时设立"金点子"奖项,鼓励一线记者动脑筋,想创意。

二是重大项目实施项目制。2021 年,经济频道部拍摄《档案宁夏》时,由于时间紧、人员少,就尝试实施项目制。我们先立项,成立了策划组。策划完成后,向全频道招募编导、摄像、后期人员组成项目团队。拍摄过程中,团队成员一起召开策划会、碰头会、复盘会,调动全体人员的创作积极性。最终,在人员少、经费紧缺的情况下,仅仅 1 个月时间,就完成了档案宁夏 11 集的拍摄制作任务,得到了台领导和自治区档案馆领导的充分肯定。实施项目制,人员主动性强、节目创新氛围好、责权利明确、工作效率高,这些经验完全可以向全台推广。在遇到重大题材的时候，实施项目制，明确项目负责人、项目类型、项目资金、项目所需工种，全台招募有意愿参与的编导、摄像，有利于高效产出精品节目。

三是成立短视频训练营。视频创作是电视台的强项，传统电视向短视频创作转型，基本功、创意思想都没问题。当下，有必要成立短视频训练营，对创作短视频的人员进行集中培训，整合一批适应新媒体传播的团队。要在机制上给予保障，将短视频拍摄制作纳入到业务评比和考核，让创作短视频的记者有收入，有尊严。

四是劳务费发放标准尽量与市场接轨。经济频道部拥有一支业务精湛，能打仗、敢打仗的专题片、纪录片制作团队，然而创新的动力不足。台里能否在专题片、纪录片拍摄制作中，适当放宽一线记者的劳务费发放，让一线人员的劳务费和市场接轨，或比市场稍低，这样有利于提高一线团队业务骨干的创作热情和激情。

推动节目创新创优的几点思考

桂　涛

一、传统媒体与自身新媒体账号的互养

新媒体的冲击，并不代表传统媒体在新媒体平台上不能有所作为。发挥自身优质内容生产的优势，遵循新媒体传播的规律，也会有不错的效果。抖音平台上的"河南广播电视台小莉帮忙"，把日常播出节目中的帮忙过程，放到了新媒体平台上。其话题之亲民、过程之曲折、帮忙之得力，也引起了很多网民的关注。目前已经拥有粉丝 1493.3 万，获赞 2 亿多个。由此引入的新闻节目话题讨论更深入、与网民的交流更顺畅、收听收视的效果更好。

我们的新媒体账号区别于民间自媒体的色、俗、闹，我们要"管用"，不能把自己的账号泛泛地只当作某项活动的视频直播渠道，那与传统媒体的区别并不大。接受了这么多年专业媒体培训，在某些舆情出现苗头时，我们甚至会比职能部门更早一步察觉。

2022 年 2 月初，银川市加气紧张。在节目中，我们第一时间发现了出租车行业串联停运甚至罢运的苗头，立即通过新浪微博以私信的方式与"问政银川"管理员取得联系，提醒对方要注意协调银川市客运服务中心与银川市燃气办进行应对，并就供气细节提出了建议。信息发出不久，银川市燃气办

主动找到"984"，把供气信息群的管理员权限交给我们，由我们第一时间进行信息发布；第二天，银川市的紧急应对措施公布；第三天，细化调整后的细则公布；第四、第五天，出租车行业气荒得到有效缓解，司机情绪变稳——这就是我们的作用！

在这个过程中，传统媒体与自己的新媒体账号相互引流效果明显。但是也要注意规范，要避免对主持人形象的滥用、俗用和色用。

二、新媒体技术的大胆使用

"122"全国交通安全日宣传活动计划受到疫情影响，交通广播建议宁夏交警将活动放在"黄河云"指挥大厅。总体方案的制订、形式流程的策划、新媒体通道及技术的使用，我们全程考虑了新媒体渠道的特点，并得到了"黄河云"团队在技术上的全力支持。活动取得了巨大的成功，宁夏交警在全国交警系统同类活动中有了亮点。我们以此为案例向各大厅局进行推荐，对方兴趣浓厚。

三、新闻要有观点

没有观点的新闻是没有味道的，随大流的观点是吃别人嚼过的馒头。我们处在一个需要用观点掌握话语权的时代，从主持人的实时点评，到评论员的重点分析，没有观点，我们节目对于受众就没有吸引力。应该着重培养主持的评述能力，邀请、培养、挖掘并扩大我们的评论员队伍，在明确政治红线的基础上使之年轻化、专业化。

有一次，银川台的同行打来电话问，《一路同行》节目是不是有什么创新了或者是调整了？我说，没有啊！后来才明白，是当天有听众发来微信，表达了一些对疫情防控工作细节的不满。当时我和搭档迅速调整状态，明晰思路，组织语言，有理有节地对这位听众进行了即时评论和批评。苦口良药治急症，听众欣然接受。正是这段评论让某市领导听到，并致电市台领导，提出要市台主持人向我们学习。这位市台同事也问到我们是不是搬了别人的观点和说法，其实并没有。

我也和我曾经批评过的一些部门的工作人员聊过天，说到新闻媒体的观点时，得到了很多正面的反馈。其实善意的、建设性的批评不是捣乱，而是提醒，可以促使工作查缺补漏，更好地推进。

四、大板块与小插件

一直以来，我们似乎适应了大板块节目的形态，这样的现况让我们的主持状态水波不兴，不能更好地调动受众的兴奋点，进入疲劳期。所以，引入一些实用性强、可听性高、活泼可爱的小插件应该是个不错的办法。

五、新节目策划扁平化

应该充分相信一线采编播人员的政治敏锐性、工作专业性以及他们对于受众口味的把握。主管部门抓政治安全，把控宣传方向，应抓大放小，把时间从一层一层的审批、研究、讨论中解放出来。对于新节目，要给予一定时间的耐心和培育，使之有充足的生根发芽长大的机会。

六、拿来主义有时候真甜

我全程参与了"鸿胜说交通"前期赴兰州学习的过程，体会最深的是，如果发现兄弟台有好的节目形式，迅速进行本土化适应性改造，不要犹豫。

七、找到新语态

作为省级媒体，我们不能一味放松表达方式，像一些新媒体那样无所顾忌。不能还是高高在上、好为人师、泛泛而谈，这样会激起受众的反感。应该好好研究一下，找到适合我们的新语态。如果做到"随风潜入夜，润物细无声"，就会赢得受众如亲人般的爱。

打造精品节目栏目
形成可持续竞争力

朱　江

精品节目、栏目代表着媒体的核心竞争力。精品节目、栏目作为我台头部产品，在一定程度上反映着我台在生产流程重塑、核心内容建设、团队人才培养、技术赋能节目等多方面的综合实力。

由于精品节目制作周期一般较长，想要拥有可持续的精品节目高效输出制作能力，以及由此形成可持续的市场竞争力，应从节目终端的现象分析，倒推节目研发及经营的整个流程。全盘考虑、建设输出广电文化产品的生态系统，精品节目、栏目才能形成可持续竞争力。具体分析如下：

一是重塑流程考虑。以精细分工带动效率提升。不同节目样式有着不同的岗位分工和摄制流程。进行大体量、持续输出，需要对导演、制片、文案、摄像、后期、音乐编辑等核心工种进行明确分工。只有以流水线思维架构节目生产，以标准化理念重塑制作流程，精品节目创作在体量和生产周期上才能符合预期,高效输出才可能成为常态。

二是人才培养考虑。以不同题材锻炼专业人才。不同题材,甚至是不同工种的实践,对增加人才阅历、提升其对于精品节目的理解力和创作力至关重要。通过专业化使团队收获生产力和竞争力,也是细化分工、重塑流程的根本依托。台里年轻人的培养与成长,更离不开精品节目的锻炼与磨砺。

三是技术赋能考虑。以不同节目倒逼技术革新。创新节目样态,有时候是从技术层面开始的。不管何种节目样式,无论何种排列组合,都需要靠大量实践提升技术应用水平。以目前的观察,我台在技术赋能节目生产上与理想状态仍有距离。

四是整体营收考虑。以盈利节目反哺精品节目。如今的精品制作,新技术、新思维、新样态,不断倒逼生产者追加成本,以期获得更好的产品与市场反馈。一档精品节目想要拥有可持续竞争力,其背后必然需要能够持续盈利的其他节目或产品做支撑,从而反哺精品节目生产制作,使创作团队在操作层面拥有更大空间,帮助媒介产品获得更长的市场周期。

我认为,保障精品节目、栏目的可持续竞争力,需要至少从以下几方面着手:

一是市场思维经营,注重造血能力。任何节目只有建立在市场思维上,其流程重塑和专业分工才能真正拥有持续动力。鉴于精品节目盈利空间小的现实,建议通过发展不同的盈利模式,为精品节目生产提供长期资金支持。比如学习其他省区广电同行布局 MCN 机构,通过达人和电商变现等渠道,尽快提升市场份额。

二是打造专业团队,以分工塑流程。不同的节目类型催生出不同的生产流程。人文纪录与探索发现,音乐情怀与美食分享,不同的节目样态,需要不同的策划团队、执行团队,甚至是营销团队。以节目带团队,以项目促提升,不失为靠实战增强实力的快速办法。但专业分工背后,必然需要大量的资金支持。

三是人才培养提升,实践出真知。未来要给各个中心、各个栏目的青年才俊提供更多参与精品节目制作的机会。通过不同项目的历练和市场的接触，靠实操进行不同节目样态的制作，带动人才创作能力的全面提升。

四是绩效、评价并进，做到以人为本。精品节目通常制作周期较长，在跟进的过程中，尤其是跨部门调用人才进组参与项目，可能会造成收入不稳定，甚至在年终考核、评优评先时，无法客观衡量工作量。如果没能实现专业工种的高效轮转，必然造成创作者收入的被动。如何使创作人才得到符合劳动付出的绩效和科学的工作量衡量，并以此指导人员配置，在很大程度上会影响青年人才对于精品节目和栏目的参与热情。

五是技术支撑升级。在 5G 信息技术的加持下，节目生产诸多环节的技术支撑，是在与精品节目、栏目的共同成长中逐步实现的。小到后期剪辑软件的功能实现、多场景多人物的声音录制，大到高画质内容呈现与播出，这其中技术赋能生产的需要，无疑会随着发展而愈加强烈。

打造精品节目栏目，对于进一步塑造我台影响力、传播力，以及整体形象极为关键。建立市场观念，把握好人、财、物、技的关系，通过对同类节目在全国平均水平上做分析，重视制作成本、流程分工、人员绩效、技术支撑等体系建设，将为我台精品节目栏目具有可持续竞争力提供根本保障。

做深主题报道 强化产品思维

胡志冠

节目创新创优，我认为需要把握好以下两点。

一是做深电视新闻的"大片"。作为一名一线新闻记者，我觉得当前主题报道仍然是电视新闻中的"大片"，也是最能出彩的地方。所以，做好主题报道仍然是我们的重中之重。如何做好新闻大片？我觉得还是离不开"深"和"广"这两个核心。这些年，台里其实也做出过不少比较好的"新闻大片"。这些报道与其他主题报道明显不同的地方，就在深度与广度上有明显差异。所以，我觉得在节目提质创优过程中，我们要强化采访视角，避免被材料视角所取代。在这方面，我觉得首先需要继续加强我们记者透过现象看本质的能力。在新闻采写过程中，一方面要锻炼自己的连锁思维能力，不能总是就事论事，要增强相关知识的学习，多动脑思考其内在联系，使报道的主题能够从多维度立得住，避免同质化

内容的输出。另一方面，我们仍然要沉下身，积极深入基层，继续加强"问"的能力，从不断提问中获取最有分量的内容，锻炼自己抽丝剥茧的能力，让报道能够走深走实。

二是加强重大主题报道的产品化思维。在移动互联时代，传统媒体引入爆款思维、产品思路，来打造包括重大主题报道在内的内容产品，既是更好围绕中心、服务大局、凝心聚力的职责所在，也是我们自身转型发展的现实需要。重大主题报道产品化，就是站在受众角度发现需求、引导需求、满足需求，不断增强重大主题报道传播力、引导力、影响力、公信力的过程。在这方面，我们其实也在积极探索。比如，当前融媒体新闻中心推出的《见·政》，就是时政类重大主题报道产品化思维的一个尝试。而要做好这类新闻，我觉得首先我们自己必须适应移动优先，融采访、生产、发布全流程于一体。要跳出自己舒适圈，打破传统思维模式，积极融入新媒体的语言风格和样态。其次，重大主题报道的产品化更需要有团队意识和引领，所以建议建立项目制导向。通过项目带动，在全台形成多人团队组合进行创作，打破机制壁垒。这样，既能形成良性竞争氛围，也能产生更多想法碰撞，形成"1+1＞2"的效果。

节目创新创优需
"科学策划 畅通流程 完善机制"

张　莉

　　一是提前介入，科学策划。好的报道，特别是重大主题报道一定要策划先行。应发挥策划部门的积极作用，强化与前方记者、中心甚至台里各相关部门对接沟通，第一时间掌握详细资料和信息。只有主题鲜明、守正创新，才能制定出全面及时、权威性强、有创意的报道方案。在业内，许多成功案例值得借鉴。例如，北京冬奥会中央台进行的一系列成功策划，双奥之城、冰雪产业发展等策划主题鲜明、引人入胜。

　　二是畅通"全流程"，强化"全要素"，下好"一盘棋"。媒体高度融合背景下，新闻报道早已不是"单兵作战"的时代，必须依靠采、编、播齐发力，打出大小屏"组合拳"，才能在保证新闻时效性的同时，实现权威性和流量的双丰收。在做好联播节目的基础上，建议进一步发挥新媒体优势，例如自治区两会、自治区党委全会等重大时政活动，以及一些时效性强、社会关注度高的新闻事件，要派出专人进行新媒体的采集和制作。新媒体时代，保障新闻时效性对于提升关注度、传播力和影响力意义重大。要用最通俗易懂、易于传播的话语和形式第一时间发布，同时提高新媒体审稿、制作、推送等各环节效率，助力我们与其他媒体抢占新闻首发优势。此外，要不断学习、引进、尝试新的技术手段，创新表现形式讲好宁夏故事，让我们的节目跟得上时代潮流、吸引更多年轻观众。

三是完善创新机制，不断强化内生动力。一线采编人员作为新闻事件的见证者、参与者，他们的主观能动性和业务能力决定了报道的质量和水平。建议完善激励和考核机制，我认为主题报道项目制是个好办法。例如，湖南台新闻联播采用这种机制，催生了一大批有分量、有影响力的主题报道。这样可以鼓励大家不断深挖想象力、创造力，在各自擅长的领域发光发热，共同为我台节目创新创优增光添彩。

用"营销化"思维做栏目
用"戏剧化"表达做新闻

俞士杰

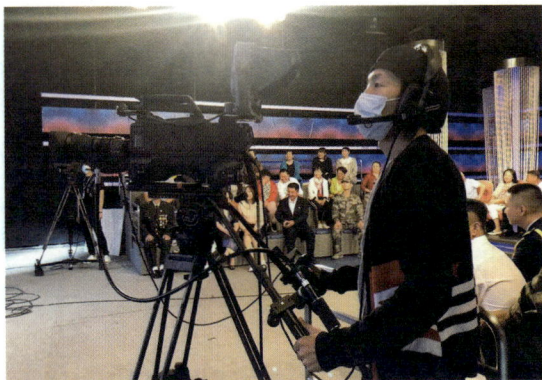

对广电传媒工作者而言,节目栏目即"产品"。面对新环境下,文化精神类产品在市场中所面临的严峻形势及飞速变化,作为产品生产者,我们应尝试转变看法、转变思维,从策划到制作再到推广,赋予节目以更多的"商品"属性。

一、策划

从"我们能做什么"转向"观众(消费者和准消费者)需要什么",放下"姿态",做好民生服务类内容。利用传统媒体的公信力夺取民生服务领域的网络市场,打造宁夏广电人自己的垂类主播、UP 主(衣食住行玩、政策问询、政务办理、帮办等各领域)。策划从原来的"由上到下"(宣传任务下发—指派—再策划—执行)转型为"由下到上"(工作室独立策划—方案上传—顶层审议—协同执行),由原先一套节目内容完整策划制作后,拆包至各平台,转变为根据各平台传播特性，围绕同一选题单独策划，差别制作，实现从"融屏"到"融媒"。

二、制作

从"我们觉得好看"转向"观众（消费者和准消费者）没看到过的"，冲破固有思维，打破传统语境。多借鉴戏剧、影视、广告的表达方式做节目，巧用戏剧性叙事、电影化叙事，采用倒叙、插叙、交叉叙事等方式将传统题材和内容做活，增强可看性。在画面上打破传统观念的壁垒，不被题材和内容在传统上"应该这样拍""这种类型的画面是否合适"等观念束缚住，多借鉴影视、广告、网络短视频中的新风向、新尝试、新技术。

转变传统同期声及正文的使用思路，多借鉴影视、广告、网络短视频在现场声、念白、音效、音乐上的丰富应用，不只做到"有声音的画面"，也力求尝试做出"有画面的声音"。减少传统的说教感和通稿感，让我们的融媒更有融媒的样子。

三、推广

从"我们做完了"转向"观众（消费者和准消费者）一直有期待"，把推广纳入到策划的整盘棋中。根据不同产品制订专属的推广计划，打破部门间壁垒，全台协同造势。从新栏目、新节目上线前一直到播出后，都能持续制造话题，持续发酵。

大数据驱动 把握传播分众化差异化

赵 瑾

为适应媒体深度融合发展,针对互联网思维下节目创新,我谈以下三点想法。

一是加强节目前期策划力度。在做好大屏内容的同时,要把更多优质内容向互联网主阵地汇集、向移动端倾斜。对大屏作品进行二度创作,让分散在网下的力量尽快进军网上。

二是准确把握传播分众化、差异化的新特点,同时要加快推进专业化、特色化、品牌化发展。分众化必须细分内容、受众、渠道、平台,做到节目定位、策划、制作与传播更加精准、精细、精确;差异化则要突出特色定位,着力打造有影响力、竞争力的节目品牌。

三是强化大数据驱动。善于运用大数据算法,让个性化定制、精准化生产、智能化推送等成为"标配"的业务技术。充分发挥大数据在节目议题生成、题材搜索、创意创作、制作生产、播出编排、渠道分发、终端接收和运营管理等方面的支撑引领作用,不断提高节目质量、增强节目传播效果。

新媒体背景下广播节目如何创新？

窦家乐

新媒体背景下广播节目如何创新，我想主要在三个方面。

一、广播理念创新

在我国当下的广播业界中，广播电台之间的技术差距往往不大，但不同节目受欢迎程度、实现效益却往往存在较大差距。这与广播电台思想解放程度与理念创新程度密切相关。在新媒体背景下，广播电台想要实现较好发展，就必须走多元化、产业化发展之路。这样广播电台才能够成为新媒体节目内容的供应商，自身也将由此在新媒体时代实现效益的大幅提升、影响力的有效提高。由此可见，理念创新对于新媒体时代广播电台具有重要意义。

二、节目内容创新

对于新媒体时代广播创新策略来说，节目内容创新同样重要。当下很多媒体为了吸引听众，往往采用新颖、富有冲击力的手段。但由于这些手段难以满足听众某种需求，这就使得很多广播节目内容创新遇冷。因此，在节目内容创新中，要根据听众的需求进行栏目的编排与制作，并通过一定创新保证自身节目的特性，这样才能够保证广播电台在新媒体时代也能够拥有较高的影响力。而这种影响力通过新媒体实现传播，也将为广播电台的长期可持续发

101

展带来有力支撑。

三、节目主持风格创新

对于节目主持风格创新，需要相关广播电台重视粉丝经济，这样广播电台就能够通过优秀主持人的培养，实现自身影响力的不断增强。研究我国当下影响力较高的广播电台，我们不难发现，每一家广播电台都拥有自己的当家主持人。而一些影响力较大的主持人甚至能够参与电视、网络、实地的各类节目，并在微博等新媒体平台有着较高影响力，对广播电台的发展带来了较为积极的影响。可以说，广播节目主持人已经成为很多电台留住听众最关键的因素和最大的卖点。为此，广播电台应该给予优秀节目主持人更为充足的资源倾斜，这样才能够保证他们能够更好带动广播电台影响力的提升。

媒体需要对青年价值观多些认同

田笑天

年轻人想要看的网络评论节目是什么样的? 是网感十足的表达和包装?是年轻有活力的主持人?还是犀利尖锐的评论观点?我认为,最重要的是媒体对于青年价值观的认可与同步。年轻网友的思想与观念在时时刻刻发生变化,而新媒体的运用是以年轻人为主体的群体为起点,逐渐扩散到其他人群的。年轻受众是口味变化最快的群体,新媒体只有采用新的话语体系,才能引起他们的关注并为其所接受。如果不能把握时代的脉搏,将时代精神融入其话语体系,就难以完成媒体舆论引导的使命。所以,要不断了解和学习,不断升级媒体话语体系。我认为,这是媒体在做网络评论产品时最重要的一点。

除此之外,青年最想看到的网络评论节目是什么样的呢?我总结了以下几点:

在内容呈现上,传播者必须懂得受众的实际需要是什么,传媒的语态也要从"我说你听"变成了变着花样吸引受众注意力的"请你来听"。所以,媒体在生产评论类栏目时,要用平民化、口语化的语态总结时事热点,表达官方态度。例如,公认做得很好的网络评论栏目《主播说联播》,就是以青年群体更容易接受的方式引导社会舆论,提升主流价值观。

如何在评论节目里达到与年轻人"破圈"的效果?媒体要在语态上进行变革,具体包括在节目中探讨年轻人关心的问题时,加入"梗"等圈内"黑话",以平等的态度进行讨论。但要注意的是,"破"的是内容壁垒,"不破"的是主流媒体对新闻专业性的把握,对青年群体和新兴文化的理解。

内容呈现上,还要注意理性与情感的占比。不少主流媒体为了吸引受众兴趣,以"打感情牌"为突破口,消费受众感情,以煽情化的策略吸引受众关注。其实,主流媒体应最大程度立足客观中立的态度,平衡不同倾向情感呈现的比例。应在主流文化的传递中浸润情感记忆,以适度比例的内容引起情感共鸣,从而引发更深层次的情感认同。

此外,知识含量高的评论节目更受年轻人喜爱。如果能有大量一手资料和对事件、现象来龙去脉的详细梳理,这种逻辑清晰的事实性干货,可以很好地提升新闻效能感,也能满足"后真相时代"年轻人对于事实性信息和基于理性分析的观点需求。

大珠小珠落玉盘

"黄河云"如何发展，听听他们的建议！

白岩：黄河云，如何做到"活、热、强、红"？

2014 年 8 月，媒体融合上升为国家战略，到 2024 年，媒体融合整整历经 10 年。党的二十届三中全会提出，媒体需要进行系统性改革，这是提升媒体竞争力的需要，也是更好履行媒体社会责任的要求。黄河云融媒体中心是我台乃至全区媒体融合的重要引擎，需通过一系列改革措施，以系统化思维打造出宁夏的大端、大号。

一是建设广电融合系统，让广电"活"起来。传统媒体的显著特征之一是各自为政，缺乏有效协同与整合，而媒体融合需要打破壁垒，实现内容共享和

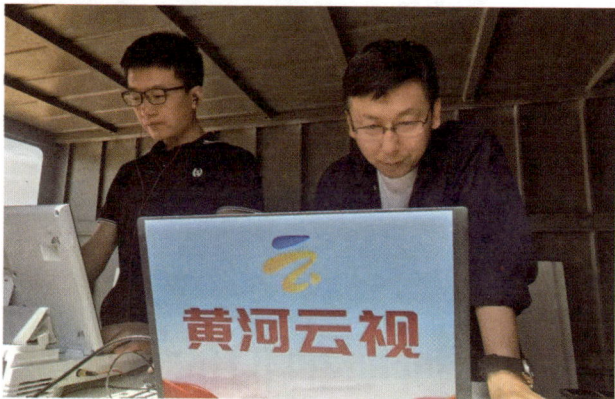

生产。我认为这着重从搭建技术平台、建立机制两方面入手，重塑广电业务流程，实现以移动端为导向的内容生产方式。简单解释一下：在技术方面，推出黄河云创作者平台，全面整合全台选题、素材、音视频资料与各类生产工具，为全台一体化融合提供技术支撑。在机制方面，不断优化中心组织架构，改革分配机制，激发员工活力。制定《全台黄河云稿件上传及审核规范流程》《全台黄河云专区维护考评办法》《黄河云稿件传播打分办法》《全媒体记者榜》等一系列机制办法，争取资金，适当奖励，提升全台新媒体生产力，让宁夏广电新媒体产品不断爆款、破圈。

二是打造黄河云内容系统，让客户端"热"起来。全国各类新闻客户端已超过万个，新的新闻客户端还在不断涌现。我们如何杀出重围？必须在好看、有用上做足文章。一是依托党媒公信力，深耕"本地化"资源，聚焦本地新闻资讯、特色文旅、政务服务、垂类兴趣圈层、智慧城市生活五大内容版块发力。二是整合市县媒体资源，实现媒体客户端相互引流抱团发展。三是依托技术优势与文旅、社区、学校、企业跨界合作，将黄河云视客户端融入受众工作生活。

三是强化创新系统，让平台功能"强"起来。黄河云作为新媒体平台，唯有创新，才有活力。一方面要积极拥抱新技术，以新成立的 AIGC 工作室为契机，研究新一代数字技术在我台一体化融合发展中的应用。另一方面，要打造勇于探索、敢于突破、积极进取、开放包容的团队文化。面对挑战和问题时，要敢于打破传统思维，积极探索解决方案和发展路径。

四是完善运营系统，让平台"红"起来。时至今日，硬广断崖式下跌，开机率低迷，传统赢利模式越发困难。融媒改革，与之匹配的媒体经营能力建设等不起、慢不得。黄河云融媒体中心要尽快开展内容付费、电商合作、数据服务、IP开发、网剧等领域的探索，为广电未来蹚出一条新路。

顾建：依托黄河云建立全媒、融媒生态圈

一是加快搭建媒体中台系统，构建自主可控的台、网、云、端传播体系。媒体中台是打通融媒体前台和后台之间渠道、内容、系统互相贯通的桥梁，利用"中台"系统能够实现融媒业务的快速创新。目前，台里正在筹建中台系统。建成后，将涵盖"策、采、编、审、发、管、控"为一体，重塑以新媒体为核心的业务生产流程。黄河云要充分利用好这一业务管理系统，从选题、内容生产、发布渠道、传播效果、内容运营等方面进行优化、提升，实现台、网、云、端融媒业务统一高效管理。

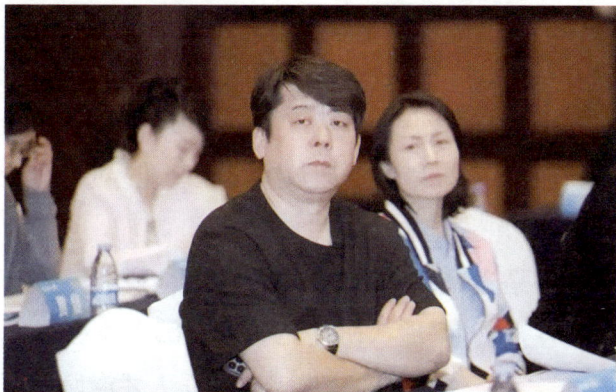

二是建立区内融媒四级联动，省级融媒跨区域协作机制，增强黄河云传播声音。目前，黄河云已和全区14个县区融媒体中心建立联动机制。在此基础上，要进一步扩大联动覆盖范围，通过加强与央媒、各市、县、区的"四级联动"，实现宣传内容多渠道分发机制。要完善构建全国省级媒体协同联动的合作机制，抱团发展、联合赋能，形成跨区域报道"朋友圈"，形成更为有力的"黄河云声音"。

三是以内容创新为根本，以新质生产力赋能，让融媒作品出圈。"内容为王"仍是媒体的立身之本。黄河云融媒体中心要加强产品与内容运营、创意设计，找到反映时代精神，引起广泛共鸣的素材，通过"创意＋策划＋文案＋宣传＋执行"于一体的项目运行模式，让作品出圈。2024年7月，黄河云成立人工智能工作室，推出AI数字人，文生视频、图生视频等AIGC技术，制

作出了一系列亮眼的融媒产品。黄河云只有不断加强内容创新,探索以人工智能等新质生产力赋能内容生产,扩大优质内容产能,才能实现媒体融合的新突破。

四是持续拓展"新闻+"业务,多路并进构建生态级平台。2024年,黄河云实现了"新闻+政务+商务+服务"运营模式,还需要进一步做深做实做细,来增强平台实用性、服务性和用户黏性。在此基础上,应推进与教育、科技、文旅等多产业的深度融合,实现产业链的横向拓展与纵向深化;加强新技术赋能新产业,积极培育新型数字文化产业。通过以上手段,不断探索自我造血路径,多路并进构建生态级平台。

五是建立人才激励机制,打造过硬全媒体团队。实践证明,在内容生产上,升级内部采编队伍是比引进外部人才更加迅速、有效的全媒体人才建设方案。黄河云需要进一步完善建立人才激励机制,通过"绩效+招标"机制激发人才活力,通过"绩效+培训"机制提升人才能力,通过"绩效+项目"机制检验人才应用,通过"绩效+负责人"机制形成动态竞争,将经得起考验、扛得住关键的年轻人充实到重要岗位。

2024年,媒体融合发展已经走入一个新的十年。随着全媒体时代的到来,媒体深度融合是一场不容回避的自我革命,融合发展的关键在于"融为一体、合而为一"。

甘露:积极探索创新,为黄河云注入新质生产力!

一是以黄河云平台为依托,强化互联网思维、"用户思维"。一方面,积极引入自媒体等为更多样的用户提供内容和服务,丰富平台内容,为主流媒体用户提供了更多的选择,提升用户体验感;另一方面,面向新用户群体,力求转变话语体系,吸引新用户群体尤其是年轻用户群体。原来的以下载为主变成下载和上传并重,更好体现网络的交互作用。比如广播节目的听众互动,目前我们使用微信节目群实行,是不是可以运用黄河云技术尝试把节目互动嫁接到黄河云视终端得以实现,一来扩大黄河云视的用户量,二来扩大黄河云平台影响力。

二是完善推进"新闻＋政务＋服务＋商务"等新业态,尤其在服务和商务方面下功夫。在服务方面,依托平台,努力对接公众需求做优做细平台的民生服务。不仅汇聚本地新闻、交通出行,而且包括旅游娱乐、教育医疗、实现生活缴费等服务,让用户实现"一机在手,服务全有"。在商务方面,积极对接垂直领域专业服务商,比如介入金融、农业产业、经贸等领域,要用宁夏广电长期形成的公信力、影响力和专业平台的服务能力,壮大黄河云融媒体中心已经尝试的电商直播,甚至成为这些领域的专业服务商供应平台,不断深耕细分市场,实现产业跨界联合。

三是做好内容运营,打造"优质原创内容＋增值服务"产业链,进一步推进县级台台播合作,广电 AI 主播(数字人)的推介,利用市场化手段实现媒体资源的价值变现,甚至对 MCN 机构新探索。

陈康：黄河云一体化发展之我见

宁夏黄河云融媒体平台不仅是我台的重要互联网阵地,更是连接政府与群众、服务社会进步、传递信息与价值的重要桥梁,将成为我区媒体声音的最前线、最强音,基于这一定位,我对今后平台工作的发展方向有以下思考:

一是助力打造品牌化融媒体内容一体生产流程。从思想到行动,全力践行我台媒体深度融合发展改革战略,充分利用新媒体、新技术,做好内容建设,狠抓经营管理,开拓新领域,发展新业态。以黄河云融媒体内容生产的系统化架构,在媒资资源打通基础上,在一体化报题、生产全流程可视化上,进一步统筹内容生产部门的采制力量,合理调配资源,做好一体策划。尤其在连通"政务资源、媒体资源、公共服务"等内容上重点发力,打通信息、资源渠道,

确保平台在服务公众、传播正能量、提升影响力等方面发挥更大的作用。

二是优化组织架构与运行机制。打通技术部门与创新内容生产部门的边界，推动组织架构的优化；建立高效的运行机制和薪酬分配制度，为想干事、能干事的人提供有效的制度保障；确保团队能够快速响应，高效执行，不断提升平台的运营效率和服务质量，做大做强黄河云品牌，提升社会影响力。

三是强化技术支撑与创新应用。重视技术创新，推动平台技术的升级和应用。利用大数据、人工智能等现代技术手段，提升内容生产的智能化和个性化，做好精准传播，增强用户体验。牢固树立市场运作"全台一盘棋观念"，借助黄河云技术、平台优势形成市场竞争合力，形成共融共创的"组合拳"，让技术服务平台经营效益最大化。强化新媒体节目生产意识，提升服务意识。围绕中心创新发展，当好改革先锋，做好策划参谋。

四是打造特色内容与服务。握指成拳，增强融合策划功能，提升融合统筹意识，着力打造具有宁夏特色的融媒体品牌内容，深化"新闻＋政务＋服务"的布局。在黄河云技术平台优势下，加强内容策划能力，既要提供有价值的信息和服务，也要创新创优提供有趣又有用的融媒体作品，以专业性和矩阵辐射增强平台的社会影响力和公众的参与度。

五是推动区域媒体一体化发展。加强与宣传部、区内外媒体以及各市县融媒体中心的合作，主动出击做服务，以点带面实现服务与合作的常态化，实现资源共享，优势互补，共同构建区域媒体一体化发展新格局。

徐海鹏：黄河云视客户端如何实现品牌化？

我们新媒体和客户端发展出路在哪里？我认为就是三个字，影响力。我起了个名字叫"客户端品牌化战略"，核心要义就是通过内容创优、深度链接、技术赋能、拓展运营四大方面，借船出海和造船出海齐头并进，将黄河云视做成宁夏面向国内国际宣传的第一新媒体品牌。

"前途是光明的，道路是曲折的"。为了能够尽快实现这一目标，我们可以围绕以下几条路径进行探索。

路径一：内容创优。

一是打造品牌节目 IP。优质的品牌栏目对提升媒体品牌影响力至关重要。我认为，目前客户端应该握指成拳，集中现有力量策划打造一系列涉及经济、文旅、生活、深度解读等方面的品牌节目 IP。根据各方反馈，对其中一到两个 IP 进行重点打磨，争取尽快形成在全区范围内有一定影响力的品牌栏目，最终目标是冲击各级新闻奖项。

二是打破部门壁垒，建立全台范围的优质内容奖励机制和新媒体人才库。实行重大活动项目制，在承接重大报道任务时抽调合适的人选，集中力量做优质产品。

三是加强对接党政部门，增强客户端功能性服务性，争取落户一批诸如宁夏新闻发布厅之类的宁字号网宣品牌。

路径二：深度链接。

一是台内账号之间的深度链接。我建议将台属各新媒体账号的优质内容以栏目的形式在黄河云视客户端和主账号进行呈现，也就是把黄河云视客户端和主账号做成大商场，把台属各新媒

体账号的优质产品以店铺的形式集中展示。这样,台属新媒体账号的内容通过黄河云视的链接,形成一荣俱荣的品牌集群。

二是及时抢占宁夏本地 UGC 这块兵家必争之地。我建议建立新媒体拍客线上投稿通道小程序和稿酬制度,让宁夏用户自己生产的内容能够在自家的品牌媒体上展现,与用户产生深度链接。

三是区外联动。要用好央媒平台,积极参与甚至组织与其他省市区的媒体联动,尝试建立紧密稳定的新媒体联盟。

路径三:技术赋能。

新技术的应用是提升品牌影响力的另一关键。这几年,我参与完成的很多新技术在台内首次尝试,可以说在这方面我有兴趣、能搞懂、会应用。

路径四:拓展运营。

在品牌影响力达到一定程度后,就要拓展业务范围,将影响力转化为全台职工的福利,形成良性循环。

冯兴华:以开放思路办好黄河云

结合个人融媒体经历,我对黄河云如何发展有如下思考。

1.占领主战场:目前,新媒体格局已经固化,抖音、快手、视频号占据绝对强势地位,自建平台难以分割地盘。打不过就加入。形成自己的固有粉丝和强大影响力后,将来才能带领粉丝进入自有平台。

2.开放办平台:继续增强自有平台和所属账号的服务性和开放性。基于广电新媒体联盟,对各市县融媒中心免费开放直播通道等措施,诚挚邀请就业局招聘、法院强制执行、高速交警路况等已经成型的直播单位入驻,为有意愿入驻,无硬件条件的热点行业提供硬件和直播服务。再邀请各行各业的优秀代表,让这里成

为他们展示的平台。最后邀请普通群众,成为他们展示自我的地方。先开放后规范。

3.成立主力军:加速建立采集、通联、编辑、直播等专门队伍。对本台职工实行稿件积分制,发放稿费,在评优评先中给予倾斜。再对外台记者实行奖励制,成立一支通讯员队伍。

4.建立直播频道:经过以上的积累后,将行业直播、网红节目、慢直播、经典电影电视剧等进行滚动编排,利用人工智能技术,随时插播突发新闻、时事要闻。即可实现 24 小时滚动直播,再造一个线上宁夏台。

王越:以创新思维构建黄河云新质生产力

数字经济视域下,广电主流媒体不断迭代升级。未来,黄河云视要在媒体平台化方向实现实质性破局和持续性发展。我认为要以"机制创活、技术创新、内容创优、产业创效、服务创优"为发展思路,在"优质内容＋刚需服务＋高频应用"的创新突破中攻坚克难,具体可以从以下几个层面发力:

一是从媒介融合向功能融合转变。下一步媒体融合将回归到构建与用户多元化、立体化关系这一本源,服务融合是媒体融合的下一步重点,传统媒体遭遇危机的根源在于单一化、以内容为主的服务与用户多元化需求之间发生错位。对于黄河云视客户端来说要从媒介融合向功能融合转变,要构建线上服务与线下服务相结合的服务体系,涵盖以新闻内容为主的精神层面和近地化的生活服务类层面,整合全省政务、教育、医疗、气象、交通、应急等资源,把终端变成服务入口,通过技术平台向用户提供一站式多元化的服务,实现服务基层群众与参与智慧城市建设的双赢,与用户形成高频、持续、稳固的关系。

二是深度整合全台媒体资源,打通垂类频道,建立台 MCN 机构。要以减法做加法,对端的数量做减法,对影响力做加法,要通过技术平台对全台内容进行智能分类处理和共享融合生产,形成新闻、问政、文化、文旅、纪录片等精细垂类频道,与此同时吸收全省主持人、记者、专业领域的达人等内容账号入驻,并向直播业务深入拓展,实现内容和渠道的双线布局。与此同时,重要宣传内容主旋律方向要形成一体策划、一体协作、一体传播的闭环生产链条,进一步提升议题设置能力,激发全台业务链条的活力,提升运营效率和传播效果。

三是深度利用 AICG 技术,提升用户参与度,探索媒体新质生产力。要加速 AI 技术为内容赋能的步伐,多元适配场景创新创收。比如,可以推出"云里自有 AI 意"短视频,AI 设立、AI 健康、AI 生活、AI 运动、AI 学习、AI 文学等主题,开展系列内容生产主题活动,将内容生产与线下活动、圈层活动相结合,突出用户、围绕用户,打造焕新价值感,实现新型传播平台建设。

四是更好地构建省市县三级媒体纵向融合全媒体传播体系。世界正以"生活中有媒介"向"生活在媒介中"变化。我们要开启供给侧改革,在数量上做减法、在内容上做聚合,服务上做链接,以产品思维推动三级平台建设,用渠道思维拼接影响力版图。与此同时,建立拍客渠道,以社群玩法增强用户黏性,让客户有端更有客。

周圣奉:理顺机制　规划引领　用户为王

我围绕将黄河云融媒体中心"打造为具有西部影响力的舆论宣传新平台、融合传播新矩阵"的目标,提出以下建议:

一是理顺工作机制。进一步完善内部考核机制和市县区供稿奖励机制,激发台属各业务单位的积极性,调动市县的主动性，上下联动形成合力。

二是坚持规划引领。制定新媒体平台的技术规划和发展规划，跟踪行业技术趋势和创新，探索客户端精细化与智能化运营的方式，引入新技术，协同开发用户关切的服务功能，打造"城市服务＋融媒体"融合平台，进一步提升黄河云视的传播力、引导力、影响力、公信力。

三是打造拳头产品。持续孵化自然流量大且变现能力强的"黄河云 IP"，加快构建从"流量为王"转变为"用户为王"的经营模式，形成"蝴蝶效应"，实现"自我造血"。持续推出优质作品，为黄河云视积累人气与关注度。在实用性上发力，使 App 更具社区服务功能。加大垂类节目创新创优，做好标志性、引领力的节目。

蔺宁波：以用户为中心做好内容产品

一是内容为王，打造精品爆款全媒体产品。在新媒体时代，内容仍然是吸引用户的核心。要想打造精品或爆款融媒体产品，首先必须策划先行，明确为什么要做？要做给谁看？用户想看什么？与竞品有何不同？其次，要从重大节点、重要事件和重点活动入手，建立重要题材入库推优机制，做到"每周一追踪，每月一汇总"，不定时跟踪指导全媒体产品生产，从细节上把控好创作进度，提高完成质量。

二是强化用户理念，激发融合传播合力。黄河云在做好全媒体产品的同时，有必要对上传到黄河云视的重点视频进行二创。本着把精彩的片段放在前三到五秒的原则，来提高视频内容的可看性。同时，发掘新近影响力大在十万以上的短视频进行转载，借力来提升黄河云视的影响力和竞争力。

三是以微短剧为抓手,开辟产业新赛道。微短剧是一种新兴的非常活跃的文艺形式,具有时长短、投资小、创作快、体裁灵活多样等特点,因此,黄河云融媒体中心应积极开辟全媒体产业新赛道,结合视平台特点和用户资源,主动出击,细分内容创作的题材和风格,自创或面向机构、工作室、文化和旅游达人等广泛征集,选出一批优秀作品。同时,发挥重点网络视听平台的用户、推广、算法、商业模式等优势,通过开设专题、专区、话题等方式对优秀作品进行重点推荐,让好作品有好收益,正能量取得大流量。

张云钦:对"黄河云视"拓展功能、提升影响力的几点建议

关于黄河云视客户端使用率不高、用户黏性弱的改善提出三点建议:

一是借鉴浙江长兴县融媒体中心客户端的思路,与银行等金融机构合作,在黄河云视客户端开辟"二维码饭卡"功能。在全区政府机关、企事业单位合作,用黄河云客户端代替"饭卡"。建立这样的使用功能后,能大幅提高黄河云视客户端的下载量和日均登录使用量。同时,使用"饭卡"功能的政府机关、企事业单位越多,存进开通账户的钱越多,仅利息收入都可以实现黄河云视客户端盈利。长兴县融媒体中心的这一策略,使得他们的客户端每年可盈利几百万,实现客户端推广、使用、盈利三者兼得的奇效。

二是客户端开创"定位"功能,为各市县搭建黄河云视客户端"独属"页面,增强各市县对黄河云视的使用认同感。探索建立客户端定位显示功能,学习美团等 APP 定位不同市县出现不同市县美食的思路。比如,用户在吴忠市打开黄河云客户端,能直接看到吴忠新闻。通过这一方式,增强各市县政府及群众对于黄河云视客户端的认同感。

三是在黄河云视显眼位置开通"新闻爆料"或者"新闻投稿"专区,为全区群众提供一个投稿专区。在全台所有的媒体平台账号都公布这个投稿平台,提供的新闻线索可以交由各频率频道进行挖掘报道,让客户端可以变成"民情民意倾诉的平台",为新媒体和广播电视平台提供更多的新闻线索。

以上三点如果合力推进,再结合黄河云视客户端现有功能,可以持续增强黄河云客户端用户黏性。

关于通过黄河云客户端合力做好我台新媒体平台的影响力、占有量。我有以下四点想法：

一是从台内选择粉丝最多的抖音号、快手号，集全台合力发展这两个平台的新媒体账号。集合全台制作精良的新闻类短视频、各频率频道重点宣传内容在这个账号上发布，以大量的发稿量短时间冲刺账号的影响力，尽最大合力使得这个抖音、快手账号在宁夏地区成为最具影响力的媒体账号。

二是打破传统思路，做真正的新媒体短视频。打破传统电视媒体"我做你看""做出的东西必须有意义"的传统观念，真正迎合"用户思维"。除了保持新闻类短视频的原则性的问题外，其他新媒体作品制作要考虑用户想看什么，甚至可以大胆开个小口子，为了"流量"而做出一些具有反差的视频，可以借鉴罗平交警做的"牛跳舞"视频。有了流量、粉丝量，咱们才能更好传播新闻及正能量。

三是拼命"蹭流量"。首先，账号内容要区内区外两条腿走路，关注区内的新闻事件，更要关注区外的热点内容，关注区外热点内容更容易蹭流量。其次，新媒体账号积极与全区各行业粉丝量较多的账号共同策划内容发布，利用抖音"共创"功能，双方互蹭流量，不仅可以加强单位之间的联办合作，还能实现增强新媒体平台的影响力。

四是设计黄河云视客户端水印，在每一条发布的短视频账号上的显眼位置标注。在做到以上三点的情况下，大量视频发布的情况下，让每一个刷到咱们账号的用户心里种下咱们树立品牌的潜意识种子，刷得越多，印象越深，影响力越大。闪电新闻、奔腾融媒等地方知名客户端，大都是通过抖音平台提高知名度的，外省没几个用这些客户端的。要让黄河云客户端的知名度上来，就应把这些 LOGO 以及咱们对应的抖音、快手账号做起来。

以信息平台和编务例会为抓手
建立内容生产协调协同机制

朱　江

　　宁夏广播电视台要适应互联网传播规律，必须要改变以大屏为主的工作流程和创作习惯，突破个人认知的局限，在一体策划、一体调度等方面，建立起一个常态的、能够随时沟通协调的工作机制。这一机制需要依托信息平台建设，从新闻生产的前端汇聚力量，以机制建设促内容生产，实现新闻生产的协同协调。我认为可以从以下方面考虑：

　　1.各部门使用统一的报题系统。规范报题操作，明确提炼主题，及时共享工作信息。记者能够熟练使用统一报题系统，从规范个人报题、提炼报道主题、细化采访内容等多方面，以及从全流程可视化的角度看，都有助于工作高效开展。

　　2.召开每日晨会。由值班台领导主持每日晨会，各部门负责的主任早晨一

依托统一信息技术平台，建立宁夏广播电视台互联网新闻生产协同协调工作机制

1. 统一报题：使一个报题系统规范报题，准确提炼主题，使当天的工作"可视化"。
2. 召开每日晨会：各部门负责人交流报题信息，对重要内容的采制和播发提前进行策划部署。
3. 追踪热榜热点：关注广大网友，尤其是本地用户关心的内容，一并做好安排。
4. 一体调度人员：合理分配工作，避免资源浪费。
5. 做好审核发布：落实审核要求，做好推送工作；尊重传播规律，防止出现舆情。

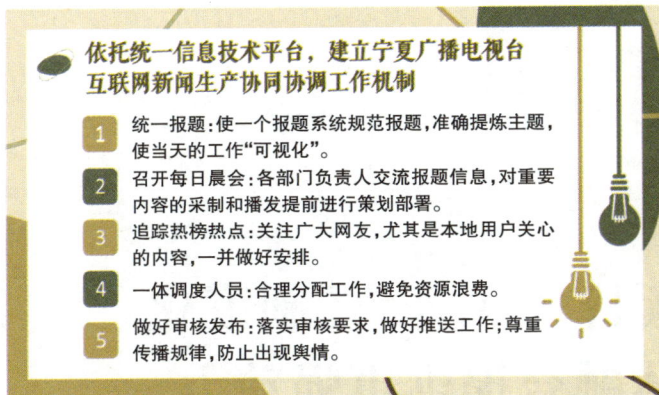

起看报题，交流报题信息，做好策划和内容安排。如果报题内容有重复，当天值班主任可以随时进行调度。而且交流当天选题的同时，也可以复盘之前的工作。之前某一条报道为什么传播数据好，当时是怎么做的，可以随时总结，更好地服务当下的内容生产。

3. 优先占领本地热榜。结合热搜排行榜，看本地乃至全国的舆论场有什么事发生。通过优先梳理本地网友关心的内容，兼顾全国热点话题，一并做好当天工作安排。

4. 依靠协同协调机制一体调度人员。比如同样的选题，不同部门可提出不同要求，记者可以通过明确的安排完成"订制"内容的采制。采访归来通过素材共享，多部门根据自己的需要进行二度创作，避免内耗；同时，调度的时候也能兼顾日常调度和大项目调度的岗位需要，避免人员的重复使用。

5. 做好审核发布。当天晨会的轮值负责人，可根据工作进度，及时对重大报道的播发作出调整。另外在呈现方式上，本地的关键信息能在醒目位置让用户看到。尤其需要注意的是，特殊事件、特殊时间节点的相关内容，在发布前一定要严格遵循三审三校流程。比如洪灾过后，有媒体就发过"晚霞胜火、美如油画"的微博，本想安抚群众情绪，没想到却导致了包括受灾群众在内众多互联网用户的心理不适，反而引发了舆情，类似的情况就是三审三校不严导致的。

不管网络如何发展，做好互联网传播，需要传统媒体从各方面细化管理，重塑工作流程，筑牢发展基础。我们期待通过建立、理顺相应的工作制度，依靠技术赋能，提升创作能力，将众人的智慧和力量汇聚到一起，与广大网友同频共振，更好地承担主流媒体的职责，进一步提升我台在互联网主阵地的传播力和影响力。

推动"项目＋工作室"制度化
为媒体融合提供更强动力

沙晓莉

众所周知,新媒体的发展目前呈现出了前所未有的繁荣景象，一方面，它推动了传统媒体向数字化、网络化转型,另一方面,新兴媒体平台也成为现如今人们获取资讯的主要渠道。在这样的背景下，我们有准确权威的信息源，有专业的采编播队伍,怎么利用好这些要素?我认为需要"项目＋工作室"模式的推动。

以融媒体新闻中心《主播说新闻》的探索为例,通过将其设为项目并建立相应的写手群,整合主持人资源,打破部门壁垒,使团队热情、凝聚力和创新能力大幅提升,节目质量和浏览量显著增长。从数据截图上可以看到,《主播说新闻》单平台传播量非常可观,这是对"项目＋工作室"这种模式的最好诠释。

"项目＋工作室"制度通俗来讲，就是"一个创意出彩、切实可行的策划"，"一群心怀理想、各有专长的伙伴"，"一套完善合理、无后顾之忧的制度"，通过对项目的共同研究、实践和推广，进一步实现资源的共享和优势互补，创造出良好的工作氛围、高效的团队合作以及独特的创意成果，对推动我台新媒体传播新格局建设将提供强有力支持。

在此基础上，我们还需要关注如何解决部门间项目合作可能出现的问题。

首先，是资源配置的问题。在项目合作的过程中，参与各方的资源、规模和能力存在差异，如何保证公平合理地分配利益，激活各方的积极性，是我们必须重视的问题。因此，应当建立相应的政策和机制，对资源贡献大小、工作量的多少以及成果的产出等方面进行综合评价，从而实现多方共赢。

其次，工作室人员绩效和项目经费使用亦是亟须解决的问题。当前，新媒体的发展仍主要依赖于团队成员的智力付出。因此，希望台里能够考虑出台相关政策，对工作室人员绩效、项目经费使用以及经营活动给予倾斜。在此基础上，加强对项目运作的监督和管理，确保资金的合理使用和流程的透明化。

此外，对于项目合作过程中可能出现的沟通障碍、技术瓶颈等问题，也应当提前预判，做好应对。例如，设立专门的沟通协调部门，负责联系与协调各方的工作与需求；强化技术支持，提高团队的技术能力，确保各项工作顺利开展。

总之，将"项目＋工作室"制度化并在全台推广，能够进一步激发我台新媒体发展的活力和潜力，促进一线业务人员协同创作，为媒体融合提供更强的动力，持续扩大我台的影响力。

建立新媒体传播发布矩阵
提升优质内容传播效果

王　涛

　　宁夏广播电视台新媒体平台主要渠道构成为"一网＋两端＋多平台多账号"的格局，即宁夏网络广播电视台、黄河云视 App 以及各频道频率新媒体账号，平台与账号均由各中心独立运营，主要存在以下三方面问题：一是各平台和账号运营相对独立，单打独斗，各平台及大部分账号吸粉能力不强，难以形成较大的影响力；二是"宁夏广电"这一品牌影响力较弱，各部门缺乏联合打造新媒体品牌的意识；三是全台没有固定的新媒体宣推机制和重大选题联合策划机制，优质内容无法通过全台新媒体矩阵广泛传播。如果要构建一网、两端、多平台的新媒体传播矩阵，实现大屏小屏联动，多终端全面覆盖，必须打出新媒体宣传的组合拳，具体建议如下：

　　一是统筹台内新媒体平台资源，建立全台新媒体宣推机制，构建优质新媒体内容整合发布策略，形成传播合力，同一时间，集体发声，提升覆盖面和

以黄河云视全区及全国媒体传播矩阵为例

- 黄河云视建立全区媒体发布沟通群，实现重大活动区、市、县各级媒体联动直播
- 黄河云视打造全国省级媒体"朋友圈"，实现媒体资源共享，提升传播力和影响力

影响力。自 2021 年起，黄河云融媒体中心开始搭建区内主流媒体传播矩阵，建立全区新媒体发布群，目前全区大部分媒体，包括人民网、新华网、宁夏日报、宁夏观察、市县融媒体中心均已加入，实现了内容快速分发。宁夏广播电视台可以构建"宁夏广电"新媒体发布矩阵，将优质的节目内容，结合各平台及账号特点进行分发，实现联动宣传，进一步提升宣传覆盖面和影响力。

二是建立"宁夏广电"全国媒体发布矩阵，邀请全国各省级媒体加入，共享平台，实现宁夏广电优质内容全国推广。黄河云融媒体中心建立全国媒体发布矩阵，与多家省级媒体建立合作关系，搭建内容共享平台，借助各家省级媒体平台的力量，提升宣传的覆盖面和影响力。如 2023 年宁夏选调生招录暨急需紧缺人才需求推介会，全国 214 个平台播出，全网累计观看量超过 314 万人次。

三是建立重大选题新媒体联合策划机制，集众家之所长，打造具有影响力和创新力的融媒体产品，避免同质化内容的产生。黄河云融媒体中心与全国多家省级媒体联动三十多次，沿黄九省区联动直播《沿着黄河遇见美好》全网播放量超过 1000 万人次。党的二十大期间，与重庆广电、山东闪电新闻等联合推出多个融媒体产品。2023 年，由黄河云融媒体中心发起的《生态中国》系列融媒体直播，吸引了青海、内蒙古、河南、广西、山东等多家省级媒体共同参与，第一期全网播放量超过 300 万人次，这些数据都告诉我们，打好组合拳，发挥好媒体传播矩阵优势，才能实现"1+1＞2"的传播效果。

以类型化思维运营新媒体账号

张可萌

在宁夏广播电视台融媒体平台及矩阵建设研究方面，目前全台各频率频道均开设了视频号、抖音、快手等多平台的媒体号，但由于各部门配备的新媒体专职岗位不足，大多数账号运营管理都由某一个人担任，难以针对不同平台属性进行运维。但各中心对自身新媒体发展都有一定的需求，如果采取"一刀切"式的统一回收，难以管理，且不能满足各中心的新媒体需求。建议将全台新媒体账号按内容及类别进行划分，按以下步骤进行矩阵搭建：

1.成立研判小组，对所有账号的粉丝量、内容、品牌价值等进行研究，挑选出成效显著且值得继续运维发展的账号，维持现状继续发展。

2.对账号定位不清晰、各方面收效甚微的账号，进行重新定位及包装。如，新闻资讯类细分时政号、民生号、社会热点号等；针对目标客户群体可单一运营某专业领域账号，如文旅攻略类、文旅风景类、汽车测评类、汽车资讯类、文

化艺术类、人文社科类等。根据台总体发展规划,每个中心在同平台内运营一至两个账号即可,跨平台需根据具体新媒体所投入的人力来进行规划。结合频率或频道现有节目资源及广告资源,与频率频道共同商议账号定位及发展方向,避免大量同质化账号的出现。

3.由台统一牵头组成新媒体专案小组,对各个账号制定发展目标及阶段性规划,更新频次、拍摄风格等。各中心账号需自主独立运营,完成常规内容的生产及账号运维工作,如有各类型内容的同步分发需求,则由总编室根据账号属性,调配合适的账号进行分发,而不是所有账号对同质化内容都进行大规模转发。

加强媒体与政企联合
举办重点产业宣传周

杨冬芳

我建议举办自治区重点产业推广宣传周,助力自治区重点产业发展,实现媒体传播经营共赢目标,使之成为政企联合、企业宣传的桥梁,成为媒体传播经营的梁柱。

聚焦一个目标

集中品牌节目、新媒体矩阵宣传优势,恪守高标准制作,优先一个产业宣传覆盖到最大范围,带动其他产业参与,使"重点产业推广宣传周"成为党委政府认可、产业需要、传播和经营共赢的广电品牌。

发挥两个优势

平台优势。发挥主流媒体传播优势,统筹整合各类宣传资源,全方位拓展宣传渠道,以多样化的宣传方式和高度的责任感、信誉度,持续加大重点产业宣传推介及品牌推广力度,提升区域公用品牌影响力,助力黄河流域生态保护和高质量发展先行区建设。

传播优势。充分发挥主流媒体的社会影响力，通联央视平台、兄弟省区媒体、地媒平台，播发转载广电宣传周的相关内容产品。连通产业自媒体、地方自媒体，在直播、短视频等内容创作环节由主持人、记者和自媒体人共同出镜或制作，双向引流。

开展三产活动

产业发展论坛。以举办论坛为抓手，邀请政企共同参与，相关负责领导及全国产业领军人物交流对话，共商共谈政策措施与企业发展，体现党委政府层面对产业的关切力度，讲述产业发展实况及潜力、政策要点、顶层构架以及党委政府在助力产业发展中的重大举措。

产地现场探访。通过实地采访、直播或其他节目零距离展示产业亮点特色，展现产业发展实况。

产品直播带货。由行业记者与自媒体人共同进入企业直播，打造本台产业领域自有主播，增强其在产业领域中的辨识度，视行业需求在直播中进行销售或名优产品展示推广。

实现四有目标

媒体影响有提升。通过一个宣传品牌在全区范围内提升宁夏广播电视台媒体影响力。

产业发展有促进。让产业亮点闪起来、特色产品热起来，对产业自身宣传及品牌树立产生积极的推动作用。

市场经营有活力。进一步激活产业市场经营活力，同时，以优质的内容和宣传品牌效力增添本台经营活力。

持续开展有空间。产业宣传周进一步拓展我台在产业各个层面的工作开展空间，更好地为节目产出、经营项目等工作营造良好环境。同时，做精做强一个产业宣传周，展示良好宣传效果，将带动更多产业积极参与。

着眼小众垂类行业 打造独特品牌IP

齐子轩　何超

作为传统媒体,当下,我们的媒体融合之路走得异常艰辛。如果说80、90后消费短视频的先机我们没有赶上,也许我们可以用3年、5年,甚至是10年来布局00后、10后的时代,从现在开始建立他们感兴趣的品牌IP。

公共节目中心依托《今日宁夏》融媒体直播节目,进行了多角度尝试,思考如何向多维度跨界联动。我们通过直播的形式,细分类目,一方面围绕民生领域打造新闻主阵地,一方面探索以直播形态为主的其他内容,以此迎合现在的收视群体。通过"超市大赢家"、"逛逛"、12小时长直播、"一起向前冲"直播真人秀等方式,联动年轻人关注喜爱的流行文化、亚文化。通过一系列尝试、探索,现在我们该怎样打造属于自己的品牌IP呢?

面对当下部分市场空白,我们可以聚焦小众、垂类市场,打造自己的品牌IP活动,比如王者荣耀、英雄联盟、绝地求生等电子竞技类赛事。相信很多人都还记得 2000 年创立的 WCG 世界电子竞技大赛的紧张与刺激，而刚刚结束的奥林匹克电竞周让所有人对电子竞技又有了新的认识。我们宁夏为什么不能依托"东数西算""西部数谷"的优势，打造国民级赛事呢？

我们还可以打造剧本杀直播大赛，挖掘优质剧本杀题材，打造剧本杀真人秀节目。上海 2023 剧本杀展会近期正在举行，小小的剧本杀囊括了传统文化、科幻悬疑、推理、喜剧等等题材，无一不可联动宁夏本土文化，打造独具西北特色的 IP。同理，借助西北区位优势和特色，举办房车、越野车、家用车改装大赛，让"车文化"深入生活，让虎克之路不再只是小众聚集地，让宁夏文旅产业不再局限于扁平化的宣传推广。

内容为王，不取决于你在哪块屏幕上播出，好的 IP 承载它的可能是手机、电视等载体，也可能是可穿戴的眼镜、投屏手表。抱残守缺，用传统媒体的打法，在资本和创意横飞的市场拼杀，消费者不会为情怀买单。大众传媒向分众传媒转化已成定势，我们的思维方式就要从服务"一群人"向服务好"一类人"积极转变。

着眼小众垂类行业
打造独特品牌IP

以《云视嗨唱》为样本
联合打造大型 IP 综艺

杨　扬

为什么要以《云视嗨唱》为样本联合打造大型 IP 综艺?首先是需求层面，这个包括我台生存发展的需求和受众的需求。我台目前存在新闻节目为主、综艺节目短缺的现实情况,所以需要拓展综艺节目类型。对受众来说，多元的节目追求更是一种必然的需求，而且综艺节目受众面广、接受度高,是为首选。其次是现实的资金情况,我台确实存在无法大规模投入资金的现状,所以高性价比势在必行;与此同时,扩展市场寻求资金支持,探索更多类型的节目也是必然。第三是目前的融媒体环境,需要符合融媒体发展的节目。最后,我们的节目同质化严重,需要挖掘一些具有特色且符合实际的产品。面对高投入节目走下坡路的现实,我们不能再有"砸钱就能做好"的想法。

作为联合打造大型 IP 综艺的样本,《云视嗨唱》节目有其独特的优势和

亮点。节目专注宁夏本土原创音乐，充分利用得天独厚的本土音乐资源，沉下心来发掘有价值、有意义的原创音乐作品。原创音乐人自我介绍＋不插电音乐现场＋创作简介，这样做除了彰显出《云视嗨唱》的节目特色，还表达了团队的创作理念：不再盲目追求高投入，把精力投入在更需要的地方，用专业的录音团队保障节目质量，节目要符合融媒体传播规律。

探讨如何去做？我们要提供的不是具体的操作方式，而是一些可行性的探索。首先，当一个IP综艺，尤其是一个音乐类IP综艺有了一定知名度之后，LIVE HOUSE和音乐节是一个不错的发展方向。当IP已经在线下成为贴近群众生活的活动，它的影响力便会不断扩大，其影响力也会反哺IP。其次，最容易被接受的形式就是真人秀。在IP慢慢成长起来之后，我们可以联合文旅、教育部门，打造个性化的内容，通过相互合作、取长补短，将不同节目的特点融入节目中来。

另外，周期性节目培养受众习惯，是最重要、最有效，也是最耗费精力的一件事，需要最直接的投入。融媒体传播，样式多样，除了大家耳熟能详的小屏多次传播、内容二次制作等，还包括一些现在较为新颖的方式，如线上演唱会等。这需要资源的整合，涉及到的人物、艺术形式，都需要去解决。最后，还要实现IP统一化，还包括人物统一、元素统一、环境统一以及传播过程的统一。

整合全台融媒资源
共同打造"宁视优选"电商平台

李建　杨晨意

依托宁夏广电资源优势,经营中心搭建的宁夏广播电视台官方网上购物商城"宁视优选"于2023年2月8日开始试营业。这期间,商城曾联合宁夏音乐广播直播节目《大碗早茶会》开展品牌秒杀专场活动,以"网络传播＋广播节目直播＋平台电商"的新方式,有效提升了运营活力,扩大了商城影响力。当前,商城总浏览量达3万余次、日均访客400人。

鉴于商城与宁夏音乐广播的栏目合作产生了明显的引流效果,因此,建议整合全台融媒资源,共同打造"宁视优选"电商平台。

建议依托我台广播、电视、短视频与互联网平台优势,对接各栏目组、主持人在直播间里开展直播带货活动,主要销售宁夏特色优质产品、"六新六特六优"产品及全国好物甄选推荐。作为货架电商的展示出口,各广播电视栏目组可将急需电商服务的商家引流给我们,帮助客户推介产品,宣传品牌,提高营收。

同时,建议积极推进大小屏联动,通过广播电视传统媒体、视频号、抖音号等新媒体平台,对商城及产品进行推广宣传,打好"直播＋短视频"组合拳,逐步建立"宁视优选"品牌矩阵。

面对新发展形势,"宁视优选"商城还应把培育直播人才、电商运营、主播资源整合等方面的优势发挥出来,依托2023年电商主播大赛,赋能宁视优选平台,拓宽商城销售渠道,助力乡村振兴。

我台电视、广播及新媒体平台都存在不同程度的栏目同质化现象。希望能够强化顶层设计,整合媒体资源,把优化资源配置与淘汰落后产能有机结合,对定位不清、亏损严重、影响力和竞争力弱的节目和新媒体账号逐步实施关停并转,加强媒体资源的集约管理,实行全台统筹调控,形成合力,整合全台融媒资源,共同打造"宁视优选"电商平台。

整合全台融媒资源,共同打造"宁视优选"电商平台

当前面临的困难：媒体资源分布不集中,难以形成合力

当前,台内电视、广播及新媒体平台都存在不同程度的栏目同质化现象。全台现有63个互联网商业平台帐号,大多以提供新闻资讯为主,真正有竞争力的帐号极少。如何通过市场化运作、商业性手段整合台内媒体资源,实现传播效果最大化？值得我们关注和思考。

提升改造虚拟演播室
缓解节目录制现实难题

刘军凯

在融媒体发展的当下，以新型多功能融媒演播室集群为基础，融合4K+5G+AI技术的新型融媒体演播中心建设已成为趋势。多景区、多机位的演播室布局，轨道摄像机，虚拟植入，在线包装、大屏及大屏内容包装等提升视觉形象的辅助系统和 AI 技术，都已经成为提升节目可视性的关键因素。这些都对宁夏广播电视台演播室搭建带来挑战。

我台多数电视节目制作流程中，演播室场景需要实际搭建，在实景制作、不同栏目之间的实景更换、实景修改等方面都存在着很大的局限性，节目展现形式非常类同。同时，搭建实景拍摄无法在背景中加入很多动感元素，整个节目画面比较呆板，视觉冲击力不够。另一方面，在搭建演播室置景时，会增加节目制作成本，材料浪费严重，工作效率还不高，且不利于消防安全。因此，我台现在很多栏目制片人在改版和创新节目时，都会考虑使用"实景 + 虚拟场景"来制作节目。

我台的虚拟演播室是在 2013 年搭建完成并投入使用的，由于当时的软件功能受制于硬件性能和虚拟技术发展水平，制作一个虚拟背景周期较长且效果比较单一，只能作虚拟抠像处理。对于能够熟练掌握虚拟 3D 建模软件的技术人员，制作一个栏目虚拟场景需要 30 天左右。技术人员修改或增加虚拟场景的内容也很麻烦，时效性不强，都受制于软件功能的不完备和硬件性能的不匹配。

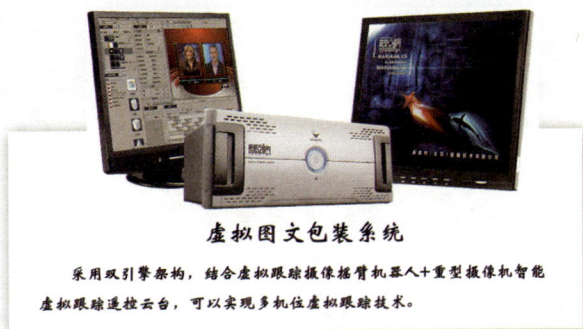

虚拟图文包装系统

采用双引擎架构，结合虚拟跟踪摄像摇臂机器人+重型摄像机智能虚拟跟踪遥控云台，可以实现多机位虚拟跟踪技术。

为了缓解节目编辑对节目创新创优的迫切需求，建议投入少量资金，利用现有虚拟演播室中的部分设备，补充添置一套虚拟图文包装系统，包括虚拟控制器、虚拟渲染引擎、机器人电动摇臂并修复虚拟蓝箱，可适当缓解我台现有实景演播室舞美置景陈旧、短期内无法大规模资金投入进行升级改造的窘迫境地，同时又能满足现阶段多档栏目制作对虚拟包装的需求。

随着计算机技术、图文图像技术、传感跟踪技术、色键处理技术水平的高速发展，国内虚拟演播室技术的功能日趋完善，主要是虚拟软件的功能越来越强大，提高了场景制作人员的工作效率，同时可以更好地呈现节目创作人员的思想和灵感。虚拟包装制作人员能够直接对三维场景及场景中的物体形状、位置、纹理、虚拟灯光效果、特技、动画等属性进行实时、快速调整。该技术更适合在时效性强的新闻节目中应用，可以提升节目制作效率和播出效果。

构建高山台站智能化、数字化管理平台

李临通　马永强

六盘山电视调频转播台海拔高、条件艰苦，承担着重要的播出任务，在实际工作中，一直存在着机器运行情况无法实时监测、损坏零部件查找更换困难、智能化远程操控无法实现等短板，给安全播出带来隐患。因此，构建高山台站智能化、数字化管理平台势在必行。该平台的建成，在提高安全播出保障能力的同时，降低了设备维护经费和人力成本，将会助益台站长期良性发展。智能化、数字化平台由台站智能运维管理子系统、台站智能监测子系统和可视化展示子系统三部分构成。

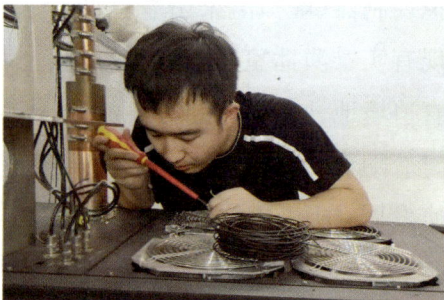

1.台站智能运维管理子系统。该系统在台站技术区运行，并与上级行政部门互联互通，及时接收和完成上级部门下达的传输播出任务，实现台站传输发射任务的智能化管理，其中包括综合办公模块、运行维护模块、调度管理模块。

综合办公模块包括基本信息管理、固定资产管理、人员信息管理、档案资料管理、党建管理和视频会议系统。运行维护模块由应急处理流程、技术培训系统、值班排班管理、备品备件管理、值班运维管理、手机 App 管理六部分组成。其中，手机 App 管理主要是对机房设备（如发射系统、供配电系统、UPS 电源、环境系统、视音频监测、安防监控系统等）进行实时监控并记录历史数据，用户可通过手机 APP 对上述监控对象进行远程监看。调度管理模块由例行检修管理、停机管理、重保期检修管理、运行图管理、运行监控管理、故障警告管理六部分组成。

2.台站智能监测子系统。可实现台站各节目接收设备、传输设备、发射机、天馈系统、动力环境等运行状态和告警信息的数据采集，并将数据进行智能化分析处理，传送至台站智能运维管理子系统进行统一管理和调度，其中包括台站设备监控、节目监测管理、智能故障诊断、设备日志采集。

台站设备监控由信源设备监控、发射机监控、天馈线监测、钢塔桅杆监测、动力环境监控五部分组成。遇到恶劣天气，钢塔桅杆监测作用凸显，通过在天线上加装位移、角度、震动、风力风向等传感设备，可实现对其工作状态的监控和评估。

3.可视化展示子系统。包括台站全链路展示、设备运行历史展示、设备告警信息展示、台站运行图展示、台站运行维护展示等。其运用可视化技术，进行多维度呈现，实现监管数据的关联分析和全景可视化；同时，将实时数据投射到大屏上，辅助值班人员可以更加直观地掌握台站运行情况。

随着信息化技术的不断发展和创新，台站智能化、数字化管理平台将充分利用物联网、智能分析、自动控制等技术，实现台站综合管理、运行、维护信息的互相融合，进一步确保无线发射传输台站日常工作的可管可控，实现安全播出。也为日后可能的高山台站机房"有人留守，无人值守"打下坚实基础。

完善电视节目声音制作工艺流程

许 泽

声音制作的工艺流程和广播电视节目的发展和进步,二者既相互独立,又相辅相成、协调统一。作为一名录音师、调音师,在从事音频技术工作的过程中,深刻认识到电视节目声音制作工艺流程对于节目整体效果的呈现起着决定性的作用,现就提升广播电视节目声音制作工艺流程谈几点认识。

一、电视节目中声音质量存在的主要问题

背景噪声过大、削波失真、电平不稳、语言可懂度欠佳、声画不同步等现象,是我们电视节目中较常出现的瑕疵,并影响了广播电视节目的整体效果的呈现。这些问题,从表面上看似乎是一个技术问题,但是透过现象看本质,这都是制作工艺流程不完善导致的问题。众所周知,一个成熟的产品,要保持稳定的产出效率和产品质量,就必须有一套严格的生产流程,声音制作的工艺流程也是一样。

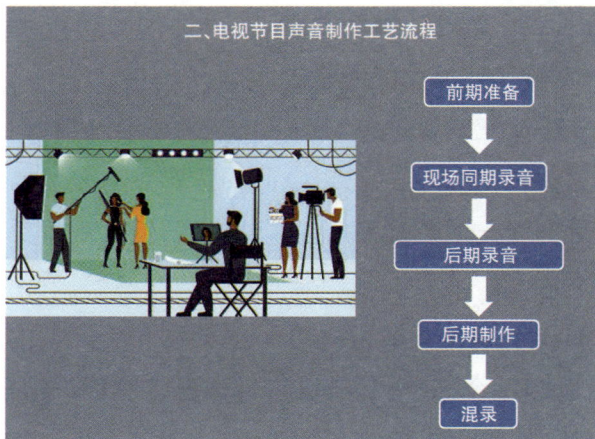

目前，我台大部分节目的制作过程中，画面制作会经过前期讨论、产生脚本和分镜本，具备后期剪辑、调色、特效包装等流程，但声音制作通常由节目编导在剪辑画面的同时完成声音剪辑，并没有具体的、成熟的声音制作的工艺流程。

二、电视节目声音制作工艺流程的主要部分

1.前期准备

前期准备阶段要讨论声音的录制内容、录制方式，评估设备需求、分析制作难度、确定制作计划等。这一阶段的工作是保证声音质量的前提条件。

2.现场同期录音

这一环节的工作，主要针对贴近于生活、偏向于真实的广播电视节目。现场同期录音能否规避噪声，并采集到丰富的声音素材，直接决定后期节目制作的难度与效果。

3.后期录音

这一环节的工作主要是对同期录音素材效果不理想或是对没有收集到的声音素材进行补录，包括音乐、解说词、动作效果等。

4.后期制作

这一环节的工作，录音师将围绕语言、音乐、音响三方面来展开，使声音与整个节目主题相契合，充分营造氛围，最大限度地优化观众的声音体验，这一阶段的工作也是声音制作中最复杂、最耗时的环节。

5.混录

这是声音制作的最后一个环节，录音师按照编导的创作构思，处理声音与画面、声音与声音之间的关系，并严格把握各项技术指标，根据不同的播出

平台对音轨的不同要求,制作相应技术指标的最终版本。

三、完整广播电视节目声音制作工艺流程的显著优点

1.有利于丰富节目内容的情感表达。画面是通过时间的先后来营造情绪、讲述故事、塑造人物,而声音则是抽象的、无形的、以空间的逻辑关系来传情达意。合理的声音制作流程有利于声音元素发挥其创造性作用,促使观众更好地感知节目的情感表达。

2.有利于提升节目的整体效果。针对不同节目的主题,通过对声音元素的个性化设计,让声音与画面、主题相贴合,对提升节目素材质量,提高节目品质,与观众产生"共情"等具有十分关键的作用。

3.有利于加强从业者的业务能力。声音制作的过程,是导演、制片、摄像、演员、剪辑等各工种的互动过程,在互相配合的过程中,大家的技术质量意识会进一步提升,从而不断优化从业者业务素质,加强从业者的业务能力,带动节目质量的整体提升。

总之,服务节目制作部门、保障技术系统稳定运行、不断提高节目制作水平和质量、发挥媒体宣传整体合力,一直是声音技术工作者长期追求的目标。在今后的工作中,技术中心音频制作部的同仁会继续扎实理论知识、丰富实践经验,在广播电视节目声音流程化生产中勤奋钻研、探索创新,携手与各节目创作部门制作出更多的精品佳作。

培训手记

问渠那得清如许？

内容多元强培训 拓宽思路增技能

2023 年，台各部门围绕本部门中心工作，以提高职业素养为抓手，开展了一系列学习活动。其中，有邀请专家来台内授课的，有外派参加广电总局培训的，有重返校园深入学习的。各种培训充实着职工的大脑，也让我们看到宁夏广电人孜孜以求的学习精神。

刘晶：做强核心 精准量化迎接挑战

为提高我区广播电视和网络视听行业广告策划制作人员业务能力和综合素质，2023 年 5 月 6 日至 13 日，自治区广播电视局在浙江大学举办高端广告策划制作人员培训班。

参加此次新媒体时代高端广告策划制作人员培训课程，有以下几点理解：

1.做好短视频，我们学到了八个"绝招"：懂得"做减法"、用好原视频、情感传播、捕捉反常画面、与网民一起做视频、用短视频讲好故事、发挥短视频的宣推魅力、"真实＋接地气＋不可复制"。我尤其对"与网民一起做视频"这一点非常赞同！当传统媒体不再是垄断者，新媒体时代的变革使得权威话语权被稀释,短视频比电视更快接近新闻第一现场,且短视频的讲述方式比大屏呈现的内容更为丰富、极具网感,能提高关注度。

2.广告效果评估是非常重要的一环。在广告投放之前,我们必须对广告效果进行科学、可量化评价。怎样做好广告评估?需要从广告活动、效果、创意和大数据营销等方面去做综合考量,并且要依据广告内容和用户分类精准投放。

3.新媒体广告与媒体计划紧密相关,需要根据受众需求和平台特点制定不同的媒体计划,以最大程度地覆盖目标受众。同时,随着人工智能技术的发展,ChatGPT 的应用也会对广告制作与传播产生深远的影响。

顾丝雨:传递真实感　输出正能量　运用新技术

为提升广播电视节目创作策划人员政治素养和创作能力,全力打造思想艺术相融的时代精品,2023 年 7 月 19 日,国家广播电视总局举办全国广播电视节目创作策划人员培训班。

培训班上,四位主讲人以一线工作经历为基础,以习近平总书记在文化传承发展座谈会上的重要讲话精神和党的文艺方针政策为主线,将当下极具话题热度的"央视秋晚""中秋奇妙游"等热门晚会作为案例解释,以宏观与微观相结合的方式探讨电视节目创新策划所遵循的一般规律:"真""正""新"。

真实感的传递,即节目内容要接地气、生活化,注重人文情怀和情感交流,将观众的情绪调动起来,从而引发情感共鸣。与此同时,还能激起观众对某一文化、地域、事物的好奇心与求知欲,从而提升节目的延展性。创作实际上是一种对时代、社会、大众精神需求的理解,在洞察社会、交流碰撞的基础上进行提炼创作,节目内容才能丰满且贴合实际。

正能量的输出,即节目内容要具备一定的深度,可以引发观众对日常生活的思考,为观众提供精神信仰和心灵港湾,这样才能发挥出节目价值的长尾效应。在这一过程中,坚持守正创新,探寻传统文化与当代社会的契合点,发掘出彰显中国精神和时代气象的特色题材,并加以创新表现,是新闻工作者的必修课。

新技术的运用,即当前大数据、人工智能和数字孪生、虚拟现实等技术的广泛应用,能够构建出更多元的沉浸式、体验式场景。如今,传统的场景已然不能满足用户对个性化、定制化节目的需求。可以看到,将现场实景和虚拟幻景巧妙融合,从而制造视听奇观,以重新焕活电视节目的帷幕正徐徐展开。

谢润:以精品内容促全媒体建设

为进一步提升全区广播电视和网络视听行业从业人员的业务水平,提高创作规划能力和精品创作生产能力,自治区广播电视局8月7日至11日举办2023年宁夏广播电视和网络视听节目创新创优培训班。

吴生华教授对近几年新闻奖评奖评奖导向的变化进行了分析。他通过获奖作品的数据分析,总结出新闻作品最大的创优突破口就是新媒体类的新闻,并以大量的获奖作品为示例进行分析——同一题材为什么有些作品能获奖?获奖的作品采用了哪些方法?用到了哪些技术?不同的报道方式对于新闻作品的呈现有什么助力与束缚?刘茂华教授从"互联网+"给广电新闻带来的经营困局和舆论引导力的困局入手,阐述广电媒体在舆论引导层面发生的变化。当前,如何发挥自身优势,通过强大的舆论引导力去引导舆论,培育广电媒体公信力,强化舆论影响力等成为了我们广电人的新难题。刘教授建议,一是要准确把握受众的新闻需求,有针对性地准备内容以及投放内容。二是要理解和利用大数据。这里的大数据,不简单指的是所谓的"数据",而是指广泛意义的新闻材料、相关材料,甚至是过往的历史性记录等各方面信息。三是要进行本土化策略,再结合必要的评论和观点引导,对传播信息进行深度报道和全方位解读。满满当当的学习行程中,收获的是来自学界与业界对于广电事业发展的精彩碰撞与干货满满的内容分享,我感悟到未来的路就在前方:立足精品意识,打造优质内容,才能更好地提升广播电视内容传播的品牌力和影响力,更好地适应全媒体竞争环境。

提升能力强素养 担当文化新使命

为了在新形势下提高新闻舆论人才队伍政治素质和专业能力，宁夏广播电视台邀请中央广播电视总台及一线业界名家，于 2023 年 10 月 13 日至 16 日开展了新闻全媒体采编播岗位骨干人才培训。全台各部门选派 100 多名业务骨干参加了培训，下面是部分参训人员的心得体会。

武强：节目创作"三部曲"——始于创意的"精准"探索

作为工作在电视新闻制作一线的我来说，对中央广播电视总台彭大松老师的授课尤为喜欢。彭老师参与过许多大型节目和重要项目的制作包装。他为我们讲述的《新闻联播节目的图表动画制作方法》，可谓倾囊相授。

好创意对于节目的价值至关重要。好创意可以吸引观众，在市场上取得极好的成绩。而制作团队需要做的就是要在众多方案中寻找到适合自己、适合节目的创意，从而更好契合用户的需求。一般来说，好的创意必须符合客观发展趋势，具有一定的社会价值和文化内涵，以及能够表达制作人员的思想观念。而这一切都需要通过对市场、国家文化、用户需求等进行仔细研究。

要注重制作方法和流程。在电视节目制作过程中，必须注重团队协作，合理分工，以提高制作效率和质量。同时，在制作过程中，要注重定期总结和评价，不断改进和优化，确保最终的成果符合预期和需求。

关于节目中特效的运用。在节目制作过程中，设计出色的特效，可以有效提高节目的质量和市场价值。通过精细的特效设计，可以营造出更好的观感体验，让用户更加直观地感受节目所表述的内核，从而达到更好的传播效果。

培训使我认识到提高节目制作水平需要从多个角度入手，通过专业的技巧和深入的研究，打造出高品质的作品，以满足市场和用户的需求，创作出极具竞争力和市场价值的作品。

田宇：加强整体思维　细化操作标准

平日里我工作的主要内容是设计、制作《宁夏新闻联播》等节目中的动画、字幕及图表。此次中央广播电视总台、CGTN 后期编导彭大松老师为我们讲授的《新闻短视频，包装、剪辑和包装分析》和《新闻联播节目图表动画制作方法》，可以说是为我们量身打造。

近年来，央视新闻联播改版后，时政新闻不再以简单的画面、字幕形式出现，演示动画也频繁地进入了观众的视线，演示动画对节目内容可以起到解释、说明、强调、补充画面不足的作用。彭老师的讲解，让我看到了日常工作中存在的差距和不足。

比如整体思维。我们的改版只对某一两个节目的包装进行改变，其他节目和改版后的节目包装风格不统一、不协调。另外，我们没有对包装制定相应的细化标准，没有形成模块。例如可以在包装颜色选取范围数值上规定区间，这样既能保证风格色调上的统一，又可以使不同类型节目在包装的色彩表达上有所区分，同时在策划、制作、推广、运营每个环节都要考虑到包装的统一，这样才能让我们的新闻产品更加具有辨识度。

彭大松老师还就短视频电视节目后期常用的动画制作软件以及《新闻联播》节目中动画图表的制作进行了现场实例操作分享。经验值得借鉴:新闻的特点就是突发性,在面对联播节目中临时需要加急制作的动画图表制作任务时,用最保险可靠的方法才能保证不出错误。制作人员除了掌握过硬的制作能力,对于素材的积累也尤为关键,具备以上条件,加之设备的辅助,才能最终呈现给观众更加准确、生动、鲜活的新闻信息。

李晨悦:媒体融合进程中,播音员、主持人如何发展?

培训中,靳智伟老师带来的《融媒体爆款的创作研究与当下主播的实践》以及万茵老师带来的《媒体变迁的变与不变》使我陷入思考。

融媒时代,优秀的播音员主持人,除了出现在广播、电视节目中,更在短视频、公益宣传及社交媒体等平台频频亮相,成为流量担当。主持人与节目的关系、与用户的关系、与其他传播主体的关系以及与整个社会的关系都发生了变化。面对变化,播音员、主持人不仅要有采、编、制、播等能力,还要有挖掘新闻线索和新闻素材的能力,也要有在互联网语境下对新闻进行采访和编辑的能力。

适应当下节奏,要做好以下几点:一是要有较强的沟通能力。二是要做复合型节目主持人。三是要有独特的风格。

播音员、主持人要善于强化专业技能,丰富文化内涵,自觉进行跨界融合,掌握新知识、学好新本领,为节目吸引力的提升贡献力量。

房燕燕:直播不难,你只要学会三件事

蒋林,一直是我想见的老师。这次培训,让我面对面地倾听到他理解的电

视传播、直播、记者分别是什么。

电视传播,魅力依旧。蒋林老师从业多年,一直在跟"新闻脸"做抗争,从"不被看好"到"替补队员",再到"不可替代",他付出了很多,但他始终坚信"我是可以做新闻的"。从他身上,我看到了一代电视人的执着———一丝不苟对待工作,把每一次在镜头前的呈现和准备,都当作第一次那样认真严谨全力以赴。

直播不难,只要学会三件事。蒋林老师的直播,被同行们称为"教科书"。因为他呈现的不仅是就现象说现场,还增添了很多温度和思考。授课时,他为我们播放了四川泸州最后一个渡口改桥的直播连线,其中令我印象最深刻的是导播切播了一组画面。这是直播前一天的清晨他们拍摄到的画面——渡口的人们满载着水果、鲜花,牵着牲畜等乘船渡江。蒋林老师的直播与导播配合度极高,仿佛看着画面在解说一般完美契合!他不仅把这一新闻事件讲解得很清楚,在最后的部分用这样一组画面的配合使整个直播变得更接地气、更容易让人记住。在蒋林老师看来,想要做好直播,就要把直播分成三部分,回答三个问题:现场正在发生的事件是什么?为什么要说这件事,深层原因是什么?这件事的价值高度是什么?其中,最难的是二和三,考验的是记者是否储备足够多的知识。

亲力亲为,相互配合。蒋林老师说,直播连线的最大乐趣和挑战都在于它的不完美,直播现场如果"死记硬背"不能"随机应变",反而会弄巧成拙。在蒋林老师展示的课件当中,他乘坐滑翔伞俯瞰三江口的直播同样让我难忘。他的这个直播设计虽然新颖、创意好,但稍有不慎就可能遭遇坠崖。可他的执念又告诉自己,一定要起飞,因为这是最佳呈现方式。在这一过程中,还要与导播、摄像、教练有明示、暗示的语言,最终将直播完美呈现出来。

是媒体人,也应该是个"人"。报道了太多突发事件,到过很多灾难现场。蒋林老师反倒觉得每到这时,更要牢记自己是个"人"。他给我们呈现了不同媒体发布的关于"6·21"富洋事故的短视频。他说，新闻标题、音乐、文案、同期声等都是有讲究的，特别是这种类型的新闻，作为媒体人考虑的不能是"博眼球"、"追流量"，更多的应该是体现客观、公正。"煽动性"的音乐和歌词虽然容易使人产生共鸣，但媒体人应该考虑到，如果是遇难者家属看到了类似的视频，他们有何感受？这一点，始终令人警醒、深思！

田媛：用中、短视频讲好平凡人的故事

通过穆广辉和彭大松两位老师的倾情讲授，我找到了中、短视频制作的方法和方向存在的误区及困惑。

做好中、短视频应该从哪些方面入手？首先要有坚实的基础业务能力——比如对摄影知识的了解。在我们拍视频之前，不仅要对摄影的用光和构图有所了解，还要思考好如何运镜。尤其是转场和承接前后内容时的运镜方法，在写分镜头脚本时就要确定运镜时镜头的大致景别分布。其次是内容创作。短时间内讲好一个动人的故事，既要弄清楚故事的基本结构，更要学会站在观众的角度上讲故事。穆广辉老师说"一个能够引起观众共鸣的故事，一定是主人公处在某种麻烦之中，他总是做一些积极的努力摆脱这些麻烦。然而他的每一次努力只让他陷得更深……最后，他终于通过自己的智慧，或者别人的帮助摆脱了麻烦。"

在文案上，撰写要求精练。文字要短，多用短词、短语、短句。在剪辑结构上，也要注意逻辑。创作者要找到人物的困境、语言冲突或者身体面临的物理处境，提炼表现人物态度的对话，通过语言看出人物的个人"观点"。拍摄时找到人物不同的角度视角、动静对比和情绪面向，人物就是依靠这些不同面向的情绪才有对比和冲击力，整个形象才树立起来。

在视频的后期剪辑和制作上，根据短片风格选择播音员解说、记者配音或者使用同期声串联。可以在开头前置精华部分，一分钟内进入矛盾；文案上

使用短句,加快整体节奏;在音效方面同期声与现场声都留好,按需求增加、删减,音乐卡点与视频节奏要转换得当;同时,两级镜头运镜要衔接好,有些抖动的拍摄反而会增加真实感。

一个成功的视频,既要有视觉上的冲击力,还要有亲和力、叙事感,以及感染力。想要通过短视频讲好一个故事,还要问自己两个问题:观众想要看什么样的视频?我们又为什么讲这个故事?带着问题去工作,我想应该会让我们的创作过程更深刻、更走心。

孙嘉鑫:探索流量密码　打造爆款视频

如何利用传统媒体的优势,在短视频领域打造流量爆款,是我一直思考的问题。而《楚天都市报》"极目新闻"抖音主编何川老师给出了答案:虽然各个短视频平台的底层算法、逻辑各不相同,但优质的爆款内容总是有迹可循。

一是紧追热点事件、热点人物。热点是流量的中心,能否敏锐地捕获热点是能否制造新闻短视频爆款的关键,这对创作者的新闻敏感性提出了要求。亚运会期间,我区选手何杰夺得男子马拉松冠军,我台融媒体新闻中心及时推出有关何杰的短视频报道,其中《现场独家采访|何杰:实现金牌零突破奋力奔跑为国争光　为家乡添彩!》单条短视频点击量突破百万。由此可见,热点事件、热点人物都有自带流量的属性,只要牢牢地抓住他们,就已经跨进了流量爆款的创作门槛。

二是画面具有现场感、冲击感。在读屏时代,画面本身所具备的现场感和冲击感是吸引眼球的利器。充分利用这一点,可以达到事半功倍的效果。所

以,我们在找选题的时候,具备这些要素的题材应优先考虑。在创作的时候,要用竖屏的第一视角去拍摄画面,运用更富视觉冲击力的表现手法来展现内容,把精华浓缩在这短短的几分钟里。

三是突出本地元素,将无关变为有

关。对于省级新媒体平台而言,有很大一部分粉丝是本地人,他们对于本地信息的关注度更高。比如融媒体新闻中心推出的《央媒看宁夏》和《主播说新闻》系列短视频,都是将与粉丝有关的宁夏大事小事作为报道内容,均取得了不错的点赞和转发。

四是高潮前置。据测试,在碎片化浏览的语境下,5分钟的视频新闻用户可能看30秒就关掉了。所以业界也有人提出过"高潮前置"的概念,关键画面会在3秒内出现,如果前3秒不够吸引眼球,那么用户可能就不会关注接下来的内容。但也不能过早暴露视频内容,否则将影响视频的完播率。对从大屏转向小屏的媒体人而言,转型非常困难的一件事是:我们一直习惯于思考如何让作品更接近于自己想要表达的想法,而不是优先思考怎样的故事、怎样的结构、怎样的剪辑,才能吸引用户把视频看完。做好短视频新闻,不仅需要有编导思维的转换和对主题的把控能力,还要做到深入浅出、粗中有细,以再度创作的视角,实现作品质量的提升。

五是提升情感共鸣。在短视频领域,情绪始终"大于"事实。情绪短视频采用了图像、文字、声音等多媒体手段,从一定程度上更能激发人们的情感共鸣。我们可以通过音乐、音效等渲染情绪、提升情感共鸣,增加成为爆款的概率。

这次培训带给我的启发是:只有将"大屏"和"小屏"相结合,走好"内容为王"的新常态之路,才能做出更多更好的优质产品。

孙蕾:培养新媒体人的职业"自觉"

在融媒改革的大环境下,传统媒体如何掌握新媒体"玩法",守住阵地?山东闪电新闻编导穆广辉以《把握优势,补齐短板!中视频、微记录让主力军挺进主阵地》为题的讲座让我印象尤为深刻。

做讲故事的高手。听故事、讲故事,是两种行为,也是两种立场。在穆广辉看来,新媒体时代新闻从业者在内容创作时,需要兼顾"讲"与"听"的立场与需求,同时抓住"人物""事件""场景"这三个要素。立场转换的思维,在于避免陷入媒体人"自娱自乐""自以为是""自我感觉良好"的窠臼。三种要素的编织

与拓展，则意在构建一种"曲径通幽""峰回路转""绝处逢生"之类起伏前进式的节奏，以至在故事结束时，让观众仍有情绪上的延宕。穆广辉在分享时，提到很多经典影视剧，其对人物孤光的塑造、悬念的搭建、矛盾冲突的设计，是很多出圈新媒体作品都有所借鉴的。同一个故事，可以有多种展示。戏剧化甚至情绪化的输出，在传统媒体人看来是需要过滤掉的杂质，但在追求个性化表达、个体价值的当下，也有可能被转化、使用为给作品提鲜的"佐料"。

做一个洞悉用户心理的媒体人。融媒改革中，传统媒体"触网"时间并不落后，在信源、信息的获取上也有优势，更有专业编采及后期团队加持，但为何生产的新媒体产品却少有"出圈"爆款？针对这个问题，穆广辉讲课中特别引入了媒体心理学相关的理论和观点，剖析新媒体语境下的用户心理和传播特点，并找到好作品的内在脉络。对底层逻辑的认知与梳理，其实能够很好地帮助新闻人不仅低头赶路，也要探求"路在何方"，让优秀内容获得与之相配的传播效果，并在传播中实现价值变现。

培训让我意识到，"爆款"并非空中楼阁。拆解每个数据，最终的落点可能源自一次灵感、一个巧思、一场头脑风暴、一种细节的延展，而不断打破、重建、突破，可能就是做一个新媒体小编的职业自觉吧。

"新闻热点·视频热搜"短视频采制有技巧

2022年7月22日、23日，我台选派96名采编人员参加了"新闻热点·视频热搜"全国短视频采编制作（银川）特训营。培训期间，老师们围绕短视频创作、传播进行了详细实用的分享。案例精彩、剖析到位、专业精准，可谓对症下药、干货满满。

马佳：用短视频讲好故事

我的这次学习收获很大，归纳总结主要有三点：

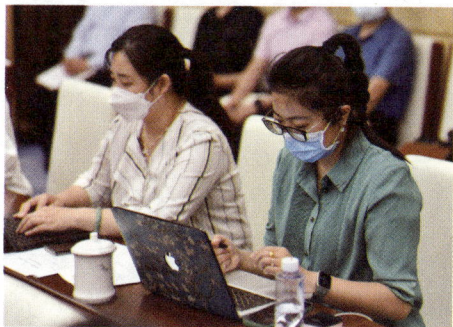

1.重新审视对"人"的关注。"了解客户"，"关照人性"，"说人话"……这里的"人"，是观看视频的人，是镜头中记录的人，是每一个满是中国故事的人。来自"澎湃新闻"原创视频部的徐晓林老师，全面分析了融媒体时代下短视频的发展状态，唯有更精确地了解用户信息，把握用户心理，才能将官方媒体特质优势化呈现。在内容表现上，无论是常规专题节目还是短视频，其主体都是对人和事的展现。经典案例中，尝试从儿童、老人、残疾人、失业者、异乡人等不同身份和境遇下人的心态出发，重新审视所熟悉的同一环境，以反差体验呈现,用质朴的心看待社会。即使最平和的表述,也能触动人心。

2.善设结构,敢于取舍。"30秒留人",为视频创作者提出了更高的难度。除了重视画面表意,结构设置也至关重要。在对"新媒体短视频创意技巧与制作"做思路阐释时,"四川观察"的严继勋老师通过对短片修改前后的对比讲解,在处理叙述逻辑、内容取舍上给了我诸多启发。

3.以"师"为鉴,审视自我。以老师的讲解为镜鉴,观照自我。在过往视频制作中,我忽略了许多细节。素材不足、前后内容衔接不畅等问题,影响整条片子的呼吸感;常规音乐频繁使用,未能更好实现对内容的衬托升华……凡此种种,都使受众难以沉浸投入故事本身。

"汝果欲学诗,工夫在诗外",短视频创作亦然。

王姬:唱响主流声音　转变内容创作思维

这次培训帮我们开拓了一条新思路——利用好现有平台的优势,转变内容创作思维。

在短视频制作中,要熟悉流量密码,适应短视频传播规律的制作手法。在制作内容上既要适时放弃传统电视思维的完整、全面,创作时将"高潮"前置,放大突出"槽点",又要在大量一手素材的基础上,擦亮"发现"的眼睛,将原本"平平无奇"的日常,包装成适应短视频传播口味的"热销产品"。

同时,作为省级媒体,我们更需要学会让主流传播的声音上岸。这就需要我们在短视频制作时,结合事件、地域等等,以点带面,讲好品牌故事,讲好人物故事,让故事讲政策,也让故事展成效。

此外,电视思维与短视频思维如何流畅切换,抢发短视频赚取流量的技巧和敏锐度如何练就等,这些依然是我们现阶段面临的难题,还需要我们不断在实操中历练和琢磨。

记录时代"镜像" 打造诚意佳作

加快推动纪录片创作高质量发展，国家广播电视总局2022年9月13日至16日在北京举办"记录新时代"纪录片创作人才培训班。我台参训人员通过聆听专家解读政策、传授经验，了解记录片创作新手法、新技术、新观点、新作品，感到受益匪浅。

宋小庆：以创新引领　记录时代"镜像"

长年忙于琐碎事务，有幸停下来学习，与同行交流沟通，梦想从现实出发，激情经岁月磨砺，希望自己能够重拾信心，背起行囊，继续前行。

今天的纪录片拍什么？

中广联合会纪录片委员会会长赵捷，围绕前国家广播电视总局局长徐麟在迎接党的二十大重点纪录片创作播出推进会上的讲话，对纪录片创作要在思想性、时代性、文化性、艺术性上下功夫做了深刻解读。

纪录片创作在于强化思想性，用思想的力量凝聚人心，要把党的创新理论融入故事之内、蕴含于讲述之中。

纪录片创作在于体现时代性,用真实的力量书写史诗,真实记录蓬勃发展的中国足迹,真实记录昂扬奋进的中国面孔,真实展示立体生动的中国形象。纪录片创作在于突出文化性,坚定文化自信、用文化的力量彰显风范。弘扬当代中国精神,厚植中华文化底蕴,塑造中国气质风格。纪录片创作在于提升艺术性,创新艺术表达、用艺术的力量引发共鸣,要讲好故事,用好技术手段,坚守工匠精神,精益求精。

创新是纪录片突破的关键

北京广播电视台纪录片导演韩斗斗、吴志勇,中央广播电视总台导演闫东围绕《黄河安澜》《紫禁城》《敢教日月换新天》,分别结合创新实践做了分享。《黄河安澜》从不同历史时期和差异视角着手,全面深刻地呈现了黄河的文明之"魂"、治理之"安"、生态之"绿"和发展之"兴"。随着艺术生产观念的进步、媒介技术水平的提高,纪录片的视听表达手法也正在呈现飞跃式、革新式的创新演变。如何用全方位全景式的精致视听,记录雄浑壮阔的黄河美景?《黄河安澜》创新性地将"故事驱动"和"共情驱动"相结合,在具体实在的叙事中拥有让人印象深刻的戏剧冲突,通过情感的堆积递进和对比反差,唤起受众的情绪共情和认知共情。

《紫禁城》"透过一座城,看六百年世事沉浮,寻五千年华夏之魂"。该片创造性地为 12 期节目量身打造了 12 首主题歌,邀请不同特质的实力歌手进行多元化演绎,将历史文化的绵长厚重寄于音符和旋律之间,实现了对传统文化的创新表达。在侧重大历史的基础上兼具历史观的表达,借助新技术新方式,在保持厚重基调的同时,用一种年轻人更容易接受的语态,唤醒更多年轻人对中国历史和中华优秀传统文化的关注和热爱,从而为文化积淀注入新的生命力。

中央广播电视总台导演闫东导演以 24 集大型文献专题片《敢教日月换新天》为例,谈了关于创新的一些体会。《敢教日月换新天》里有不少珍贵史料是首次在电视上与观众见面,包括大量珍贵的音频资料。应用"5G+4K/8K+AI"新技术实践的新探索,大胆引入人工智能(AI)影像修复技术,辅助人工修复手段,对全片珍贵影像资料进行修复。共修复影像资料 280 多段 5100 多秒,让老资料重返青春。总片头通过国际顶级的高速摄影机,全程进行 4K 超高清拍摄,用高速纪实的影像风格,锻造的工艺手法,全新呈现了党徽经过千锤百炼,百炼成钢,铸成丰碑的历程,给观众既熟悉又新颖的视觉感受。此外,8K 超高清拍摄的新技术也首次在纪录片中得以运用。

纪录片创作的孤独坚守

纪录片创作,需要用画面讲故事,这也是我们一直以来的追求。不同国家虽然语言并不相同,但画面和情感是共通的,多用画面传达情感,让观众情绪也能跟随人物情感流动起来。但所有的画面,所有的故事,是需要时间积累的。没有时间的堆砌,很难发掘打动人心的故事。没有纪录片人的坚守,就没有最后影像的呈现。中央广播电视总台导演闫东导演分享了《大鲁艺》《长征》《港珠澳大桥》《我们走在大路上》《英雄儿女》《李大钊》等作品的拍摄故事,总结出一句话:十年磨一剑。

国家广电总局宣传司李忠志在纪录片精品创作的方向及方法的讲座上说:"择一事,终一生。"我觉得他说的就是中国纪录片人坚守的精神家园。庆幸的是,很多同行都与国产纪录片一同坚守并迎来了温暖的春天。作为地方媒体,希望未来能够得到对纪录片创作更为全面的扶持,并给与创作更加自由的空间和更为广阔的平台。

最后,我想用周熙明老师富有诗意和内涵的词句作为总结:"凡是从事文化工作、精神劳动的人都应该去原始森林悟生存的原本大道,感受千百年来,这个人迹罕至的地方一年复一年花开花落,叶发叶落,逐渐堆积起越来越厚的腐殖质,营养着地表所有植物。""为时代立传,为历史存真",这正是纪录片的价值所在。花开花落,厚积薄发。记录我们这个时代,记录我们经历的一切,记录那些逐渐消逝的现在,是纪录片人最大的荣幸。

张曼:聚焦时代精神　打造诚意佳作

纪录片能够触碰时代脉搏,传承历史记忆,也承载着带给人们关于现实生活更多深度思索的责任。在为期 4 天的培训中，我对于纪录片创作也有了更加深刻的理解。

一是强化思想性，坚持思想精深，用思想的力量凝聚人心。创作者一定要思考，今天的事情，什么是值得留下的。这需要我们将习近平新时代中国特色社会主义思想贯穿融入创作过程，不断拓展视野广度、精神力度、思想深度。比如围绕"绿水青山就是金山银山"可以引申出关于乡村振兴的话题，而"大国工匠"的背后，可以挖掘出劳动创造幸福，平凡铸就伟大的感人故事。只有把党的创新理论融入故事之内、蕴含于讲述之中，创作的内容才能合乎时代的价值观和思想。

二是体现时代性，真诚记录时代，用真实的力量书写史诗。时代是当前发生的唯一且不可复制的历史，纪录片唯有笔墨追随时代，方显其价值。比如，抗疫公益纪录片《今日龙抬头》和复工复产纪录片《又见炊烟》，真实记录了中国人民众志成城，同心抗疫的过程；建党百年纪录片《青春之我》和《加油，新时代》，采用"凡人视角"借助普通人的故事展开，更显生动鲜活、有烟火味，更能真实记录昂扬奋进的中国面孔和立体生动的中国形象。唯有全方位全景式展现中国新时代新气象，才能讲好中国人民追梦、筑梦、圆梦的故事。

三是突出文化性，坚定文化自信、用文化的力量彰显风范。中国历史文明积淀深厚，若想实现传统文化的创造性转化和创新性发展，则需要创作者不断自我拷问、思考作品的突围之路。在面对宏大主题时，尽可能以小见大，从小故事入手做文章；遇到重复题材时，要另辟蹊径，寻找不同的角度和切入点；在创作过程中，注意创新形态和语态，避免呈现单一，讲年轻人喜欢听的话，生动活泼地体现社会主义核心价值观，表现精神追求、精神标识。唯有厚植中华文化底蕴，弘扬当代中国精神，坚持传承与创新相结合，方能塑造出中国气质风格，创作出具有鲜明民族特点和个性的优秀作品。

四是提升艺术性,创新艺术表达,用艺术的力量引发共鸣。首先在纪录片的创意上,需要有独到的人文发现。创作者要坚守工匠精神,以精益求精的态度千锤百炼、反复打磨作品,同时要拓展视野与专业深度,探索新空间。其次,纪录片的美学,体现在其独特的审美表达,纪实是纪录片唯一核心的要素。在真实的基础之上,用好技术手段,提高审美捕捉能力,把握生活本身的节奏感,才能鲜活讲好故事,提升作品质量,升华作品境界。

最后一节课上,国家广电总局宣传司副司长李忠志说,"纪录片的法宝是导演的诚意,而不是技术的升级"。我想,不只是纪录片,对于其他类型的作品,我们也要拿出最大的诚意去面对。唯有如此,才能讲好故事,拍出精品,为时代立传,为历史存真。

学习智算融合创新应用 培育广电
"新质生产力"

为进一步培养行业急需紧缺智算专业人才,提高行业创新能力、生产效率和竞争力,推动产学研用紧密结合,2024 年 5 月 17 日至 21 日,宁夏通信学会在银川举办了"智算融合创新应用高级研修班"。

郑婧文:抓住智算融合战略机遇 探索广电行业发展新方向

此次课程主要围绕智算技术与产业发展及融合创新应用、人工智能技术概述、大模型原理及政企创新应用展开。对广电行业及文化消费产业而言,如何更好地利用智算技术、AIGC 生产工具改造现有业务,探索全新的"广电 + 文旅"行业赛道,实现高质量发展是我们要考虑的重要课题。

1.内容创作的革新:AI 在生成以创意类为主的场景时优势明显,可以轻松摆脱传统内容素材的限制,利用 AI 工具高效率地生成和编辑多样化的内容素材,为图片及视频制作等提供高效的内容创作工具,实现编辑、特效、音效等环节通过 AI 技术进行全自动化或半自动化处理。在 AI 的协助下,大量的"流水线"工作可以更快速、更高效地完成。专业编辑可以把精力集中到创意开发和深度解读上,实现优质内容输出,开拓以静生动、以短带长，甚至是全新的内容产品发展路径。

2.娱乐形式的升级：AI可以用于创造新的娱乐形式，如利用虚拟现实和增强现实体验。在媒体大型活动、展览展出以及线下文旅等场景沉浸式体验项目的开发中，可以发挥重要作用。例如利用线下实景图生成视频的创作方式创新用户探索式体验，推出Vlog快速生成等数字化增值服务，整合文旅实时活动资讯、游玩攻略，打通餐饮购物住宿系统，打造"吃住行·一站服务快乐游"数字平台，提升科技感与人文情怀，利用全媒体传播渠道增加景点知名度以及相关产业品牌价值等，有助于拓展业务收入的不同模式。

3.提供大模型数据支持：从生态格局的演变趋势来看，主流媒体和头部互联网公司已成长为智慧媒体融合新生态的关键主导力量。以"数据＋算力＋算法"为基础，构建智能、高效、精准的决策运营体系，成为驱动媒体及互联网公司高质量发展的全新模式。作为传统媒体，我们不仅要向内融合，提升自身融合创新的能力和水平；也要向外融合，积极拓展跨区域联动"朋友圈"，以融媒协同作战的方式去实现产品价值链的外延和重构。

4.行业监管需求：面对AIGC技术的快速发展，尤其是Sora这样的革命性产品，广电行业在维护意识形态安全、提供公共服务、推动技术产业发展等方面扮演着至关重要的角色。在文生视频效果不断接近真实的趋势下，虚假信息、误导性内容及不良价值观传播的风险也愈加突出。建立AIGC内容尤其是图像与视音频内容的鉴别与溯源方法、机制，不仅可以保障公众利益，同时也为新质生产力发展保驾护航。

刘慧：聚焦智算融合　推动广电事业数字化、智能化转型升级

在这个信息爆炸的时代，智能计算作为计算机科学的一个前沿领域，正以其强大的数据处理能力和智能化决策支持系统改变着我们的生活和工作方式。通过本次对智算融合创新应用的学习和探索，我认识到了这一技术的魅力和潜力，以及它在未来发展中的重要性。

智能计算的核心在于模仿人类智能的某些方面，使计算机能够像人脑一样

进行思考、学习和决策。这涉及到机器学习、深度学习、自然语言处理等多个子领域。通过机器学习，计算机可以从大量数据中学习规律，实现预测和分类任务；而深度学习则通过模拟人脑的神经网络结构，达到处理更加复杂的非线性问题的目的。神经网络作为智能计算的核心技术之一，通过模拟人脑神经元的连接方式，构建了一个复杂的网络结构。在这个网络结构中，每个神经元都与其他神经元相连，通过传递信息来实现对数据的处理和分析。深度学习则是神经网络的一种重要应用，它通过构建深度神经网络模型，实现了对海量数据的高效处理和分析。在自然语言处理领域，深度学习技术已经取得了显著的成果。通过训练深度神经网络模型，机器可以实现对自然语言的理解和生成，为人类提供更加便捷的交流方式。如今，算法的选择和应用作为智能计算中的一个关键环节，不同的问题是交由不同的算法来解决的。在学习过程中，我了解到了各种算法的特点和适用场景。例如，对于图像识别问题，卷积神经网络（CNN）表现出色；而对于时间序列预测问题，循环神经网络（RNN）则是更好的选择。

在数字化转型的浪潮中，作为一名互联网技术运维人员，我们的工作也面临着前所未有的挑战与机遇。在智能计算的大背景下，传统的运维模式已经难以满足现代互联网企业的需求，而智能计算能够助力运维工作的数据化、智能化转型。在大数据时代，数据已经成为企业最宝贵的资产之一。运维人员需要充分利用智能计算技术，对运维数据进行深入挖掘和分析，发现潜在的运维问题和风险；通过数据分析，了解系统的运行状况、性能瓶颈以及用户行为等信息，为运维决策提供有力支持；同时，智能计算还可以帮助我们构建智能运维模型，通过机器学习算法预测系统的运行趋势和故障模式，实现提前预警和主动干预。因此，我们需要拥抱智能计算，将其与运维工作深度融合，以提高运维的智能化水平。智能计算不仅是技术革新的产物，更是推动运维工作向更高效、更智能方向发展的强大动力。

交流互鉴

他山之石能攻玉

事关中国新闻奖！
这个研讨会，干货满满！

杨治宏

2024 年 1 月 11 日至 12 日，中国记协在重庆市举办了中国新闻奖研讨会。会上，中国新闻奖获奖作品主创团队分享了创作过程，中国新闻奖阅评组就送评稿件容易出错的地方进行了点评，中国新闻奖资深评委围绕中国新闻奖引导媒体改革的路径和方向进行了分享。我有幸参加聆听了这场讲座，结合现场所学和多年来工作经验，对中国新闻奖评选的基本规律进行了总结，以飨读者。

要有前瞻性的策划

选题策划必须围绕党中央的战略决策、围绕习近平新时代中国特色社会主义思想的核心内涵，找出基层故事，通过基层人物的个性化发展变化来体现时代脉搏。通俗地讲，就是要在基层找到党中央决策发挥作用的鲜活事例。用百姓话语、百姓事例来讲好中国故事，传播中国声音。

要有经验丰富的团队执行

凡获中国新闻奖一等奖的新闻作品,都不是偶然抓到的活鱼,都是围绕策划在实践中抓到生动故事。通过感人细节、细心编排,逐字逐句推敲直至最后打磨完成。中国记协主席何平表示,中国新闻奖获奖作品,每篇都是范文,每件都是精品,有的甚至要进课本,绝不能掉以轻心。对此我深有感触。我们创作的获得第32届中国新闻奖一等奖的消息《秦岭和六盘山之间形成动物迁徙通道 53种珍稀野生动物来六盘山安家落户》,从策划到拍摄到最后成片,整整历经了三年时间。

要符合好新闻的五个标准

中国新闻奖对好新闻的标准有五个:

1.好新闻必须有一个实标题,这个标题要能说清楚这条新闻的核心事实。

2.好新闻都是从观众的角度去思考问题,必须把自己当成读者或观众,他们想从报道中了解的核心信息,就是我们挖掘故事的方向。

3.好新闻能给人以启发,不能局限于报道表现,要找到表象后面的深层原因。

4.好新闻都有个性化的语言。

5.好新闻都是构建在事实基础上的信息。

中国新闻奖:中国新闻改革风向标

以往在中国新闻奖的评选中,电视、广

播和报纸是分类设奖，从第 32 届中国新闻奖开始，全部融合在一起参评。消息、通讯、评论等等不区分电视、报纸，每个奖项一等奖只有 6 件，评选难度更大了。其次，增设融合报道奖项，鼓励运用多媒体手段创新报道内容和形式。中国记协从评奖办法上响应引导党中央关于媒体融合改革的要求。因此，今后融创产品是我们提升获奖率的关键。第三，国际传播类节目的评奖也增加了 16%。宁夏卫视中心作品两次获得中国新闻奖三等奖，凭的就是国际交流节目。高质量发展阶段，中国价值观、中国模式要通过中国故事传播到国外，展现可信、可爱、可敬的中国形象。我看了几个在国外传播很广的国际交流节目，无一例外都是短视频作品。比如，在《天梯村》中以前村民在悬崖峭壁上像爬天梯一样通过一条艰险的羊肠小道联通山外的世界，现如今村民们开着轿车，在新修的公路上奔驰。这鲜明的对比，这不正是讲述中国脱贫的生动故事吗？

媒体融合改革能改变传统媒体目前的困境吗？答案是肯定的。重庆市门户网站华龙网分享了他们成长的故事。

华龙网创立于 2000 年，最新、最快、最感人是他们的理念。10 年间，截至 2023 年底，华龙网已连续 11 年获得 16 个中国新闻奖，其中一等奖 8 个。他们 2023 年中国新闻奖一等奖作品《重庆山火突发 他们逆行而上——人民的英雄，英雄的人民！》，这篇新媒体作品采用大片的剪辑手法，极具视觉冲击力，展现了在重庆山火肆虐的危急关头无数平凡人挺身而出的感人场景，在灾难面前展现出的"众志成城、守望相助"的民族精神感动了全国，也震惊了世界。

华龙网的突出业绩和传播效果，使他们成为企业争相投放广告的新宠，去年的收入比重庆电视台和重庆日报社的总和还要多。

媒体人学习永远在路上

另外一个故事的主角是一位媒体前辈——谌贻照。在我们看来，媒体人到了 58 这个年纪，基本就等着退休了。而谌贻照依然以"泥腿记者"的心境贴近实际、贴近群众、贴近生活。2018 年，他主创的广西日报

融媒体报道《柳州融水突围记丨广西日报记者"失联"数十小时,在穿越 40 处塌方后发回灾区最新画面!》获第 28 届中国新闻奖短视频新闻一等奖。从纸质媒体的消息获第 16 届中国新闻奖二等奖,到短视频获中国新闻奖一等奖,年过半百的他,今在采访一线不断践行"四力",实现了从传统媒体向融媒体的成功转型和突破。

谌贻照曾被组织安排到柳州融媒体中心当负责人,原因是柳州融媒体中心始终无法转型,陷入发展困境。广西日报想让谌贻照老骥伏枥带领柳州融媒体中心起死回生。谌贻照把柳州融媒体中心的采访部、编辑部统统打散,组建了一支快速反应的采访部队,人人都会拍摄、人人都会写稿、人人都会编辑。新闻一线就是采访部,新闻一线就是编辑部。

大伙进入新闻现场、进入基层一线,亲身感知新闻,切中了时代的脉搏。从此,柳州融媒体中心的文风变了,稿件活了,采写出了大量感人的基层故事。有位断了一条腿的退伍老兵自立自强,在大山里种植了 50 亩的柑橘。谌贻照把这位老兵打造成了网红,他和这位老兵一同参与直播带货,带动了整村的柑橘销售。通过挖掘感人故事,打造基层网红,媒体人参与直播带货,融媒体市场化路子通了,全盘皆活。

因此,我们只有打破传统的大屏思维,通过融媒体改革,把西装革履的记者变成令人敬仰的"泥腿子"记者,才能写出富有情感的文字。唯有双腿沾满泥土,才能给受众捧上鲜活的新闻,才能讲好故事。谁能讲好故事,谁就能和市场相拥。

纪实影像的无限可能

——第二十届中国(广州)国际纪录片节观察

杨　洋

2023 年 12 月,第二十届中国(广州)国际纪录片节如约而至。

中国(广州)国际纪录片节是中国历史最久、亚洲体量第一的国际纪录片节。本届节展以"光影纪实　文明互鉴"为主题,围绕征集评优、市场交易、行业交流、专业论坛、国际培训等环节推出了 80 余场专业纪实活动,共有 156 个国家和地区的 7280 部优秀作品参与展出。作为参会媒体人员,我们与国内外 1000 余家机构、4000 多名专业人士共同见证了这场为期 4 天的光影盛事。会展上,丰富多彩的交流活动、岭南特色的文化体验、专业新鲜的行业话题应接不暇,也让我们对纪实影像的创作有了更深层次的体验与思考。

多元选题呈现时代镜像

本届纪录片节参展影片数量众多、来源广泛,覆盖了人文传记、社会纪实、文化艺术、科学技术、自然地理和旅游探险等多个领域。从家国天下到个

体命运,从风流人物到平民百姓,从繁华都市到荒郊旷野,多样化选题的背后,是对历史的探寻、对人性的思考和对真理的渴求。

外文纪录片《后工作时代》是在自动化和人工智能空前发达的时代背景下,重新思考工作在我们生活中的角色。导演试图以一种存在主义的方式回答当今时代工作的意义、未来可能的图景以及当我们不再工作时会发生什么,引人深思。

《国家公园奇迹》是一部野生动物故事纪录片,它以中国 49 个国家公园核心物种为主角去构建故事,向观众全方位地展示了自然之美和生命传奇,震撼人心。

《复制恋人》讲述了中国都市年轻女性与 AI 虚拟人的恋爱故事,通过对小众群体的观察,探寻当下年轻人的情感需求,以及科学技术对社会伦理的冲击。

这些纪录片在选题上各具特色,却都能呼应时代主题,如同一张张碎片拼接出了社会图景，让我们从中看到自己，也启发我们探索生命的真谛。

创新叙事引发情感共鸣

当下，纪录片制作水平和受众审美都发生了改变，纪录片的表现手法、叙事模式也在不断创新。在本届中国（广州）国际纪录片节上，不少导演都分享了自己在叙事风格上的新尝试。

普法纪录片《守护解放西》以湖南省长沙市坡子街派出所民警为人物核心，深度展示城市警察的日常工作，并通过各类案件故事普及安全法律常识。这部作品在制作过程中摆脱了以往普法类纪录片严肃紧张的叙事框架，一反常态地采用了综艺化、故事化的表达模式，塑造出一群有担当、有理性、有人情的人民警察形象。"谐趣其表，守正其中"的叙事风格受到了"网生代"的追捧。节目播出后，长沙本地民辅警报考率提高了53%，被业界视为一部"现象级"纪录片。

荷兰导演彼得里姆·德克朗分享了他在纪实影像中大胆运用定焦镜头的叙事方式。他认为，相机在移动时会错过很多重要而微妙的过程，如果把相机放在一个固定且合适的位置，纯粹记录自然万物，就能让人身临其境，感受更为完整的自然景观。他的影片《潮汐之寂》采用2.39:1的宽屏比例，固定镜头，将地平线放在画面中较高的位置记录瓦登海的潮汐律动、四季流转。在沉浸式的观看过程中，观众与潮水的呼吸吐纳融为了一体，不失为一场静谧又震撼的视觉体验。

叙事模式的革新使纪录片褪去了传统沉重的外衣，变得更加轻盈、生动和富有创意。这种变化不仅吸引了更广泛的观众群体，还为纪录片创作者提供了更多的表达方式和创作空间。

技术革新拓宽创作边界

随着科技进步，高清摄像机、无人机、虚拟现实等新兴设备逐渐进入纪录片创作领域，对纪录片的生产方式产生了巨大影响。在本届纪录片节上，"技术革新"也成为了业内关注的热点。

在"户外纪实创新之路：极限环境的摄影工作坊"中，极限类户外影片的摄影师、制片人们分享了他们在极寒、高山、水下、攀岩等场景的拍摄装备及拍摄经验。生存类纪录片《决胜荒野》制片人白瑞秋透露,他们在最新上线的节目中运用了 VR 互动技术,观众可以以主角摄影师的身份进入荒野,沉浸式体验户外求生的过程。

在"优酷纪录片内容创享会"上,纪录片内容总监韩芸也表示,2024 年,优酷将推出历史类纪录片《中国史》,该纪录片由 AIGC 赋能,尝试探索中国纪录片与虚拟制作的结合。该作品将利用数字人技术还原历史场景,打造"中国历史的影像词典"。

此外,节展上的摄影器材展区也让人们体验到了高科技设备的魅力。佳能展区展示的 FR5.2mm 双鱼眼 VR 镜头可以拍摄高画质的 3D180° VR 视频,同时提供最高的 8K 分辨率视频。拍摄团队可以更加高效地捕捉到珍贵的瞬间,并将它们生动地呈现给观众。尼康展示了全新的 8KVR 设备的应用效果和拍摄技巧。通过现场演示和讲解,观众们得以了解如何使用这款设备进行拍摄和制作纪录片。

技术的革新拓宽了纪录片的创作边界,丰富了纪录片的表达手法,也让观众获得更加深入全面的视听体验。

本届中国(广州)国际纪录片节向我们展示了纪实影像的无限可能。期待更多对社会保持好奇、心存信念的记录者们能不断揭开世界的本质,分享震撼心灵的时代影像。

央视新闻节目的转型与创新

高 凌

2024 年上半年，我在央视新闻频道进行了为期半年的学习。央视新闻节目在时代的发展中不断转型与创新，给我们呈现出了一个更加鲜活、立体的中国。

一、"联播一瞬"

"联播一瞬"是央视新闻中一个很有特色的版块，通过它可以看到很多央视新闻节目转型和创新的案例。其中曾展示了江苏大丰麋鹿保护区的"鹿王争霸赛"，激烈的角逐场景让观众了解到这里拥有着世界上最大的麋鹿野生种群，感受到大自然的神奇与魅力。节目还生动报道过广东梅州突降大雨，某村小组长喊街式通知村民撤离。紧张的声音和激昂的音乐瞬间将观众带入其中，身临其境般感受暴雨来袭时人们的恐慌与紧迫，深刻体会到基层干部在关键时刻的担当与责任。

二、联播题材多元化、多彩化

除了"正儿八经"的题材之外，联播中也涌现出很多如《士良照相馆》《光阴的故事》这样有温情的节目。通过深入挖掘普通人物的故事,展现了平凡中的伟大与坚守。这些温情的节目不仅丰富了联播的题材,也让新闻更具人文关怀,使观众在了解国家大事的同时,也能从普通人的生活中汲取力量,感悟人生的真谛。

三、科技创新注入了强大动力

人工智能的运用提高了新闻生产效率,AI 主播以其清晰的发音和稳定的表现为新闻播报增添了新色彩。"现场直播 + 虚拟现实"技术让观众仿佛身临其境,如在《中国式现代化气象万千》节目中,AI 主播代替记者在屏幕前出镜,向观众展示现场情况,这种科技与新闻的深度融合,不仅提升新闻的传播效果,也能为观众带来更震撼、新鲜的新闻感受。

央视新闻以其不断的创新和努力,成为了引领新闻样态革新的先锋。它用生动的"笔触"描绘着丰富多彩的中国,为观众带来更优质的新闻体验,也为新闻行业树立了新的标杆。

央视《攻坚"三北"》策划经历记

马　悦

初来央视地方新闻部时，我怀揣着对新闻事业的热爱与憧憬，内心既兴奋又忐忑。面对央视这样一个高规格的平台，我深知自己肩负的责任重大，也明白这是一个难得的成长机遇。

在这半年里，我有幸参与了《攻坚"三北"》《古韵新风》《借您吉言》等多个大型直播特别节目的策划。每一个节目都像是一场战役，充满了挑战与考验。下面，我以《攻坚"三北"》作为案例，讲讲特别节目策划背后的故事。

在《攻坚"三北"》的策划中，团队仅仅构思选题就花费了大量的心血和时间。今年三月份，我们定下了第一版策划方案《地球上的绿长城》。标题的来由有三点：第一，长城一直以来就是中国的代表性符号之一，建设"三北"工程兼具防风固沙治水、巩固北疆国防、实现民族繁荣的重要意义；第二，在 2018 年

11 月 30 日的三北工程建设 40 周年总结表彰大会上，20 名三北工程建设个人获颁"绿色长城奖章"，"绿色长城"毫无疑问是对三北工程最贴切的命名；第三，三北工程作为世界上"最大的植树造林工程"，对全球气候变化和环境保护产生了积极影响，也为全球提供了生态治理的典范。三北工程不仅造福中国人民，更是中国对世界的贡献。因此我们将节目命名为《地球上的绿长城》。

三北工程建设范围包括新疆、青海、甘肃、宁夏、内蒙古、陕西、山西、河北、辽宁、吉林、黑龙江、北京、天津在内的十三个省、自治区、直辖市，每个省区的三北工程建设情况都卓有成效。想要在有限的时间里展现好这十三个省市区的三北工程建设情况并非易事，因此当务之急就是要对节目播出的逻辑进行梳理。经过思考后，我们对节目的主题划分设计了两个版本。第一种是按照地域和地形特点划分，分为西北、华北、东北。第二种按照由黄变美、由绿变美、由美变兴的阶段划分，分别是"由黄变绿"侧重在生态良好方面，体现植树造林的治沙效果和多种生态功能等；"由绿变美"侧重在生产发展方面，比如防护林与农田、与景区、与百姓的生活环境改变等；"由美变兴"侧重在生活富裕方面，体现将林业资源优势转变为经济优势，发展果业、旅游业、畜牧业和光伏等产业。当时，我们对于这两种主题的划分还做了投票，投票数基本对半，一时间难以确定采用哪种方式。另外，我们也觉得这两种节目呈现的逻辑和主题划分过于常规，缺乏创新性。因此我们兵分两路分别去了林科院和发展改革委，希望能通过与专家的交流得到新的灵感。也正是这次与专家们的交流和探讨，让我们彻底推翻了《地球上的绿长城》这一方案。

首先是播出时间的更改。我们原定于 2024 年 6 月 17 日世界防治荒漠化和干旱日或者国庆前开始投放，经过深思熟虑后改为 6 月 3 日至 7 日播出。因为 2023 年 6 月 6 日，习近平总书记在内蒙古自治区巴彦淖尔市主持召开加强荒漠化综合防治和推进"三北"等重点生态工程建设座谈会并发表了重要讲话，发出了打好"三北"工程攻坚战的动员令。选在讲话一周年期间播出，一方面是想踩准习近平总书记重要讲话一周年的时间点，展现三北地区的攻坚现状；另一方面，在 6 月 6 日前后，林科院、林草局等相关单位要向上级汇报防沙治沙相关工作，他们汇报前要前往各个治沙点了解情况，我们可以跟随他们一同前往踩点、拍摄。

其次是节目主题划分的改变。与专家交流后，我们计划围绕习近平总书记提出的三大标志性战役，即黄河'几字弯'攻坚战、科尔沁和浑善达克沙地歼灭战、河西走廊—塔克拉玛干沙漠边缘阻击战这三大战役来呈现节目内容。这种划分方式，既能体现地域、地形特点，又能清晰明了体现三北工程的具体攻坚内容。确定了节目划分后，我们立马兵分三组，分别完成三大战役的内容策划，汇总后向领导汇报。领导对我们的节目逻辑表示十分满意，并且对节目的内容给出了指导性意见。首先，设计的时候就要提出问题，带着悬念和问题去调查、探访、体验；其次，在直播和短片中，要明确能衡量成效的指标，看看现场都能做些什么，设计一些可以直观呈现的内容。有了这样的思路，我们出了一条飞播短片。

要讲好三北工程建设带来的变化，既要从微观视角聚焦某一具体区域的生态改善工作，也要从宏观视角展示整体生态变化。我们当时已经运用了穿越机、水下机器人、AI 制作短片、虚拟现实技术等多种技术手段和表达方式，从天上、地上、地下多种角度呈现了防沙治沙的成效，但总觉得格局不够大，内容不够丰富。当时正值神舟十八号在中国空间站执行任务，有一天和主任汇报进度的时候，有人随口问了一句，不知道从太空视角看三北是什么样的？这个提问让大家一时间非常兴奋，大家都觉得如果能让航天员在太空中给大家讲述他们所看到的三北，一方面能通过这种独特的、前所未有的超远距离视角，来丰富节目呈现的角度，让观众对三北工程有全新的视觉体验；另一方面,能呈现三北工程在全球生态格局中的地位和影响,进一步提升大家对三北工程的关注度和敬畏感。因此,在中心的支持下,我们积极联动航天局等单位,并由我负责为航天员写讲解词。节目播出后,迅速拉升了时段收视。这条视频也被各大媒体平台置顶推送,微博话题阅读量超千万,引发上万名网友实时热议。这样的播出效果超乎了我们的想象。

这段学习经历给了我一些启发:

第一,一个成功的新闻节目是需要经过反复推敲、琢磨的。从节目的结构到每一个采访问题的设计,都要进行精心设计。同时,也要从呈现视角和表达方式上去寻求突破。有时候,跳出固有的逻辑和框架去创新,就会收获不一样的效果。

第二,要把握好画面体感、内容时效性和文字准确性,维护好大屏权威和地位。除了基本事实核定之外,还要看说法能否经得起推敲。

第三,节目的成功播出离不开每个人的辛苦付出,新闻不是靠单打独斗能做好的,从记者、编辑到后期包装、美工,多方联动合作才能最终呈现出一个优秀的作品。

第四,做新闻要有颗大心脏,临危不乱是每个媒体人都应该具备的素质。每天机房和演播室里都会发生各种各样的突发事件,比如临播出时电脑突然宕机、素材丢失等等,面对这种情况越是紧张越要稳住心态,第一时间想好对策减小失误。

第五,大屏要主动拥抱新媒体。新媒体并非仅仅把大屏节目切条那么简单,而要后期编辑精心打磨文案、配乐、包装和节奏。新媒体能以更快的速度和效率传播信息,节目的二次创作十分必要。

央视学习"手账"：日拱一卒 且行且悟

哈超然

2024 年下半年，我有幸在央视进行了为期半年的学习。这一实践经历，让我近距离接触到了国家级媒体机构的运作，锤炼了专业技能，并对媒体融合有了更为深刻的认识与理解。在央视地方部编辑一组的日子里，我主要投身于《朝闻天下》《新闻直播间》《共同关注》等栏目的日常新闻报道编辑制作中，亲身感受到了央视新闻工作的严谨、权威与新闻报道的创新和活力。每一天，我都在实践中调整步伐，如同日拱一卒，不断成长。

技能的磨砺与提升

学习期间，我得到了众多资深编辑的悉心指导与无私帮助。他们在选题策划、文稿撰写、视频编辑等领域的深厚积淀，让我获益良多。央视的新闻制作流程严谨而标准，从选题策划阶段的"严选"，到采访阶段对新闻价值的"深挖"，再到后期编辑阶段的"品控"，以及审核播出和反馈改进阶段的"细节控",每一个环节都透露出央视人的严谨与执着。

在编辑制作环节,我更是深刻体会到了新闻编辑的责任与担当。从对新闻事实的严格把关,到对新闻价值的认真判断,再到对新闻要素的查漏补缺,以及对新闻内容的整合优化,每一步都需要后期编辑的用心雕琢。尤其是对一些日常新闻报道中容易被忽视的细节,我每一天都有机会进行学习、揣摩。比如,镜头中公共场所标语、标志的准确性,手机截图内容与日期的真实性,以及地图、国旗、国徽等图片的规范使用等;受访对象精神面貌,尤其是采访民警、消防员的时候,需要体现这些群体的正面形象,否则容易被当作素材恶搞抹黑;天气、秋收、体育赛事等时效性强的动态消息一定要用最新的画面,天气报道如果用到了昨天拍摄的镜头,就需要标明"x 月 x 日拍摄画面"。此外,资料画面、消防或民警提供的画面、公共场所视频、红外相机拍摄画面等,都要进行标注。标注的目的是让观众更清楚消息源,也能体现新闻内容的真实性。

在文稿撰写方面,我更是学到了许多宝贵经验。央视每天会有监看反馈,优秀稿件会被分享出来供大家学习。因此,我常常能看到新闻要素齐全,报道细节翔实,新闻语言通俗,报道切口小而精的优质稿件。例如:《【新疆 伊犁河谷开启冬季转场】转场日记:把家装进行囊》报道中,有一个场景是牧民煮肉送行。肉煮了 3 个小时,亲戚们等了 3 个小时。主人公一点也不着急,呼呼大睡,肉煮好了才起来。后来,煮肉 3 小时,大家吃肉 10 分钟,菜都没有正式上桌就吃没了。此外,还有牧民在转场毡房里休息,算账一只羊能省 300 元的场景。

这篇报道最大的优点就是细节生动、语言通俗、画面温馨。记者的镜头敏锐地捕捉到了转场路上牧民的家长里短，以生动的细节、平实的叙述，让鲜活的事实说话，使受众在轻松愉快的氛围中自由思考。

团队协作的力量

在央视学习过程中，我深刻感受到了团队协作的重要性。新闻节目制作是一个系统工程，需要多部门的紧密配合与高效沟通。无论是选题策划、采访报道，还是后期编辑、审核播出，每一个环节都离不开团队成员的默契配合与共同努力。

在参与团队项目的过程中，我逐渐学会了如何在团队中发挥自己的优势，并与他人协作共同完成任务。我擅长搜集资料，因此在选题策划阶段，我会主动帮助编辑老师在网上寻找相关选题的信息；我擅长处理救援现场、自然景观、天气动态等类型的稿件，因此我会优化这类稿件的处理流程，确保报道能够迅速及时到位；我处理画面的速度较快，因此在与其他编辑合作时，我会主动承担处理画面的工作，并及时与小伙伴沟通画面的情况。这种主动参与、积极思考的实践方法，让我对工作的理解从被动接收信息转变为主动挖掘和创造价值。

在央视工作的最后一周，我争取到了一次进入直播线的机会。通过观察直播报道时前后期的配合，我感受到了大家严谨的工作作风和出色的业务能力。当天的第一场直播是介绍浙江非遗龙灯盛会的龙板桥制作，记者直播时要说的文稿已经提前审核通过，只需要提前 20 分钟直播演练。演练时，编辑和导播、记者、摄像沟通拍摄内容，记者介绍龙板桥制作流程时手绘了一张示意图，但是编辑考虑到示意图有点乱，就让记者将其删减。还有直播中插入了元宵节舞龙的画面，记者原稿表述为"让我们来看今年元宵节舞龙的画面"，编辑考虑到会有歧义，就改成了"上次元宵节舞龙的画面"。这场 6 分钟的直播连线里，前方团队稳定输出，后方编辑严格把关，直播内容准确无误，直播流程丝滑流畅。这样高度协作的前后方配合，着实令人钦佩。

此外，在央视地方部常常会看到编辑和代班拿着一本新华字典研究，或看着电脑琢磨，又或者拿着手机沟通。他们可能在核实"翩跹"和"蹁跹"怎么区分；究竟是"库木塔格沙漠"还是"库姆塔格沙漠"；豹猫属于国家几级野生保护动物；被困山头的徒步者究竟是去徒步还是有可能是间谍去搞破坏；坠河男子是不小心还是想一了百了；高原鼠兔究竟是保护西藏高原生物多样性的关键物种，还是需要被消灭的小型哺乳动物……遇到这些存疑或有分歧的情况，团队成员常会各抒己见，畅所欲言。最终，要把有分歧的观点尽量统一，把有疑义的事实核实到位，把造成舆情的可能性降到最低，让常识性错误被扼杀在摇篮。这些内容有的还会被记录到值班日志里，供大家总结学习和参考借鉴。

媒介融合的探索与实践

半年的学习中，我还深刻感受到了央视在探索融媒体传播矩阵、推动媒介融合方面的努力与成果。在《中国式现代化万千气象》、《共和国巡礼》等特别节目中，央视不仅在大屏上进行了直播报道，还在小屏上推出了系列融媒体传播作品。通过挖掘大屏节目的闪光点进行二次精剪与包装，实现大小屏融合联动，让传播效果得到了几何级数的放大。比如，《中国式现代化万千气象·贵州篇》提及目前在建的世界第一高桥花江峡谷大桥时，摘取了直播中最吸睛的无人机视角，二创了《数数看，这座大桥有多高？》的短片，目前 B 站播放量近 31.5 万。

在流媒体抢占受众注意力的当下，地方台所面临的挑战与机遇并存。因此，对地方台来说，央视特别节目的大小屏互动非常具有借鉴意义。央视特别节目的融媒体团队在节目制作、预热、播出、延伸的全链条中多点发力。他们从项目策划初期便深度参与讨论，挖掘可能存在的爆点，并紧随大屏播出节奏发布新媒体作品。比如，在《中国式现代化万千气象·河南篇》中，新媒体团队敏锐地捕捉到"甲骨文呈现 3000 年前的战争"可能会成为"爆点"，就立即和大象新闻与闪电新闻沟通，由地方台（融媒体）制作好相关二创视频。同时，发动央视新闻、央视频在抖音与地方新媒体平台共创发布，多个账号合力带动内容冲上热榜。

地方台需要密切跟随热点,提升把热点变爆点的能力。可以通过加强与县级融媒体的合作,筛选合适的选题,编排合适的内容进行共创,借助县级融媒体用户垂直、新闻到达率高的优势增强传播效果。比如,在大型特别节目直播时段,可以在相应地方的融媒体进行网络直播,指导对节目亮点碎片化拆分切条,进行再创作、再传播,带动用户转发、点赞、收藏,放大传播效果。比如,央视在 2025 年元旦策划了海采节目《说吧,新年心愿!》,并且采用了扫描小程序码上传视频的方式。这种贴近生活、趣味性强的选题和操作方式,地方台也可以和县级融媒体合作共创。元旦期间,每个县区都会有庆祝活动,当地融媒体一定会有报道。我们可以将拟定的议程或问题共享给县区融媒体,邀请他们和我们一起海采。还可以收集发布县区融媒体海采时的花絮,让报道的趣味性更足。

结语

这段在央视的学习经历,对我来说是一次难忘的成长之旅。我不仅提升了专业技能与综合素养,更深化了对媒体发展趋势的理解与认识。今后,我将继续提升自己的专业素养与综合能力,努力向着优秀媒体从业者的标准靠拢,提醒自己始终做到勤学习、善思考,勤深入、善观察,勤积累、善总结,把在央视学到的本领更好地运用到日常工作中去,制作出更多有价值、有温度的新闻作品。

在央视，边奔跑，边成长！

王嘉琪

2024 年 6 月 11 日，我在央视开始了为期 6 个月的实训。央视的工作内容和模式是什么样的？新的环境、新的同事，我能适应吗？作为一个入行只有一年半的"菜鸟记者"，如何尽快达到央视的要求？带着这些问题，我开始了在央视的"打怪升级"。半年之后，当我做的最后一条关于广东深圳赴港旅行"一签多行"的新闻顺利过审后，曾经的困惑和问题都顺利解决了。那么，这些问题是怎么解决的？我又有哪些收获呢？下面我就跟大家讲讲自己在央视"5 倍速"的成长故事。

"跑"起来做新闻

我接受实训的地方是中央电视台新闻中心地方部编辑二组。这个编辑组被认为最严苛、要求最高、"大神"汇聚最多，我只能逼着自己迅速成长。

"奔跑"，一直是我这半年的关键词。记者奔跑在采访一线是再日常不过的事情，而对于编辑来说，同样也要跑起来，甚至要比记者跑得更快。央视新闻频道全天基本上每小时都有一档新闻节目，编辑组的工作就是要及时、准确地将各个记者站、地方台回传的文稿与视频，在最短的时间内进行打磨加工，处理成为一条能够播出的新闻，然后再源源不断地向各个栏目供稿。在央视做新闻，对时效性的要求非常严格，这就促使前方记者和后方编辑时刻保持起跑姿态。因此，我在机房总能听到周围不时传来这样的声音——

"麻烦您尽快核实，谢谢。"

"xxx，手头这个先放下，先做个着急播出的。"

"xxx，画面咋样了？"

"地方部，xx 那条能赶上吗？"

…………

国庆假期某天下午两点，正在值班的我接到了一条指令——在 15 点档栏目播出一条关于江苏扬州吃早茶的稿件。这还是我第一次接到这样的急稿，内心慌张极了。改稿加编画面只有一个小时，我能按时完成任务吗？时间紧、任务重，我抱着逼自己一把的心态，立刻进入了战斗状态。对着画面修改文稿，与记者核实信息，等审稿的同时码画面……虽然着急播出，但每一个步骤都不能省略，每一个步骤都要更加严谨。14 点 51 分主任签稿，接下来就是配音、精编画面。当我以为已经顺利完成的时候，又遇到前方记者回传的画面重复度太高需要调整。15 点 31 分，画面终于提交。最终，这条新闻在 15 点时段靠后的部分顺利播出。当看到这条题为《江苏扬州：5 点起床吃早茶 扬州美食人气爆棚》新闻准时出现在大屏上时，我紧张的内心终于松弛下来。

要"接天线",更要"接地气"

央视作为中国最权威的媒体平台之一,在我以往的认知中,一直是一个严肃、严谨,甚至有些"无聊"的形象,然而这半年的学习让我大为改观。在一次的部门例会中,有位老师提到这样一句话:要接天线,更要接地气。所谓"接天线",是要把准政治定位;所谓"接地气",则是要能反映出基层、群众的日常生活内容。"接天线"容易,"接地气"难。作为一名记者,如何才能做出接地气,老百姓喜欢看的新闻呢?最终,答案在我编辑的一些新闻中逐渐明晰。

让我印象最深刻的有这样两组稿件。第一组是北京从 11 月 15 日正式开始供暖的系列报道。由于稿件涉及到热电厂、新能源供热等专业内容,初稿十分晦涩难懂。热电厂如何通过余热供暖?地源热泵技术是如何利用新能源供热技术的?我作为改稿的编辑读起来都很费劲,就连记者自己也是一知半解,如果就这样播出去,观众会更加难以理解。于是,我开始一边查阅资料,一边跟记者仔细核实每一个专业术语,甚至直接请教热电厂的工程师,该如何将专业术语转化成通俗易懂的句子。最终,在带班老师和我的共同努力下,花费了三个多小时,这组看不懂的稿子最终修改完成,并在当晚的《24 小时》栏目顺利播出。

让观众能看懂新闻内容,是最基础的工作,那让观众觉得新闻好看,又该怎么办呢?还是来自北京的一组系列报道。前段时间,北京各大景点的文创冰箱贴深受消费者喜爱,有些甚至一"贴"难求,这组系列报道内容就是探究冰箱贴何以成为文创"顶流"。稿件中以最受欢迎的天宫藻井冰箱贴为引子,我第一次修改完的稿件逻辑为:先讲大家凌晨 5 点排队买天宫藻井冰箱贴,再讲天宫藻井冰箱贴是什么，而带班老师提出的修改意见则是——为何不先用这个冰箱贴长什么样抓住观众的眼球呢？于是，经过几轮修改，这组系列报道的第一集《天宫藻井冰箱贴抢购热 一"贴"难求》就以一个加速版的冰箱贴组装视频，配上一段"一层、两层、三层、四层、五层，这就是北京建筑博物馆最近推出的天宫藻井冰箱贴。为了拥有这个精美的冰箱贴，一些消费者甚至清晨5点就到博物馆门口等候了"的旁白播出了。文字轻松易懂，画面有趣可看，让我深受启发。

随着编辑的稿件数量越来越多，我对"接地气"三个字的理解也越来越深刻。观众喜欢的新闻，并不一定要有华丽的辞藻和深刻的寓意。相反，语言平实、能展现或链接日常生活现象的新闻才会更受关注。

在奔跑中调整呼吸

"在奔跑中调整呼吸"，这句话是刚到央视报到时，新闻中心地方部主任冯旭宏告诉我们的。

因为尽力奔跑，我从一开始的一天做一条片子，到一天做十一条片子；因为不停奔跑，我从只能处理简单的口播插画面文稿，到后来的编辑特别节目、系列报道。为了能跟上优秀同行的脚步，我让自己的成长速度像是开了"5倍速"。

想要跑得快，跑得稳，必然离不开调整。达尔文有句名言："能够生存下来的，既不是最强壮的，也不是最聪明的，而是最能够适应变化的物种。"工作初期，我一度有过紧张、焦虑，会因为高压环境失眠，也会因为一些失误自责痛

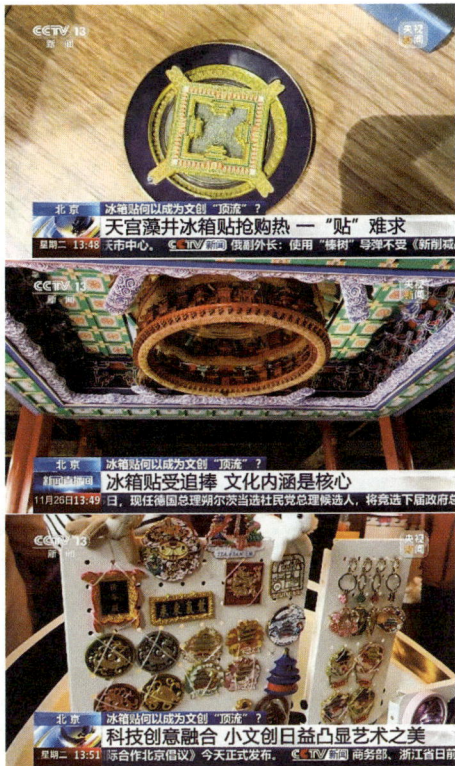

哭。于是,我开始不断调整稿件处理方式、思维模式,甚至与同事们的相处方式,一切以能够适应新的工作环境和工作要求为目的。我不断地告诉自己:既然干,就要干到最好,不给自己留遗憾。

6个月,312条稿件,除香港、澳门两个特别行政区外,全国32个省、自治区、直辖市我都"云游"了一遍。我一直在不停向前奔跑中调整自己的状态,在完成一篇又一篇文稿中找自信、找所长。

这半年的培训学习,让我见识了央视新闻人脚踏实地的岗位尽责,精益求精的专业追求。而"看事情火眼金睛,想问题融会贯通,作报道栩栩如生,做一个勤快、敏锐的新闻人"也永远是我的职业目标。

跨越山海　笃行致远

——赴福建省广播影视集团学习实训手记

为进一步提升我台职工的专业技术水平，人力资源部积极搭建赴外学习实践平台，2023年9月至12月，分两批选派业务骨干赴福建省广播影视集团学习实践，参训学员收获满满、感触良多。

叶茜文：深挖主题主线　让主流媒体"出线、出彩、出圈"

在福建省广播影视集团融媒体资讯中心学习期间，高品质的主题报道、记者调查研究本领、问题导向思维模式、"说人话"、"接地气"的语言风格，以及不断涌动的媒体融合力、创新力，都深深感染和影响着我。如何让传统媒体的新闻报道"叫好"又"叫座"、"出彩"又"出圈"，也成为了我此行关注的重要课题。

融合"多、快、好"新闻力量。首先，福建台新闻传播"多"线作战、"多"点开花。每遇重大主题、突发事件等报道，可同步开设数十个专栏，让宣传报道迅速升温，全面覆盖整体宣传周期，从而占据传播高地。融媒体资讯中心实现了大中心、大融合、大转型，在各档新闻节目、"海博TV"网站、客户端、福建发布等多条战线上深化"头条"工程和"首页首屏首条"建设,同时孵化了大量一线记者个人 IP。其次,新闻产品分类分平台的"快"速传播。福建省广播影视集团开辟出一个大型的"上菜体系",各频道、部门的一线记者编辑负责"炒菜",对各类资讯、主题、专题、新媒体等新闻素材进行采访加工;全台打通的庞大素材库负责"上菜",在素材库里可以看到当天来自全台的新闻节目, 还可以实现素材全台检索;通联部门负责"配菜",筛选一百多个记者站和市县区的上传素材,分主题整理出当天最新鲜的"一手"新闻;联播、午间、晚间的带班主编负责"选菜",按照节目的风格定位以及每天编播例会确定的报道重点选择稿件, 为观众呈现出整档节目。在高度的配合下,实现了早晨的重要新闻午间播出,全天的重要新闻联播播出。第三,面对重大报道主题,好创意层出不穷。我们在学习期间,正值福建上下落实省委"深学争优、敢为争先、实干争效""三争"精神的重要时期,《福建新闻联播》中推出了市委书记系列访谈,9 市 1 区的主要官员要集中亮相。此次访谈报道呈现三个特点:一是不在室内录制,二是不设置固定机位, 三是不打固定灯光, 一切都以移动式记录的方式进行,强调的是"不刻意同时有意义"。最终呈现出的访谈甩掉了官员"四平八稳"的形象,展现出了领导干部们的"锐气、朝气、志气"。把访谈现场放到基层,真实记录地市主管官员在经济发展一线,与项目相关人员现场解决问题的生动场景,结合最新变化谈发展、论举措,第一时间展示各地的实招实策,凸显了党政部门的主政理念和谋划布局。

打造"高站位、高品质"新闻产品。在《福建卫视新闻》《福建新闻联播》中,主题报道版块显得独树一帜,采访直奔问题而去,语言朴实,内容深刻。这些"高站位、高品质"新闻产品的产出,源于记者们扎实的调查研究本领。融媒体资讯中心有一档常设专栏——《一线调研》,也是众多主题报道中的"王牌"。何以担当"王牌"?是因为这个栏目能够不断产出极具典型性、前瞻性、敏锐性,同时好看的报道。《一线调研》充分运用了调查研究手法,把"问题导向"贯穿始终,对准问题、走进问题、解决问题。

新闻报道的主题随着时代不断变化，调查研究的功夫却会像老酒越陈越香，有思想的内容始终具有吸引力和竞争力，这也是践行新闻记者"四力"的题中之义。

张碧莹：创新设计表达　打造多元内容

在福建省广播影视集团卫视中心海峡卫视包装组，我重点学习了后期包装制作，收获良多。

我所在的包装组共有 12 人，分为平面设计和视频设计两个方向，涵盖平面设计、专业音频处理、音视剪辑、专业调色、特效合成等。专业技术人员形成了完善的后期包装体系，未来还将继续扩容，引进摄像、文案、导演等人才，形成影视后期全案工作模式。在全媒体时代，后期包装技术迭代快、创作效率高，新意频出。如何在这样的环境里做好后期工作，我认为应从"新颖化""一体化""多元化"几个方面下功夫。

设计表达新颖化：要经常关注新的流行动态，不断更新自己的"后期储备库"，保持"网感"，看到新鲜的、新奇的效果，要试着自己摸索，并且根据自我理解创作出具有个人风格的作品。

内容设计多元化：后期包装包括平面设计和视频包装。平面设计可发挥空间大，是辅助视频宣传出彩的关键，出彩的字体设计和版式编排是作品的点睛之笔。视频包装要注重整体效果呈现，大到舞台整体屏幕的视觉呈现，小到每个舞台灯光、每块屏幕的视觉衔接，要把所有屏幕作为一个整体来设计，避免产生"割裂感"。

组织架构一体化：整合资源成立专业包装团队，能够使节目后期制作专业化、规模化。在制作包装过程中，不论是创作思路还是软件应用，每个人能发挥个人所长，集思广益形成良性交流，才能形成 1+1>2 的工作合力。

吴蕊：把握群众需求　传递民生温度

我选择了与我所在的宁夏公共频道《直播60分》栏目定位相似的福建综合频道《第一帮帮团》栏目学习。初到"帮帮团"栏目组，满墙的锦旗和满桌的奖杯让我深受震撼。融媒时代，电视民生节目存在的意义和价值是什么？两个月的学习，我找到了答案。

一是"看天气"。"天气"，就是时事方针政策。《厅说福建》节目邀请各厅局委办负责人走进演播室，围绕百姓关心、社会关切、媒体关注的民生热点，现场解答群众问题，真实反映政策在基层的执行落地情况，切实推进"互联网＋政务"服务。节目互动性强，富有张力和活力，兼具温度和深度。

二是"接地气"。"地气"，是指贴近本土观众。例如《调解有一套》版块，针对各类民事纠纷，专业、民间调解员和栏目记者耐心调解，结合专家精准点评，生动体现了情理与法理的平衡，有效推动矛盾纠纷化解。《调解有一套》是"枫桥经验"的发展与创新，也是公益法律服务的新创举。如果我们也能结合实际，通过融合创新打造"塞上枫桥"，或许能填补我区调解类电视节目的空白。

三是"聚人气"。《第一帮帮团》的网络直播给了我启发。如"帮忙直通车"版块，记者带着求助人来到现场，会遇到找不到办事人员、对方不接受采访等情况，虽然采访结果不圆满，但直播效果更真实。"网络直播＋执法检查"这样的模式早已屡见不鲜，这类沉浸式直播既没有严谨周密的策划，也没有演播室主持人串场，过程中充满了不确定性，但这种不确定性恰好正是网络直播的魅力所在。

曾洁：交通广播有"大天地"

我所交流学习的部门是福建交通应急广播。一个月的学习，使我开阔了眼界，沉淀了收获。

应急预警方面。2023 年 9 月 5 日夜间，受台风"海葵"影响，福州暴雨持续刷屏，暴雨红色预警持续生效。福建交通应急广播迅速启动应急预案，开启防抗暴雨特别报道。福建交通广播的记者步行上班，现场直播艰难上班路。主持人在直播间灯光全暗的情况下，准确传递最新的路况信息，积水信息，天气信息以及受灾救援情况等等。一条条图文、视频，不间断地直播，真正让听众感受到——关键时刻，应急广播一直都在！这也让我充分感受到了福建交通广播同仁敢于担当、舍得付出的精神，他们真正做到了：广播有声音、电视有画面、路上有呼应、手机有全屏、乡村有回响、应急有力量。

软硬件方面。音频方面，福建交通广播的办公楼层有 6 个音频工作室，可以直接录制音频，保存节目音频。在导播间可以直接同步录制并直接下载节目。不论是记者编辑还是主持人，录制、剪辑、制作、导出音频更加便捷。视频方面，操作系统便捷高效，一个展示窗口可以设置多张图片，自行设置图片切换方式及间隔时间。通过全屏直播或者视频号，听众不仅可以看到直播间的场景，还可以看到交通实时动态。其中实时动态，来自当地的六个高空点位，可以在全屏直播时切换播放，使听众通过观看全屏直播有直观的感受。

新媒体方面。福建交通广播的微信公众号推送没有专门做引流，编辑在推送前就要考虑受众喜欢看什么样的内容，在选稿方面就要有侧重。他们会尽量选择有悬念的标题，一个吸引人的标题不仅能吸引更多的读者，还能提高文章的阅读量和转发率。同时，福建交通广播也在积极思考怎么转变，怎么创新。比如，定位要不要改变？如何加大民生类信息的比例？等等。

这次交流学习也进一步开阔了我的思路。比如，我们可以进一步加深与政企的合作，可以通过多平台视频直播和照片直播，线上线下活动同步进行，争取形式多样"有趣有料"。后续，我们也可以开阔思路，深化合作。比如，在文旅方面双方可以优势互补、资源共享，携手助力媒体深度融合发展。

福建台经营创收的做法与启示

年卫强

2024 年 7 至 8 月，台里选派我到福建省广播影视集团实践学习。这期间，我先后到经营管理中心、卫视中心、综合频道及 SMCN 等多个部门请教、学习、交流，得到部门领导和老师的不吝赐教。

一、福建省广播影视集团机构简介

1.五大节目中心

福建省广播影视集团 2020 年开始探索从"板块制"到"大中心制"的改革路径。这次改革打破原有人力资源、财务管理、播出平台、采编资源、经营创收的限制，构建融为一体、调度有力、高效协同的新机制。在此组建的五大节目中心分别为：融媒体资讯中心（整合新闻中心、新闻广播、新闻频道、公共频道）、综合频道中心（整合综合频道、电视剧频道、经济频道）、卫视中心（整合东南卫视、海峡卫视、少儿频道）、广播全媒体中心（整合广播、旅游频道）、科技文体传媒中心（整合技术中心、文体频道、文化传媒公司）及 IPTV 事业部。

2023 年，福建省广播影视集团收入 20.8 亿，其中卫视 3 个亿，PTV 事业部 3 个亿，5 大中心收入都过亿元。集团收入中广告占不到 30%，政企服务 30%，其他产业 40%，包括大运会、亚运会、福州马拉松等赛事转播承办、技术支持赋能、转播台站搬迁拆建、大型活动、政企服务、电影发行等。经营收入较 7 年前翻一番，连续 7 年正增长。

2.经营管理中心

属集团职能部门，共有 6 个科室：综合科、广告监管科、产业发展科、项目开发科、数据分析科、企业管理科。职工共 14 人，包含主任 1 名，副主任 1 名，主任助理一名。副主任兼任台属一级公司法人，总经理。公司主营地面频道所有广告，30 多人与公司签约，统一发放工资和绩效，与频道紧密配合融入，由公司和频道双重管理。公司收入全部计入频道任务，由集团下拨公司收入的 12% 给公司，包含人员工资、社保、提点等。

广告监管科：负责集团项目报备，系统对广告合同监播、多播、少播、漏播，以及控价监插，价格出现较低可以逐级审批。广告内容不审核，各中心按照节目流程审核。

产业发展科：产业经营谋划，文化产业申请资金，扶持项目资金申报。

项目开发科：统筹集团战略项目，重大项目开发对接、比如广电园区建设等大项目。

数据分析科：经营数据分析，根据数据研判经营方向和风险，以及制定考核任务，绩效总量。

企业管理科：集团下一级和二级公司有 30 多个，由经管中心服务管理。公司分为三种类型：资源型，依托频率频道做广告业务；平台型，各中心、频率频道自己成立公司，为工作和经营提供便利；产业型，承接会展、晚会演艺活动等。

二、经营考核办法

全台考核机制的建立：2020 年改革时，对集团考核奖励机制做了全套设计。2021 年在运行过程中修改和完善，目前还在结合实际发展不断做调整，目

的是科学合理。经营考核主要有三个数据:经营创收、经营结余、经营利润。

经营结余是台里自己核算掌握的数据,实行全成本核算,办公用房、水、电、转播车、演播室、设备等成本都需记账,并没有真金白银支付。经营收入减去人员工资绩效、做节目的支出后是经营结余,再减去全成本后就是利润。利润允许亏损,目前就一个中心没有亏损,但是要求逐年减少亏损,最终实现全成本核算。考核时主要以经营收入和经营结余为指标。

经营任务的制定和奖励办法:经营任务分为三种:门槛值、达标值、挑战值。2023年底为实现经营目标还设立了冲刺值。

(1)三种经营任务的产生:经营任务重点考核经营收入和经营结余。取前两年的经营数值,两年平均值设为门槛值,两年中较高的一年数值为达标值,达标值加两年平均值的增幅50%作为挑战值。在有基础数据后,每年任务数据会根据省里和台党委要求有所调整。根据各中心不同的任务核定不同的全年绩效总量。

(2)经营任务的选择:各中心年初自己选择任务,门槛值一般不允许选择,如果要选需党委会同意。

(3)奖励办法:经营结余超额按照和任务对照的20%、30%、40%奖励部门,如没有完成经营结余,按照40%、30%、20%倒扣,绩效总量60%用于平时发放,40%留作年底考核。绩效总量不包含工资,按照两年的平均值和高值年初和所认领的任务一同下达。1到11月考核收入,12月算年终奖及部门的经营结余。每个季度前两个月先按平均值50%预发,一个季度最后一个月按照任务完成情况多退少补。到半年时对1至6月任务整体核算。

三、多元创收路径

经营模式:沙县小吃要做,拼多多也要做,创收小钱不放过,大钱整合资源，吃着碗里的，看着锅里的，还要种着田里的。总之就是要培养新的产业，多元去发力。

1.卫视广告：全年收入 3 个亿，6000 万的二类专题广告，绝大部分是民品，品牌广告 1 个多亿，大型活动、政企服务 1 亿左右。《鲁豫有约》《旅行》《海峡新干线》《人间有味》等王牌节目的品牌广告吸附能力很强；中华一家亲·2023 海峡两岸各民族欢度"三月三"、茅台全球茅粉嘉年华——和世界美好相遇等品牌大型活动影响力不断提升。

2.综合频道：收入 1.2 亿，广告只占 20%，在做好省内政企服务的同时，盯着演唱会、文旅等全国的项目产业去发展。经过两三年的不断努力，2024 年中标教育部汉语桥系列活动项目 1000 多万元，2023 年甘肃敦煌的新媒体项目 2024 年再次中标，华润集团啤酒的宣推等。秉承全员营销，每个人都为集体找营销线索的思路，频道通过绩效科学分配，让一部分人先富起来，带动影响周边的人积极营销。没有市场来源的节目不做，都是合办节目：帮帮团、听（厅）说福建、一起检（检察院）阅等。在经营上布局新赛道培育新产业，给中心新媒体政策、时间去探索。从开始做短视频、到代运营、到主播大赛等。

3.IPTV：治理存量，遏制增量。对影响发展的行为注意收集证据，及时向总局反映。

4.其他产业：地铁电视产业、应急管理厅公共安全户外宣传大屏、海博随行票务服务等，不断扩展新平台，结交新伙伴。

四、感悟和收获

媒体融合发展，表面是媒体业务改变，实质是媒体机制改革。积极应对新形势、新挑战，探索经营发展的新模式、新特点：

1.系统谋划加快改革创新

一是加强顶层设计，整合资源向主战场进发。以互联网思维优化内部运行机制，改革组织架构。及时调整政策短板，出台与之相适应的管理办法。

二是业务垂直细分化、组织架构扁平化。打破既有制度限制，建立与移动优先相关的奖励、薪酬激励、人才培养等制度，提高各节目中心、干部职工投身新媒体运营的积极性和主动性，推动选人用人和薪酬分配机制改革取得新突破。

2.多种经营创新融合发展

针对我台经营创收方式单一、规避风险能力较差的问题，以"力保基本盘、拓展增长点"为基本思路，构建"宁夏广电＋"优质产业集群，推进多领域对外合作，在产业布局和项目运营上重点着力，打造多条各具特色、优势互补的产业链，形成多业态、新形态的产业发展格局。

一是加快广告经营转型升级。在广播电视广告断崖式下滑的严峻形势下，努力推动广告经营转型升级，主动融入新经济生产消费全链路，树牢融媒营销理念。

二是推动产业项目培育运营。发挥省级主流媒体公信力优势，大力开发政府资源的同时，以产业项目为抓手，在教育培训、博览会展、音乐演艺等方面深耕着力，开发体现融合转型、具有高产出比的平台型项目，努力回补广告下滑造成的收入缺口。

三是增强互联网思维，创新经营模式。按照主力军全面挺进主战场的要求，尝试以互联网思维优化媒体资源配置，加快把分散的优质资源要素向互联网主阵地聚合、向移动端倾斜。

四是持续推进台属广告公司发展成熟。全面提升台属广告公司运行效率和市场化、现代化经营水平，以项目为抓手积极构建台属企业新发展格局。

我眼中的福建台媒体融合"三字经"

徐海鹏

弗朗西斯·培根说过："不带着问题去观察，就像没有罗盘的航行。"作为一个新媒体从业者，我总有一种疑问：为什么越大的媒体越能稳定地产出高质量的作品。当然，大家会说，大台有人有钱有资源！诚然，这是一个重要的原因，那么抛开这些硬件限制，有没有一种可以模仿的方向性或者底层逻辑供我们参考呢？带着这样的疑问，2024年7月，我踏上了福建酷暑学习之旅。我先后探访了福建台的融媒体资讯中心和综合频道中心，试图以一个小台从业者的视角，揭开大台新媒体蓬勃发展的奥秘，寻找那些我们可以借鉴的"拿来主义"。在一个月的观察、了解和体悟之后，我总结出了以下三点，它们或许能为我们的航程提供一些指引和灵感。

一、破壁垒，开新篇

福建台在媒体融合的进程中，首先破除的是部门壁垒。福建台不仅打破部门架构，采用"大中心制"，中心之间、中心各部门之间也均采用线上"填单子"的方式进行具体事项的沟通。这种结构不仅打破了传统部门间的界限，节省了大量沟通成本，也为内容的创新与传播提供了更广阔的空间。

其次破除的是身份壁垒。以我所在的融媒体资讯中心为例，通过中心所属的两个市场化公司引进人才，公司聘用员工和事业编制员工、集团聘用员工实现同工同酬，同时实行公司聘优秀员工转集团聘、集团聘考编政策倾斜等措施，打开了人才上升通道，极大地激发了员工的积极性和创造力。

最后是破除绩效壁垒。在综合频道中心，记者的绩效被分为三部分：现场新媒体图文、短视频、大屏新闻，各占三分之一。这种绩效考核方式，主动引导记者全面转型新媒体，为保持传统媒体在新传播语境下的竞争力提供了有力支撑。

二、做平台，促创新

福建台通过构建"一体两翼"的传播矩阵，以自主平台"海博TV"客户端为核心，代运营"福建发布"矩阵和福建国际传播中心为两翼，形成了内外宣一体化的传播格局。

为了进一步推进媒体融合改革，福建台又专门拿出1000万元，设立"媒体融合传播专项绩效"，要求所有中心首批在客户端设立5个媒体号与5个达人号，对所有作品综合考量发稿数、点击数、评论数、转发数，采用传播指数机制进行排名奖励，员工使用分享客户端也有相应积分奖励。通过榜单奖励、流量奖励和积分奖励，福建台实现了引导部门加快转战客户端、激发新媒体

创作团队创优创新、鼓励员工使用分享客户端的多种效益，促进了媒体融合的创新发展。

三、政府牌，增效益

最后一点感受就是福建台在媒体融合的过程中，充分利用了政府资源。目前，福建台拥有一大批类似"福建发布"、福建国际传播中心、福建新闻发布厅以及福州"办不成事＋帮帮团"等"政"字号联办节目，这种品牌联办节目作品质量、经济收益稳定，对媒体的公信力和影响力也有正向加持，反观我们，与政府的合作还停留在"做一单是一单"的初级阶段，所以，加强与政府的合作，共创长期可持续的品牌栏目，是我们未来走出媒体转型阵痛、提升媒体的公信力和社会影响力的必要路径之一。

福建台的媒体融合之路，是一条不断探索与创新的道路。我所总结的三点感受，仅仅是我个人的一些体悟，远不能涵盖福建台在融媒体改革道路上的全貌，然而，正如水滴可以映照出太阳的光辉，我希望这些思考和观察，能为同行者们带来一些启发，激发更多的思考和讨论，为台里的发展提供一些新的视角和参考。

在这个快速变化的时代，媒体融合是一个持续的过程，需要我们不断地学习、适应和创新。我期待与各位同仁一起，继续在这条充满挑战与机遇的道路上探索前行，共同书写宁夏台融媒体改革的新篇章。

未来五年，我们会不会是这样？

李邦华

我将自己赴福建省广播影视集团的学习和思考总结如下，分享给同事们，与大家共勉。

一、组织架构情况

福建省广播影视集团下辖五大中心（正处级），广播全媒体中心划分五大工作室（正科级，由所有广播＋文旅频道整编而成）。整编之后，事实上内部还是各有各的市场定向和能力，太过弱小的就被合并了，音乐合并进交广，经济和文艺合并，较为有实力的交通广播、文旅频道和私家车广播目前都有自己的工作室相对独立运行，其中考核重点单位是交通广播和文旅频道，但人员可互相调动，可以协力搞活动。因为所有的频率频道总监形成了一套编委，所有的工作室项目立项后会上编委论证。大品牌工作室（应急指挥、交通厅、交警）、大文旅工作室（福派文化圈）、大文化工作室（恬恬的最佳距离）、大健康工作室（心灵音乐慧）、大维权工作室（维权007）。每一个大工作室有确定的市场方向，大维权工作室不挣钱，其他四个都有各自挣钱的核心项目为项目量

身定制节目，打造品牌活动和招牌节目。事实上广播只是附带，保质播出，影响力是靠全媒体平台。微信公共号、微博、抖音、快手、B 站、小红书、海博 TV 应上尽上，刷存在感。不论时代怎么变，我们都在。

大工作室又根据市场变化趋势和创新策划包含若干小工作室（副科级）。一个小工作室，往往是一个资深的主持人，带两个年轻人构成，高效机动的小团队，去撬动资源，搞创意策划。

二、全员创新和营销，全面推向市场

1.在中心里，每个人都要动起来，寻找新的可能，所有的新的创意和新的想法都会得到应有的重视和思考。创新和创意是会得到充分的尊重，哪怕是个新人提出的稚嫩的滑稽的问题。最重要的是，鼓励大家积极去思考。

2.这在开频率会的时候就能体现出来，开频率大会，就会有每周的工作亮点评选，每个人都在好好工作，积极思考。好的创意会被重视，会得以应用。

3.核心工作室的骨干，事实上是前些年累积了资源的，有能力的主持人基本都是副科级以上。非常灵活的组织机制，开大会 7 个科长 6 个不在，都在谈客户谈项目搞创意，链接各种资源。

4.所有的全媒体各类账号，分工管理，内容端是一群网感很强的 95 后 00 后。采访一线都是年轻人，既有新闻理想，也有能力和担当。

5.频率总监运筹帷幄，给予年轻人充分的重视和培养锻炼，团队效能很高，落地也很扎实。

三、考核方式三年变化，事实上是市场化的深度推进

福建台下海竞争三年，在不断变化中取得了很好的成果。

第一年，全面推向市场，成立五大中心，根据属性特长划分市场针对方向，大家全部去挣钱。

第二年，考核生产总值，能做成的项目全都做，最后算总账，结果是刚平本，没有盈余。

第三年，考核纯利润，从什么都做、能做、尽做，转变为只做挣钱的生意。

经营结余的概念，就是纯利润。项目参考标准是，经营结余达到 30%。一个 100 万的项目,总成本不能超过 70%,包括项目成本 +8% 参与项目所有人员绩效 +6% 开票税。事实上讲,在市面上的大型广告公司,他们的利润是 15% 上下,因此经营结余的 30%,使得他们必须做高利润的项目。

四、节目主持人的本质发生变化

1.一个工作了十年的资深主持人,往往拥有依托个人属性和频率节目方向多年来累积的资源。

2.主持人不再以采编播为主要业务,当然内容端创优依然很重要,但是目前的重点是开发市场资源。所以有能力的主持人,现在更强大的一方面能力,就是市场营销能力。

3.根据自己的特长属性,链接的资源多少,开辟的新的创意空间事实上是正向比例关系。这就好比你拥有 1000 人的工程师队伍,那么你的产品创新,专利数量也会水涨船高。在市场竞争中,你的产品的多样性,质量的可靠性,定向的策划能力,人脉资源能力,往往决定了项目的竞标成功率。

4.其实强大的主持人,发展到一定程度,是拥有自己带队伍搞创意广告公司的能力,有的超强能力的,真的就跳出体制,有的没走的,有着没走的客观原因,体制的平台也拥有留住他们的独特吸引力,比方说政治理想的通道,社会价值的认可等。有能力的项目负责人,逐渐站在了更高的职位上,有追求的或成为专家学者。这在体制外是无法得到的。

五、紧贴市场变化依势迭代创新

1.要关注国家产业发展宏观方向,知道挣钱的项目可能在哪里等待自己去挖掘。比方说现在的新能源是风口,福建交广,就主动开通了"新能源广播",这从形式上开了这方面产业融入的口子,内容端一旦有了资源链接就可以放进去《跨乐新能源》事实上就是这么诞生的。目前来看,还没有实质的项目落地,但是这样的拥抱产业的思想,是我们应该学习的。这就像看到这个行业很好,我们就新建门店,逐渐引入商户的感觉。

2.除了早晚高峰,是保留了广播互动高峰的大致原貌,加上了宽频直播、视频号直播、抖音直播变成全媒体早晚高峰以外,其他平峰时段,都是能上能下，随时可以改变。根据新的项目需求，开辟新的全媒体窗口，为项目造势做宣推。本质上讲：这就是全媒体＋产业的思维。

3.举例来说，大品牌工作室，是突出交通和应急属性产业的品牌工作室，他们的产业方向，是连接交通的一切都算在其中。交通厅、交警总队、应急指挥、高速、机场、高铁、物流等等。这里每一个行业方向上，都有可能形成创意项目，都能在这个范围里找到全媒体的出口。

4.全媒体矩阵的打造，核心中心点，是中心的新闻属性账号，这是核心影响力。各个项目工作室依托项目或者节目打造的自媒体属性的账号，这往往是专业垂直的，也就成长为KOL，甲方客户的自媒体账号，全部链接起来构成的，既有官方属性信用背书，又有专业垂直KOL的话语权，还有客户属性的交互性。

六、工作室是集团变革最基础的单元

1.集团全面推向市场的基础单元就是工作室，挣钱的基础单元是工作室。

2.集团成立五大中心，卫视中心、融媒体新闻中心、广播全媒体中心、科技传输中心、综合频道中心，事实上，是五个大广告公司，依托自己的优势资源，打造独家资源体系，项目是品牌化的，业务是面向全国的。

3.小工作室做小生意，大项目工作室做大生意，灵活可控。

4.生意是讲究利润的，自上而下政策推动，自下而上业务反馈，经营结余就是让全员都要有盈利的思想。

七、中心为单位副处级以上形成编委来把关所有的工作室

1.工作室有了新的创意，揽到新的生意，开发了新的项目，是要编委来具体讨论的。

2.编委审核过后，被立项的，会在经营中心报备。

3.参考标准,是经营中心拟定的,今年的考核是,经营结余要达到项目总额的30%。

4.我的思考是,这样的考核体系,好处是项目有人把关,什么能做什么不能做,是集体谋划的,风险能够降低。但是30%的经营结余,对于项目利润没有那么高的工作室,就不是很友好。当然在中心层面,是有一定自由度的,多个工作室,有几个利润比较低,有几个利润比较高,算中心的总任务时能够达到总指标也是可以的。这样做就是鼓励大家去做利润高的回报高的项目。对基础单元的锻炼是起到效果的,对项目工作室负责人的能力要求也是非常高的。卖广告的利润最高,但是卖不出去,那就只能给项目赋能,增加项目的价值,提高它的利润率。

八、能力融合全媒创新撬动资源

1.广播全媒体中心,融合了文旅频道,这样传统的广播声音传播单位,就拥有了视觉传达的能力。

2.全媒的力量,整合之后的效果,可以达到市场大部分广宣客户的需求。

3.全媒的传播力量和品牌价值都能更好地体现。存在感加强,在大家淡忘了电视和广播的时候,你在所有的 App 上可以看到,交通广播和文旅频道。"无论什么时候,我们都在!"

4. 应对媒体行业变革风险的能力提升,出什么新门类就做什么新门类,因为传播的根本能力(视觉、听觉、触觉的能力)一直都牢牢地掌握在中心。

5.拥有能力,还能在市场上找到需求点,能够提供满足需求点的产品,就能发展下去。

6.存在感强,就意味着可以链接更多的资源,拥有更多的产业渠道。渗透其中就能撬动更大的项目和资源。

九、政治家办报办台的基础核心从未改变

1.旗帜鲜明讲政治,是我们新闻行业最突出的特性。

2.现在很多单位,只是把自己当作宣传部门的工具。这一点上讲,维度不够。

3.福建台,把政治家办报办台的思想应用得很好,所有的厅局都要来参与他们的高端访谈。

4.做出了政治家的感觉,不来台里参加合作的厅局,会有在政治主动性上比较落后的感觉。

5.我的思考:政治家办报办台,我们都学过,但是真的都理解吗?我们是不是拥有更好的政治站位和政治觉悟呢?讲得直接一点:我们能不能成为这些厅局的"师爷"和参谋?他们做很多策略的时候,我们是不是能够建言献策?政治能力,决定政企单位是不是能重视并投钱给我们。举个例子,基辛格为白宫提供信息参考,他在国际事务方面的参悟,会被政府借鉴参考。如果这个"基辛格"是广播电视台里的某一位高知或者某一个团队,(在福建台,就是融媒体新闻中心。)那么,所有厅局,都愿意和我们交好,并顺理成章地划拨宣传费用。

福建台新闻演播室观察笔记

刘寅杰

2024 年 7 月 15 日至 8 月 15 日，我有幸赴福建省广播影视集团参加学习交流，收获很多。现主要就新闻演播室情况做如下介绍：

一、新闻全媒体演播室基本情况

47 演播室是福建台主要的时政新闻全媒体演播室，2020 年 1 月投入使用。整个演区的舞美灯光都是由美国点击春天公司设计实施的，演区主要分为点评区、访谈区、新闻坐播区、站播区、多人坐播区以及一个虚拟蓝箱。其中多人坐播区配置了和新闻坐播区一比一的播报台，作为新闻坐播的应急备份使用。每个区域都根据功能不同配备有不同尺寸的背景大屏。47 演播室的灯光主要以成像灯为主，搭配少量的聚光灯和平板灯。大部分灯具都是固定位置固定角度的，没有设计铰链，按照顶部层次的区别给各功能区域打光。搭配白色的灯具配色整体效果看起来错落有致、特点鲜明。由于灯光是固定的，各个节目的主持人位置也都是严格固定的，包括新闻主播身高不同也是通过调节椅子高度来保持一致性。访谈区上方安装了一排电视墙，通过矩阵调度可以显示各种不同的画面。演区总体以蓝色的氛围灯为主，结合舞美的设计，整体视觉效果很舒适又不缺乏科技感。47演播室总共8个讯道，其中6号7号机为机器人云台，8号机为轨道机器人。轨道机器人主要作为节目开场切入画面使用。

导控间在演区上层，正面整墙设计了由22块电视组成的电视墙，可以同时监看大量信号。导控台分为三排，第一排左侧为字幕包装工位，右侧为主要的矩阵切换面板；第二排左侧为文稿以及提词器工位和大屏控制，右侧为切换台和播控工位以及回采录制设备；第三排左侧为调像工位和虚拟包装，右侧为调音台和调光台工位。整个导控间层次分明，加上空间比较大，看起来很大气。因此，47演播室会经常接待各类参观团体，基本上属于一组的日常工作了。

由于近年来福建台经营压力较大，缩减了很多缺乏效益的节目，47演播室现在负责的节目主要有直播的《午间新时空》《福建卫视新闻》《福建新闻联播》和录播的《律师在现场》《东南晚报》《厅说福建》。

人员方面，每天负责技术保障的有两名视频人员、一名灯光人员、两名音频人员，两名网络人员以及两名虚拟包装服务人员。

47演播室视频信号采用双链路主备模式，两台XVS-6000切换台作为主备切换台，每个切换台输出PGM1和PGM2两路信号。出于播出安全的考虑，在出现故障需要应急处理时，在操作时会同时将两路信号均切换至备台，避免由于紧张切错信号。

二、与宁夏台新闻直播的比较

相比宁夏台新闻直播，明显不同的几点是：

一、区别于我台直播30秒延时，福建台直播输出信号完全没有加延时，新闻直播都是准时开始，他们的延时器是放在前端的，在个别外来信号进入时会加延时。

二、所有的新闻节目从不超时，严格按照节目时长标准来制作，我觉得无论从节目规范还是播出安全角度来看，这样都是比较科学的，能够避免很多

错误的发生。

三、由于 47 演播室有独立的服务器机房,制冷能够保证,他们的各类服务器、板卡机箱等都常年不断电,每天的直播录制结束后只关闭演区和导控间的电源,关闭各类显示屏电视墙,包括切换台也只是关闭面板,后台服务器也不会关机。通过咨询一组的工作人员,他们的经验感觉经常关闭服务器会导致一些故障的发生,所以现在后台的服务器都是不关机的。

四、平时新闻的采集主要通过蓝光机来录制,重播节目也是通过给播出机房送蓝光盘来实现的。当新闻主播出现一些口误的情况时,会在直播结束后通过蓝光机打点来重录出错的出镜画面,录好后送播出机房重播。

三、其他特点

在学习过程中,我还发现 47 演播室比较有特点的几个地方:

一是在导控间配置了总控的矩阵面板,可以直接调用总控过来的外来信号,这在一些场景下是比较实用的。比如台风期间福建台做的特别报道,一场直播前后接入了将近 20 路外来信号,主要就是通过这个矩阵面板来调用的。

二是现在的网络直播活动比较多,科传中心配置了很多背包用于外出直播回传信号,接收服务器都是部署在总控的,再由总控负责信号的调度分发。

三是 47 演播室由于录制不同的节目,一些机位需要经常挪动,每台摄像机要有光缆、提词器的电源线、信号线等很多线缆,挪动起来很不方便。他们想到了一个解决方法是通过配备直流显示器利用摄像机 CCU 供电,大大减少了线缆数量,这样机位挪动起来就很方便了。目前 47 演播室主要的问题是大屏问题,由于当年建设的时候为了赶工期,匆忙招标了现在这个品牌。现在发现无论是产品质量还是售后服务都很糟糕,导致现在经常出问题还不好维护。将来我们做大屏的时候,一定要注意好厂家选择及设备选型的工作。

深化合作向未来 拓宽视野再出发

——赴广东台和福建台考察报告

考察组

为进一步加强宁夏与广东、福建广播电视深度合作，提升宁夏广播电视台工作质量和水平，2022年7月19日至24日，宁夏广播电视台考察组先后赴广东广播电视台、福建省广播影视集团进行考察学习。

一、基本情况

广东台和福建台都属于广电行业的头部阵营，近年来两台以融合创新为抓手，事业产业发展取得新成效，对于宁夏台的发展极具借鉴意义。广东广播电视台于2014年4月23日，由原南方广播影视传媒集团、广东人民广

播电台、广东电视台、南方电视台整合组建正式挂牌。现有 11 个电视频道、8 个广播频率、1 个 IPTV、2 个移动端客户端。福建省广播影视集团于 2004 年 2 月 8 日挂牌成立，由原福建人民广播电台、福建电视台、福建电影制片厂等单位整合而成。

6 天时间里，考察组通过实地观摩、座谈交流等方式，重点了解了两台在体制机制创新、新闻宣传、媒体融合、产业转型等方面的经验和做法，并分别与两台达成和签署了战略合作协议，深化两台在新闻宣传、重点项目创作、干部人才队伍培训、经贸文旅推介活动等方面的合作。在知识城（广州）投资集团有限公司、华为技术有限公司的参访，大家进一步感受到了科技创新的魅力和第一动力的作用，拓展了以他山之石促宁夏发展的报道视野。其间，还与宁夏驻广东办事处进行了座谈，就资讯交流、项目合作等进行了沟通。

二、做法和经验

广东台与福建台在深化改革的过程中，也都有过转型的阵痛，但在省委省政府的大力支持下，两台结合各自实际，务实苦干，扬长避短，协调处理好各种利益关系，很多经验值得学习借鉴。

（一）加强顶层设计，机制高效灵活。广东台建立"大部制"优化内设机构，扁平化管理，加强项目团队、工作室的概念。抓激励分配机制，按照"栏目计

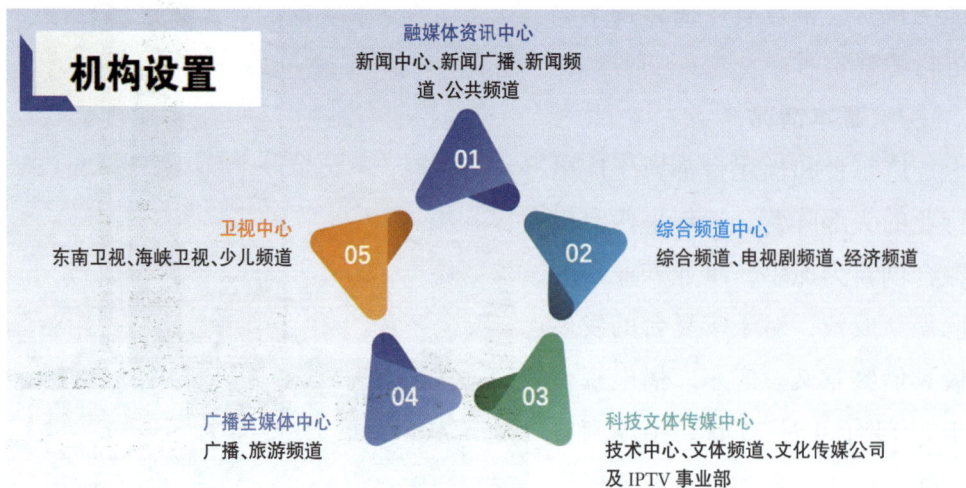

机构设置

融媒体资讯中心
新闻中心、新闻广播、新闻频道、公共频道

01

综合频道中心
综合频道、电视剧频道、经济频道

02

卫视中心
东南卫视、海峡卫视、少儿频道

05

04

03

科技文体传媒中心
技术中心、文体频道、文化传媒公司及 IPTV 事业部

广播全媒体中心
广播、旅游频道

时、节目计件"的大原则,多劳多得,少劳少得,优劳优得。拉开收入差距,激发干部职工的积极性,提高节目生产力。福建台成立融媒体资讯中心、广播全媒体中心、卫视中心、电视综合频道中心、科技文体传媒中心,全面完成"大中心"制改革。为适应媒体融合的新趋势新变化,集团制定相应管理办法和配套措施,修订《优秀节目(作品)和优秀新闻工作者奖励办法》,重金奖励获得国家级、省级政府奖的获奖者,单项奖励最高达到 10 万元,比之前标准翻了一番;修订新媒体账号管理办法,规范网络直播;完善《绩效考核管理办法》《企业负责人薪酬考核办法》,健全绩效考核体系,更科学评价工作成效;建立企业财务负责人(主管)委派制,不断提高下属企业财务管理水平。

(二)坚持新闻立台原则,强化舆论传播效果。广东台抓头条工程,抓新闻大片,特别是立足广东的定位,深度挖掘具有全国意义的"广东事件"。"飞越广东"是广东广播电视台从 2019 年起推出的大型融媒创新项目,项目先后围绕庆祝新中国成立 70 周年、经济特区建立 40 周年、决战决胜脱贫攻坚建设全面小康社会、建党百年等重大主题宣传,连续推出四季大型融媒系列直播报道。2021 年《飞越广东 全面小康》入选由国家广电总局的年度全国广播电视"媒体融合典型案例"。福建台围绕中心做强"头条方阵"。加强"头条工程"和首页首屏首条建设,围绕省委省政府中心工作,唱响福建稳中求进、高质量发展超越的主旋律。"海博 TV"推出的互动图文、手绘条漫、音乐短剧、说唱MV、小剧场等原创新媒体产品"叫好"又"叫座"。

(三)推进融合提速,加快深度发展步伐。福建台建立新媒体平台扶持机制,人财物向新媒体平台倾斜。新进大学毕业生近 30%分配到新媒体岗位,并专门为"福建发布"招收工作人员。推动优质内容向"海博 TV"、IPTV 平台汇聚,社会效益考核指标增加"做大做强自主可控平台"。省政府新闻办官方微信号、视频号"福建发布"运营服务仅 2 个半月,粉丝数突破 100 万,总点击量超过 1500 万次。"海博 TV"强化先进科技赋能深度融合,日更新闻达到 2000条。"福建广电 MCN"成立于 2021 年 3 月底,机构实行全面市场化运作,在短视频、直播电商、大型活动、电商培训、国际传播五大方向布局和发力,集账号孵化、电商直播、红人经济、项目服务于一体,着力打造流量生产和变现的全产业链条。评为抖音全国增长最快的"黑马机构",综合实力位列全国媒体MCN机构第二。

(四)打造品牌项目,延伸广电产业链条。打造品牌项目,不断增强主流广电媒体的影响力和传播力是广东台和福建台等大台始终坚持的做法。由广东卫视、山西卫视联合制作的大型原创中国经典音乐竞演节目《国乐大典》目前已经播出四季,节目以国乐讲述中国故事,让传承千年的正声雅音,响彻新时代的文化脉络,成就了国风领域的现象级佳作,助力实现国乐文化从"入圈"到"破圈",再到"扩圈",带动了线上线下产业的延伸拓展。福建台着力培育"广电 + 产业",和我台承办的"山水连心 大红闽宁"系列活动之武夷山茶文旅产业(宁夏)宣介活动暨"百名主播打卡武夷山"启动仪式在全网掀起了武夷山旅游热。活动创新文旅推介,线上线下交融,场内场外互通。创新传播方式,百名主播助力,以沉浸式的茶文旅体验和极富网感的传播,引爆抖音话题热度,仅抖音话题"#duo 来武夷山"曝光超过 1 亿。

(五)加强技术投入,提升保障能力。2021 年,福建台建设完成十几项技术项目建设,为内容创新、融合发展注入科技动能。投入使用全国领先的 4K 超高清转播车,建成福建省最大的 8K 超高清户外大屏,作为中央广播电视总台 8K 超高清试验电视频道的重要试点。对标新办技术标准,建成福建省新闻发布厅,成为全国第一个多平台同步直播、具有快速应急反应能力的省级新闻发布厅,全年保障 30 多场省委、省政府新闻发布会。

三、合作重点

这次考察学习虽然时间紧,但考察前经过与两家媒体多次深入对接,形成了合作共识。双方将加强合作、深化媒体融合改革,拓展节目合作和产业经营领域平台。

(一)开展新闻宣传专题专栏合作。融媒体新闻中心牵头,与广东台共同策划,以"他山之石"为主题,开展"走进大湾区"等赴粤采访活动,为先行区建设提供经验借鉴。与福建台共同制作《山海情深话闽宁》等节目,办好已经上线的

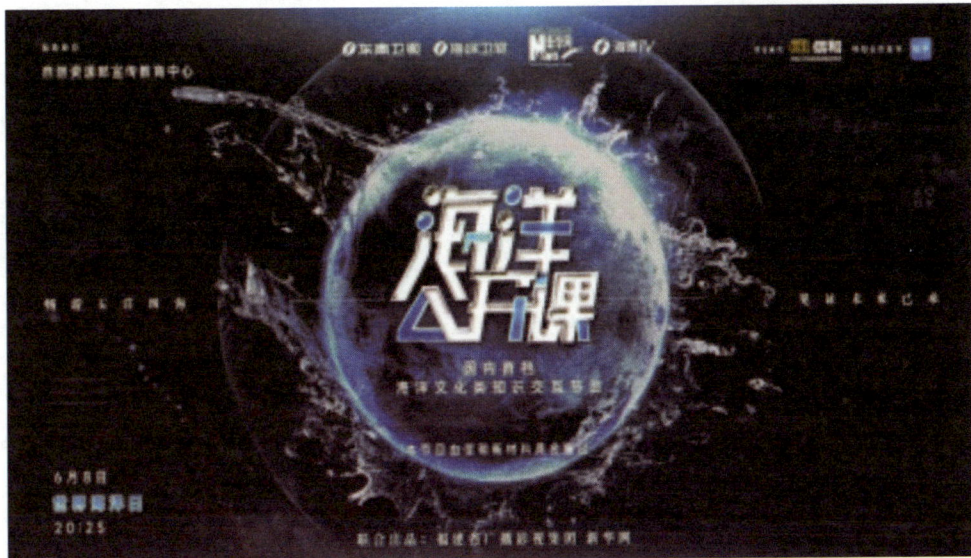

"山海闽宁"新媒体频道和专题，以"传递闽宁协作动态，展示交流协作成果，推介经贸文旅资源，讲述闽宁协作故事"为定位，与福建台海博 TV 形成常态化合作，打通广播电视平台和新媒体平台，聚焦闽宁两省区各领域合作交流资讯发布推广、合作成果展示，打造平台多元、形态多样、灵活贴近、影响广泛的资讯平台。推动与华为流媒体平台合作，拓展宁夏资讯在华为移动端的精准推送和传播。

（二）推动重点合作项目落实落地。推动与广东台北京节目中心合作开展大型人文纪录片《百万大移民》创作。该作品聚焦三代移民、基层干部，从中选取典型人物，将以开阔的视野，生动的叙述，真实而又丰富的情感解读近 40 年来党和政府如何以移民搬迁方式解决宁夏中南部百万农民脱贫致富，讲述中国脱贫攻坚事业中的宁夏故事，通过沉淀与思考，寻找乡村振兴的最佳路径，传递中国共产党带领中国人民改天换地的英雄气概和奋斗精神。深化《闽宁纪事》《山海有你》等纪录工程、闽宁合作题材广播剧、电视剧等项目创作合作，在东南卫视、宁夏卫视等平台同步播出，不断扩大节目推广交流。

（三）开展人才交流互动。由台人力资源部牵头，落实协议确定干部人才交流培训机制，特别是福建台结合重点纪录片创作及新闻宣传等工作实际，每年互派 2 至 4 名中层干部、业务骨干进行为期 3 个月的挂职交流。我台每年选派 10 名左右采编播业务人员，分 2 批到福建台进行 1 至 2 个月的跟班学习。

（四）积极策划经贸文旅活动走出去。借鉴"山水连心 大红闽宁"等活动经验，主动策划闽宁两地经贸文化旅游宣传推介活动，讲好新阶段的闽宁协作故事。

论文撷英

且行且思细穷源

以新质生产力
加快推动广电媒体融合发展路径探析

田　璐

　　生产力是推动经济社会发展的根本力量，发展新质生产力是实现中国式现代化的根本动力。科学实践源于顶层设计。从 2023 年 9 月习近平总书记审时度势首次提出"新质生产力"的概念，到 2024 年《政府工作报告》把加快发展新质生产力列入政府工作十大任务首位。习近平总书记对新质生产力的重要论述和全面部署为推动经济社会高质量发展提供了根本遵循和科学指南，为各行各业全力推动高质量发展指明了发展方向和前进路径。

　　广播电视主流媒体是党的意识形态和宣传思想文化阵地，是传播党的主张、反映人民呼声、持续壮大主流舆论的主阵地、主渠道、主平台。使命在肩，更加有责任有义务深刻领会习近平总书记关于新质生产力的重要论述，深刻认识广播电视和网络视听行业发展面临的新情况新机遇新挑战，精准把握大力发展新质生产力与推动媒体深度融合发展的突破口着力点，紧跟时代步

伐，有力有效塑造具有广电鲜明特色的新质生产力，保持旺盛生命力和强大活力，更好担负起新的文化使命。

宁夏广播电视台作为宁夏回族自治区省级主流媒体，当前，在"加快发展新质生产力"要求下，扎实履行新闻舆论工作职责使命，主动应对舆论格局、媒体生态、群众期待的变化，努力找准主流媒体与新质生产力的结合点，特别是深入立足当前发展实际，用新思路、新举措激发新动能，有效将新质生产力转化为新质传播力和媒体引领力，更好为宁夏新质生产力发展注入澎湃舆论动力。

推动观念革新，凝聚发展新质生产力的思想共识

观念是行动的先导。随着广播电视技术和数字信息化技术持续迭代发展，广电媒体从业者不断感受着来自科技前沿的迅猛冲击与发展态势。新质生产力在广播电视和网络视听行业表现为：大数据、虚拟现实、人工智能、算法、数字人、移动通信技术等与音视频产品的结合与应用，以及视听节目的超高清摄录、制作、传输、播出、存储等物质要素，以及能够研发、运行、创新、改进和优化各种广播电视和网络视听设施设备的高素质人才队伍。随着科技的不断进步和应用的深入拓展，以 AI 内容生成、虚拟数字人、大语言模型等技术应用为代表的新兴生产力，加快了媒体技术格局的发展演进，推动广电新质生产力的发展前景更加广阔。欠发达地区省级台必须深化观念变革，凝聚起发展新质生产力的思想共识。

第一，明镜照形，古事知今。从历史发展脉络来看，每一次生产力跃升都会带来社会生产力的大解放，引发社会深刻变革和格局重塑，优胜劣汰。在近代历史上的三次重大科技革命进程中，谁紧跟时代抢抓科技革命和产业变革机遇，谁就会集聚巨大发展潜能。错过一次变革，可能错过的就是一个时代。

主流媒体要加快发展新质生产力,就要从思想观念上变革,要意识到如果不应变就会落伍陷入战略被动和行动迟滞,如果不求变就可能错过一个新机遇甚至是一个时代,"大象也要学会跳街舞"是主流媒体的必然选择。时代已然到来,积极抢抓科技革命和产业变革的历史机遇,加快推动形成广电新质生产力,是时代的加分题,更是广电的必答题。

第二,顺应融合发展之势。当前,各级广电媒体激发新动能的步伐越来越快,因地制宜实现高质量发展迫在眉睫。中央广播电视总台与广西、湖北等省级广电媒体相继启动鸿蒙原生应用开发;上海广播电视台成立生成式人工智能媒体融合创新工作室,构建国内领先的文化传媒大模型应用生态;湖南广电自主研发的 AIGC(人工智能生产内容)系统,帮助湖南广电减少了 50% 的运营人工成本;福建省广播影视集团推进媒体融合"大中心制",形成台、网、端、微、屏融合发展、合力共进的媒体生态,成为新质生产力赋能广电媒体发展的实践范本。随着各级媒体躬身入局,广电媒体行业已正在经历着新质生产力的发展变革。各家省级媒体正在以新质生产力的发展加速推动高质量发展,宁夏广播电视台必须紧盯新质生产力这个"牛鼻子",积极推进广电融媒发展工程,全力加速推动高质量发展。

第三,满足人民群众对精神文化产品需求。人民群众对精神文化产品品质的要求越来越高,公共文化服务能力需要进一步提升。广播电视和网络视听行业面对呼啸而来的人工智能浪潮,生成式人工智能已经打破了视频生产的专业壁垒,从人人都有"麦克风"变成了人人都能成为"神笔马良"。碎片化、良莠不齐、无序的文化供给难以满足人民群众的需要。要把这一必答题答好,广电媒体首先就是要坚持内容创新,培育新质生产力;要积极通过创作

具有深厚文化内涵和独特魅力的视听产品,建立标识明晰的产品 IP、品牌形象;要锚定反映社会主义核心价值观、文化历史传统和现代

宁夏广播电视台人工智能〔AIGC〕工作室

社会发展等方面创作与宣传,配合多模态话语体系和艺术化呈现,打造一系列文化爆款产品,在守正创新中保持活力和竞争力;要坚持价值引领,始终坚持"思想＋艺术＋技术"的融合创新,以具有时代性、鲜活性、前沿性的优质视听内容提升主流价值影响力。

第四,加快推进创新发展是时代所需。从 2024 年《政府工作报告》可以看出,其中很重要的一个工作就是"深入推进数字经济创新发展"。可以看出,首先要坚持科技创新赋能。在大力推动媒体深度融合发展转型的机遇期,宁夏广播电视台要与时俱进,积极融入数字化技术浪潮中,建设建强新型主流媒体。身处其中的媒体人满怀迎风起舞、拥抱变化的热情和勇气是必不可少的。与此同时,随着人力资源和社会保障部等四部门发布的《关于扩大阶段性缓缴社会保险费政策实施范围等问题的通知》,"光鲜亮丽"的广电行业跌入了"困难行业"。因此,广电媒体绝不能盲目跟风,迷失在技术的丛林中。要立足当前广电发展实际,找准当前在技术发展方面的突破与优势,厘清短板和弱项,系好"安全绳",只有既脚踏实地"拉车"又仰望星空"看路",才能在大力发展新质生产力的路上跳出曼妙的舞姿。

创新驱动发展,塑造媒体新质生产力的鲜明特色

激发创新创造活力是发展新质生产力的重要抓手。随着技术革命的深化,从相加到相融,媒体融合已迈入全面发力、深耕服务、构建体系的"超融合"新阶段。省级媒体要向"新"而行,全面落实"加快形成新质生产力"的要求,深入推进媒体融合改革,持续推进生产方式和生产流程变革,努力构建全

媒体传播格局,塑造媒体新质生产力的鲜明特色,更好服务加快发展新质生产力。

集中力量建强用好融媒平台。肯取势者可为人先,能谋势者必有所成。党的二十大报告对加强全媒体传播体系建设、塑造主流舆论新格局作出要求。从2013年习近平总书记首次提出媒体融合发展以来的十多年里,推进媒体深度融合、建设全媒体传播体系始终是广电媒体人的职责使命。把传统形态的主流媒体通过科技迭代升级推动转型升级为互联网平台型媒体则是媒体深度融合的核心任务。在2024年全国广播电视工作会议上,中央宣传部副部长,国家广播电视总局党组书记、局长曹淑敏指出要加强规划,明确各级广电媒体的定位和融合发展重点,其中提到"加强省级新媒体平台建设,鼓励集聚省内频道频率等资源,支持有实力的省份做大做强自有平台"。建设新型主流媒体,核心还是打造新型传播平台,持续推动媒体深度融合发展,推进全媒体传播体系建设。

宁夏广播电视台2021年围绕建成主流舆论阵地、综合服务平台、社会信息枢纽三大目标,按照"全区一朵云、各地一个端"的要求,建设完成宁夏黄河云融媒体平台,并于2022年1月上线"黄河云视"客户端。以黄河云融媒体平台为抓手,宁夏广播电视台协调推动建立覆盖全区媒体单位的黄河云平台"建管用"机制,规范指挥调度流程、明确平台技术服务标准、压实策划联动任务,着力提升全区新闻宣传工作的统筹能力。以宁夏黄河云融媒体平台为引擎,在全区联动机制推动下,未来地市级融媒体中心也将向全媒体传播体系的方向发力,打造成为主流舆论引导的重要阵地。此外,宁夏广播电视台还研究制定黄河云平台运行管理办法,推动加强与央媒、省媒及大型门户网站的紧密联

这里好美

系,联合区外媒体、中央驻宁媒体、自治区及市县区媒体单位建立黄河云传播矩阵,包括央视、新华网、人民网、中新网、《宁夏日报》、各市县区融媒体中心等,实现宣传内容多渠道分发。加快实施广电融媒发展工程,全力加强优化宁夏广电音视频内容生产优势同宁夏黄河云移动化媒介传播优势融会贯通,统筹全台9个业务部门53档自办节目栏目全部入驻黄河云视客户端,着力打造"新闻+政务+服务"的"黄河云视"客户端,加快构建"融为一体、合而为一"的全媒体传播格局。未来发展前景可观。

强化技术研发与应用。技术研发与应用是发展新质生产力的强力引擎。广播电视和网络视听行业是科技创新与应用的前沿阵地和重要场所,在探索新兴科技发展方面具有多种未知潜能,为推动构建新质生产力提供了多元化的未来。平台技术创新提高了新闻生产的效能,但同时对主流媒体的主体地位、技术自主性等方面造成了冲击。近年来,宁夏广播电视台从机制、内容、考核等各个方面进行了融合转型,但受体制约束、技术滞后、市场掌控能力不足等因素影响,在平台化转型过程中遭遇了平台带来的挑战。在新质生产力要求下,要"借力使力",明确以创新驱动为主线,与科研院所、高校、技术公司展开战略合作,借助大语言模型,优化内容生产流程,加强新技术赋能广播电视和网络视听节目的内容制作与传播效能。以宁夏黄河云平台为依托,宁夏广播电视台持续发力技术研发,应用AIGC技术进行创作,以新技术推进宣传智能化。推出首个全平台适用全真AI主播,逐步实现大小屏节目、人机互动、手语主持、虚拟直播等场景的应用,提升媒体新质生产力。此外,以宁夏黄河云视为平台,与腾讯云达成技术合作共识,推出符合广电特点的广电人工智能产品。聚焦内容与服务升级,利用数智化手段拓宽公共文化覆盖面,推出黄河云视"百事通"，有效提升社会公共服务时度效，更好履行社会责任，不断提升影响力。始终坚持开放共享的互联网思维，不断拓展合作领域，推进与"三农"、文旅、教育、科技等多产业的深度融合，实现服务链的横向拓展与纵向深化，助力公共服务高质量发展。

激发人工智能优势赋能。科技创新是发展新质生产力的核心要素。随着人工智能在广播电视和网络视听行业的创新与应用，人工智能越来越成为广电发展新质生产力的重要引擎。从 ChatGPT 到 Sora 的广泛关注与应用，人工智能生成内容（AIGC）的时代已然到来。人工智能技术融入广播电视和网络视听媒体，改变了广电媒体现有的信息内容的生产、制作、传播、分发及运营模式，极大丰富和创新视听产品的表现形式。2024 年以来，中央广播电视总台利用人工智能技术密集推出《中国神话》《AI 看典籍》《人间好时节》等多部生成式 AI 作品，叫好又叫座。上海广播电视台继率先发布中国首部 AIGC 系列公益广告片《因 AI 向善》后，又推出围绕科学求真和反谣言诈骗两大主题的《因 AI 求真》系列公益微短剧，广受好评。宁夏广播电视台也策划推出了 AI 生成式短视频《跟着星星看宁夏》《诗词里的宁夏》等，以"技术＋艺术"宣传宁夏之美、展示宁夏之变、呈现宁夏之奇。可见，人工智能在积极地成为广电媒体进一步推动媒体融合转型发展的新的着力点。

同时，2024 年上半年，广播电视机构加速推进 AIGC 工作室。2024 年 2 月 23 日，中央广播电视总台人工智能工作室揭牌成立，此后，北京、上海、湖南、浙江等省级媒体，成都、中山、南京、宁波等地市级广播电视媒体，纷纷成立工作室。布局 AIGC 成为广电媒体深度融合发展的"新引擎"。宁夏广播电视台研发推出了首个全平台适用全真 AI 主播，应用大小屏节目、人机互动、手语主持等多个

领域。AIGC 工作室是宁夏广播电视台在人工智能领域进行技术创新和应用探索的重要平台。借助 AIGC 高效创建文字、图像、音视频等优质内容的特质,宁夏广播电视台部分自办节目《新闻早点到》《新闻五连击》《宁夏黄河故事(第三季)》等全面应用 AI 主播、AI 音频、AI 手语等技术,有效推动传统端节目在创新表达方式中实现提质升级。在 AIGC 的加持下,宁夏广播电视台正突破以往的节目生产流程,以新质生产力催生出一系列音视频作品,推动生产出更多令人耳目一新、观之折服的精品力作,推动党的创新理论"飞入寻常百姓家"。

强化人才培养与支撑。新质生产力在广播电视和网络视听行业最显著的表现是"前沿科技 + 前沿人才"。新时代网络视听人才队伍发生深刻变化,广播电视和网络视听行业对人才越来越重视,人才在促进广电推动发展新质生产力中的作用越来越明显,广电行业从业人员对提高素质的追求越来越自觉。主流媒体要通过壮大人才链条,激活创新链条进一步提升人才产业链。近年来,宁夏广播电视台深入学习贯彻新时代党的组织工作路线,以媒体深度融合发展改革为牵引,以机构编制、干部选任、人事管理、人才发展、分配制度等 5 项措施全面推动人才培养与发展。当前,加快发展新质生产力推动主流媒体进入了全新的赛道,对于人才培养与发展必须紧跟创新需求。要加强制度建设,可以在全区范围内制定实施广电行业人才年度教育培训计划,加大全媒体、科技创新以及国际传播等急需紧缺人才的吸引培养力度。要"借力使力"。在"台校互聘"基础上加强与科研院所、高校等的交流合作,充分发挥大型企业、高等院校育才引才聚才用才功能,厚实

宁夏首档AI手语播报新闻综合节目正式上线开播!帮助听障人士无障碍观看电视新闻节目#理响宁夏#AI#手语

人才后备力量。要创新用人机制。工作室制度是各省台近年人才涌现、爆款频出的重要因素。例如河南广电组建了十几个工作室和项目制，组织实施目标管理和淘汰机制。运行几年后，一部分"80""90"后导演成功"出圈"，成为打造"中国节日系列"的主力军，也是河南广电爆款频出的"孵化器"。这些都是值得借鉴的成功案例。主流媒体要始终坚持人才资源第一资源战略定位，真心爱才、悉心育才、倾心引才、精心用心，积极推动广电行业人才建设进一步助力释放新质生产力。

聚焦生动实践，营造发展新质生产力的良好氛围

在 2024 年全国两会期间，各个主流媒体纷纷围绕新质生产力推出了一系列精准、鲜活而又深入人心的报道，刊发多篇有深度的文章。如新华社、《人民日报》等主流媒体纷纷刊发《以新质生产力为高质量发展注入强大动力》《加快形成新质生产力》等理论文章，以主流媒体专业视角全方位、多角度深入分析解读新质生产力的科学内涵与时代价值，有力营造了加快发展新质生产力的良好氛围。借助新质生产力在广电行业的发展，信息的传播速度和广度将会以一种更为迅速、更为广泛的力度传播，作为主流媒体，在发展好具有鲜明广电特色的新质生产力的同时，更要努力生产更多优质的报道、直击人心的新闻稿件、创新的视听产品、鲜活的文本等，及时、准确、系统、广泛、全面地传播新质生产力的概念，为全社会全行业高质量发展提供思想支持和舆论支撑，赋能高质量发展。我们要借助人工智能、虚拟现实等先进技术，以直观、生动的方式传播新质生产力理念。同时，随着新质生产力的不断提升，信息传播的速度与广度也会显著提高，应及时、准确、广泛、全面、系统地传播新质生产力概念，积极赋能高质量发展。

一要深入精准宣传阐释。这是广电媒体的职责所在。要创新多元宣传阐释策略，对新质生产力的概念、价值和意义进行深入解读、广泛传播，通过揭示新质生产力的深层逻辑和科学体系，激发各类市场主体的内生动力和创新活力。在今年全国两会期间，湖北广电根据湖北代表团开放日发言创作的新闻报道《牢记总书记的嘱托｜"荆"春出发 向"新"而行》，对新质生产力进行

观点阐释解读,在人民网、新华网、"学习强国"学习平台等300多家媒体转发转载并全网置顶,全网阅读量突破1.2亿。此外,要善于讲好新质生产力的故事,通过具体、生动的案例和故事,全方位展示新质生产力激发创新创造活力推动高质量发展的积极成效,让新质生产力的实践价值和时代影响惠及全社会。青年人是社会发展的重要力量。要关注年轻人群体,分析受众特点,用青春化的表达方式"圈粉"青年观众,推动新质生产力接地气、入人心。湖北广电以年轻人感兴趣的话题和青春视角切入,着眼"科学新青年",打造了全国首档院士科普节目《你好,赛先生》,节目邀请院士与年轻人对话交流,用轻松、幽默、有趣的语态和观点阐释解读新质生产力,让严肃深奥的科学变成满载青春味道的科学讲解。

二要用好全媒体。在移动优先战略下,要多生产精准鲜活、快捷短小、吸引力强的小微音视频,让新质生产力宣传阐释表达可见可视可感可知。要全面运用文字、图像、音视频、H5、VR等多种媒体手段,全方位立体化传播。如《人民日报》客户端推出《习近平的新质生产力"公开课"》以及手抄版《2024政府工作报告学习笔记》,可视化解读新质生产力。宁夏广播电视台要把握全媒体时代移动化、可视化、碎片化、社交化等传播特点,在多样化呈现、互动化传播上下功夫做文章,广泛地传播新质生产力这一重大概念与实践成果,让好声音成为最强音。

三要深耕在地性文化资源。在地性文化资源是特定区域内集中的生态、传统、民俗和习惯等文明表现，这些资源不仅是地区文化的重要载体，也是文旅开发中的关键要素。宁夏作为中华优秀传统文化的重要组成部分，既是全区各族人民继续建设美丽新宁夏、加快建设先行区的宝贵精神财富，也是新闻舆论工作者讲好中华优秀传统文化故事的文化滋养和丰厚载体。宁夏广播电视台要积极推动实行工作室、项目制等运行方式，加快把宁夏丰富的文化资源转化为优秀的融媒体文化产品。还要提升经营能力，拓展视听新媒体产品和服务，深度开发衍生品市场，加快拓展新的产业增长点，积极打造地方特色产品矩阵。比如，宁夏公共节目中心携手宁夏农垦在黄河云视客户端推出了直播带货溯源宁夏黄金奶源，不仅宣传了宁夏奶产业，更探索了新增长点。广电主流媒体要以开放合作的姿态，推进与文旅、教育、科技等多产业的深度融合，打破行业壁垒，实现产业链的横向拓展与纵向深化。

风物长宜放眼量。宁夏广播电视台作为省级主流媒体，必须着眼高质量发展任务目标，牢牢把握时代发展机遇，勇于创新，积极塑造广电新质生产力，以传播力先行推动高质量发展，为推动全社会加快发展新质生产力营造良好氛围，激发创新创造活力和动能。

宁夏卫视媒体融合发展之路探析

王　越

　　媒体融合发展，融的是理念，合的是内容，做的是一体，求的是效益。在当下传统媒体要想获得更多受众的关注，不仅要有高质量内容的保证，还需要有适合融合传播的新媒体产品。在这样的发展背景之下，宁夏卫视以融合节目为突破点，找准定位、明确方向、持续发力，实现传播范围最大的延伸和传播效果最广范围的拓展。

　　一、融合思维：转变观念保障"融"

　　融合思维：要做融合节目首先要转变的就是思维方式，融合思维是指

破除单向生产思维，立生产＋运营思维，将内容发展为"产品"和应用，将观众转变为"用户"，用互联网思维创新表达方式，在大屏内容生产上注重小屏气质和传播效果，以满足融合传播的需求。

传统的电视思维注重的是完整的叙事结构，而互联网思维则要求爆发性的片段和故事点。因此我们要改变电视上播出的视频仅仅进行切条传播的现状，要建立好融合思维，从选题策划、内容生产、信息分发、互动反馈进行整合传播，综合考虑节目的内容生产、传播、平台与渠道以及消费场景之间如何形成有机的互动链接，来成就传播的最大价值。比如《品牌宁夏》，我们在选题策划的同时就要一个选题多种思维，考虑多种表达方式、考虑多种技术手段、考虑大小屏的连接互动，考虑线上线下的活动，不断扩展一个选题的多种可能性，通过不断开发新的节目样态，让大屏小屏内容形成规模化、系列化传播，以更加丰富的形式和手段讲好中国故事、宁夏故事，传播主流文化，弘扬社会主义核心价值观。再以 2022"两晒一促"访谈节目《幸福在哪里》融媒体宣推为例：项目紧扣幸福这一主题，通过"幸福三部曲"的排播布阵，唱响文旅推介冲锋号。七分钟的短视频开启幸福前奏曲、二十分钟的书记访谈唱响幸福主旋律、"我是家乡带货王"直播带货大赛让幸福生活不断升温。与此同时在宣推上还结合节目相关主题内容通过"幸福大地图""幸福大篷车""幸福签签名"等多种互动形式，创新节目内容，将宁夏大地的山水美景穿插充满烟火气的幸福声音呈现在受众面前，2022 两晒一促抖音话题"我是家乡带货王"突破 2000 万，视频号宁夏文旅"两晒一促"播放量突破 1500 万，网络综合曝光量超过 23 亿次，有力推动了宁夏文化和旅游消费市场的恢复和发展。

二、融合生产：内容创优服务"融"

融合生产：是指节目在生产过程中将融合思维贯穿始终，从策划、脚本撰

235

写、拍摄、后期剪辑全过程综合考虑大小屏节目的传播需求,同步信源、同步策划、同步调度,打破一次采集多端分发,建立链式融合传播,高效协同、分段加工,精准推送、开放共享,反馈再生。

宁夏卫视的融合节目生产要以长视频、短视频、内容电商、互动融媒体产品、网络直播五个赛道作为核心业务的发力点,设立分工明确的团队和高效的流程,设立每天的编后会,每周的重点策划会,大小屏同步策划。完善新媒体领域的整体布局。

在融合生产的内容方面我们要做到三个融合:首先与多媒介技术融合,不仅仅是丰富内容形式,更重要的是可以调节观看节奏,丰富视觉体验。其次与时代融合,将厚重的历史人文、城市民生内容进行年轻化、轻量化、趣味化处理,不仅符合短影像的承载容量和传播规律,也便于不同平台评论、转发,达到全网共振的效果。最后要实现与情感融合,准确把握传播心理与情感才能让作品有流量,使网友看完影像有好体验、好心情,自然能实现不同圈层的互动和共鸣。

以《品牌宁夏》为例,品牌宁夏立足于宣传宁夏、推介宁夏,以自治区的中心工作和宁夏的经济发展成果作为选题的突破点,全方位、多角度地宣传和展示宁夏推动高质量发展的生动实践,那么在节目设置上还可以采用周内短视频＋周末长视频,长、短视频融合的方式。周内短视频《今日品牌》(暂定名),可以延续节目精良的短视频制作方式,围绕自治区重点的中心工作开展节目的策划,提升短视频内容专业化水准,朝着影像叙事和传播价值融合的方向,实现内容升级,构筑商业吸引力。周末长视频在板块设置上我们可以开设"品牌温度""品牌福利""记者体验""今日话题"等带有人性温度的板块,使产品更潮、更靓、更有穿透力,与此同时还可以通过网络端进行同步的直播,不断延展节目的品牌价值。

人物故事类《品牌温度》板块,可以聚焦品牌背后的故事,选取一些或暖心、或励志的故事,通过他们展现品牌发展的缩影以及品牌蕴含的文化。《今日话题》板块,选取有个性化标签的主持人,对时事热点或者自治区重要文件

精神等进行评论，第一时间回应社会热点关切，增强节目时效性的同时，初步布局卫视中心的 MCN；《品牌福利》板块，重点实现大小屏的同步互动，大屏播出的同时将优选品牌好物进行直播引导，也可以与各市县合作开展扶贫助农直播，利用"边看边买"的技术，实现短视频和电商平台关系的重构，助力品牌双端用户触达，权益多元植入，赋能内容生态商业化。

有了大屏长、短视频的融合，很大一部分具有网感的东西都可以在新媒体平台进行传播，不仅如此节目还可以衍生《宁夏 ing》新媒体产品，将实时热点、热搜朋友圈等快速编辑进行发布，内容可以涵盖娱乐、时尚、文化、艺术、美食、旅游、健康等不同方向，接地气的同时保证又潮又好玩。

再比如文旅节目《这里是宁夏》融合生产方面，我们可以采用长短视频融合互补的方式，围绕"文、商、养、学、闲、情、奇"旅游七要素，将节目分为十分钟记录性历史人文展示的长视频加三分钟左右主持人 vlog 体验的短视频形式。三分钟短视频可以采用行进视角＋任务式体验的方式，主持人化身不同身份，挖掘城市新奇有趣的人、景、物，用最有互动感的方式，记录城市的烟火气，将诗和远方完美融合，增加节目时效性的同时，也为这个城市发现更多鲜活的"打卡"之地；与此同时节目可以征集网络达人来"探鲜"与大屏"记者体验 vlog"板块形成互动，在宁夏卫视抖音号等新媒体平台进行传播，为宁夏卫视 MCN 做铺垫。在内容电商方面，我们可以与各大景区和文旅产品伴手礼生产的相关企业合作，实现大小屏的同步互动，大屏播出的同时将宁夏特色文旅产品和门票进行直播引导。节目总体采用"线上节目播出＋线下活动举办＋旅游出行指导＋文创产品带货"的多样化节目生态体系，以实现文化、旅游、文创产品和经济效应的良性互动与产业融合。

三、融合传播 多元传播支撑"融"

融合生产为接下来的融合传播打下了坚实的基础,融合传播是指综合运用短视频、直播、全景摄像等多种呈现的技术运用,打造载体多样、渠道丰富、覆盖广泛的传播矩阵,形成全方位、多层次、立体化的传播格局,让优质的内容产品全面抵达"受众"、触动受众。

随着5G等融媒体技术创新应用下,泛视频成为当今最主流、最高效、最便捷的表达。我们要发挥矩阵优势,对融媒体产品"合纵连横"推广。

在这一环节首先我们在不断拓宽传播渠道的同时,专注于打造更接地气的主流价值传播内容,运用多种形式将内容接入不同的新媒体平台,分别在节目播出的前中后不同阶段,开展宣传预热、话题造势,从而实现"大屏带小屏、小屏回大屏、多屏连受众"的良性循环。比如我们乡村振兴人文体验类纪录片《乡村的叙述》,从节目创作之初,节目团队就从选题设定、人物甄选、脚本推演、后期制作等全部节目创作环节预埋话题和包袱,将节奏前置,通过共同讨论创意点、话题点及传播物料制定宣传框架方案,将内容点和包袱植入前期拍摄当中,赋能项目进而影响内容。比如葡萄酒当期节目我们在策划之初就涉及了国际传播向话题:"没想到外国人科普了中国文化""展现外国人对中国文化和宁夏的热爱和了解"。从文化自信、文化输出的角度做正向的热搜传播。《乡村的叙述》播出后受到广泛好评,国家广电总局《广电视听评论》对节目进行大篇幅专题点评,李金科常委也给予了肯定性批示,美兰德蓝鹰指数2023年12月8日、28日统计数据分别位列当天全国热播电视纪录片融合传播指数榜第七和第五。在网络传播方面登上多个同城榜热搜,"乡村的叙述"微博话题阅读量超过1500万,更有观众在豆瓣给出五星好评,可谓收视、口碑双重开花。

其次还可以尝试与新媒体平台合作,比如《品牌宁夏》可以尝试加入"抖音融媒体联盟"计划,通过热点输出服务,及时采集新闻热点,创作观众最关注的深度话题;也可以将节目内容在抖音"同城"上24小时播放,用户在消费短视频内容的同时,也可以享受精彩的电视直播节目,同时还能与广大用户

边看"电视"边聊，更具互动性。

四、融合运营：多元创收反哺"融"

内容是船，运营是桨，长期以来传统媒体只管生产不管运营，只问耕耘不问收获，在当下的发展背景下，一款出圈的爆款产品，离不开好的运营。融合运营是指媒体组织的管理者通过改变节目制播流程、部门设置、管理方式、人才激励机制等方面，在推动媒体深度融合的同时，积极推动媒体与产业的深度融合，建立互相补充、互相嵌入、互相促进的产业链、价值链和生态圈，更好地释放媒体融合的活力来提高媒体传统经营的服务质量，拉长媒体传统经营的服务链条，壮大媒体传统经营的规模，延长媒体传统经营的生命周期，树立全产业链、全运营化思维的全媒体生态系统。宁夏卫视的融合运营以运营为基础驱动采编写体系重塑，采编写要围绕运营来服务。

（一）破"部门栏目"藩篱，立"融合传播"链条

媒介生态在变，媒体组织形态和人才管理体系就要适应环境的发展不断变化和创新，从而实现体系的系统化和管理的科学化。围绕融合传播"策

划—生产—传播—运营"功能节点，卫视中心融媒体发展部下设四个小组，大脑中枢小组（负责热点的把握和选题的策划跟进）、好看小组（视频的生产）、直播福利小组（内容电商，好物推荐官，打通大屏小屏，大屏内容无限延展）、运营小组（兼技术保障）。在节目宣传环节形成完整的宣推流程，首先重点节目策划由项目组邀请大脑中枢小编参与重要策划例会，全程掌握宣推重点，预埋网络传播话题。其次拍摄过程中随时备播节目精彩花絮，节目播出前三到五天开始集中释放。再次节目播出提前三到五天将节目相关物料网盘送播，包括项目策划方案、编辑版、播出版、脚本、精彩看点，宣推组开始制定宣推物料，沟通宣推渠道。节目组共同看片，挖掘宣推亮点，商讨宣推细节，制作宣推物料，形成宣推计划表。最后汇总节目传播数据，制作传播喜报，撰写项目小结。

（二）改进考核机制，质量与流量结合，以业绩为导向

媒体融合关键在人，绩效管理则是"人"的问题，是发现人才、培养人才、调配人才、激励人才的关键。2023 年宁夏卫视开始打造短视频精品工程，部门积极制定短视频发展策略、奖励方案，号召全员创作融媒体短视频，积极将互联网思维融入节目创作当中。大屏每月评选出最佳短视频、最佳摄影、最佳后期，小屏传播上根据转发数点赞数评选出短视频和直播类的前五名，进行传播奖励。节目创优情况是年终考核和外出培训的重要参考，与此同时定期开展内部培训、讲评，不断增强全员"网感"，让有底蕴、有潜力的年轻人加入到培养的序列，成为创新创优的重要力量。

2023 年宁夏卫视全网共推出融媒体短视频 800 余条，观看量超过 3000万，相较于去年同期增加 60%，其中"我是家乡带货王"多个探访短视频出圈出彩，全网累计传播量超 500 万；"喜阅中国节"系列融媒体短视频通过深耕

中国节日的文化内涵和情感意蕴,找出传统节日文化传承至今的情感共鸣点嫁接新的传播方式,全网传播量突破 20 万 +;多个体育类短视频也深受平台粉丝喜爱,多条阅读量过 10 万。2023 年宁夏卫视全平台粉丝增长近 17 万,在带动平台的活跃度和用户的黏性的同时,有力地推动了宁夏卫视融媒体发展的转型。

(三)尝试内容 + 产业融合运营方式

内容 + 产业是短视频内容流量到商业变现无缝衔接与贯通的主要载体和途径,是融合传播与发展的一种成功原则,我们要打造全媒体全链条服务运营平台,与合作方开启内容共创的模式,从策划创意、视频制作、活动执行到融媒宣传等环节的全链条服务。部门先后与多个厅局部门共同策划推出了两晒一促、"感恩总书记 奋进新征程"系列融媒体直播、《喜阅中国节》融媒体短视频、中卫公安 IP 形象类短视频、禁毒相关主题短视频等融媒体产品等等。通过构筑形态多样、特色突出的融媒品牌,聚焦用户需求创新产品形态和服务, 彰显了在融媒品牌 IP 打造和创新产品体系方面的探索实践。

(四)初步探索建立 MCN

广电 MCN 表面来看是在孵化达人,其背后的策划、运营、创意、制作本质上依赖于广电媒体的内容能力。基本的流程如下:引入不同领域达人进行内容生产和直播,通过持续性内容的输出进行平台的运营,在有一定粉丝基础上进行广告 / 电商推广。结合宁夏卫视新媒体的发展情况和未来的一个发展方向,我认为可以从以下几个方面来发展。

首先根植地域文化,开发丰富的 IP,加强与新媒体平台的合作联动,把握MCN 风口,在场景类、剧情类短视频下功夫,小屏获得一定流量后可以进行大屏端的改造,实现小屏带大屏的传播模式,进一步加强与新媒体平台的联动,继续解锁融媒体产品新范式。用融合传播的渠道和形态优势,打破物理限制全域传播,形成内容和宁夏特色文化破圈成长,从而实现内容、平台、管理、经营、渠道等方面的协同发展。

其次要深挖文旅、历史等元素并与真人秀、电商直播等结合,创造属于宁夏文旅的 KOL,就像丁真之于理塘,新疆昭苏的贺县长等等。可以举行宁夏广播电视 KOL 超级联盟赛,广电人均可参加,通过广电人与 MCN 机构的磨合,重新定位自我、制订成长计划、开设账号、选择作品呈现的方式和平台,进入实战期、出品期、变现期以及最后的成果期,完成成长旅程。

除了以上两点我认为还要建立卫视中心新媒体运营数据库,通过用户数据、产品数据、自媒体数据等,对目前运营情况有一个相对详细的了解,紧跟热点,策划选题,不断提高卫视新媒体矩阵的影响力。

结语

步入新时代新征程,新一轮科技革命和产业变革突飞猛进,进一步加快推进广电媒体深度融合、构建大视听传播新格局是行业发展的迫切需求。综上所述,宁夏卫视的融合节目要围绕融合思维、融合生产、融合传播、融合运营四个方面来进行尝试,一方面把基本必须要做的事情作为业务支撑点,不随市场风向变化,另一方面不断小步试错,逐步筛出新的媒体业务产品,一手抓长期的内容能力建设,一手抓短线的商业机会,始终以创造持续性价值作为中心生存的立足点,我们将继续用专业的能力和主流的价值观,去守护并开拓阵地,循着心中的光携手共进,选准方向用对方法,通过高质量的内容和传播生态,争取赢得更多市场和受众的信赖,推动媒体融合进入更深层次、更高境界,推动新型主流媒体建设进入新阶段。

西部省级卫视打造
媒体融合新生态的创新路径研究
——以宁夏卫视传播实践为例

樊彦妤

省级广电媒体作为传递主流声音、凝聚社会共识的重要载体，是党和政府以及企事业单位发布信息的重要渠道之一。新的时代背景下，其需要在维护意识形态安全、服务经济社会发展、推动文化繁荣等方面发挥积极作用。随着互联网技术的迅猛发展和移动设备的普及，新媒体已经成为大众获取信息、交流、娱乐、消费等的重要平台，传统媒体不断受到冲击，其权威性、创新力和影响力迎来较大挑战，亟须作出调整，打造媒体融合新生态。

当前，大部分省级广电媒体已完成全媒体传播矩阵架构基础建设和内容分发转向调整，建立了包括广播电视频道频率、自有客户端、网站、各类新媒体账号等在内的全媒体传播矩阵，实现了内容的多渠道分发和多终端覆盖。

处于互联网领域强劲风口的短视频成为传统广电媒体推进媒体深度融合、加快转型发展的重要抓手,传统广电媒体"联动大小屏、由长视频转短视频"已成为共识和趋势。省级广电也从传统内容生产者向全媒体内容提供者积极转变,通过一次采集、多种生成、全媒传播的方式,制作符合不同平台特性的内容和宣传样式,如图文、H5、Vlog、横竖屏短视频、融媒体直播等,满足用户的不同需求。

融媒体的建设和媒体融合新生态的构建,不仅能打通以大、小屏为主的内容传递形态,还可以使内容背后的广电机构获取用户流量与关注度以获得更大赋能力的新接口。这同时意味着大众媒介形式获得在内容制播以外的环节进行推介和加持更多产业的传播优势延伸。

省级广电积极拥抱新技术,如 5G、大数据、AI 等,推动媒体内容生产和平台服务向智能化、数字化转型;通过流量运营、价值变现及与其他行业的跨界合作,拓展业务范围和收入渠道,提高经营能力和市场竞争力。

一、跨屏融合:以大屏精品内容构筑小屏传播高地

移动互联网的普及使受众在生活中接收信息的过程变得更简单、更便捷,信息的触达在网络、平台与内容的多重分化中,由"媒介中心"走向"多元主体",传统主流媒体在各种形式的自媒体力量的冲击下,其在传统途径中"媒介议程设置"的权力被稀释和分化了,即受众成为网络平台与内容产出者的粉丝而非卫星频道的粉丝。网络及其附属的传播将私域频道的粉丝转化为公域内容的粉丝,频道传播内容的唯一性被网络直接传播内容分化,由此,媒体融合成为重要发展方向。

媒体深度融合对省级卫视提升媒体影响力有重要推动作用,也为西部省

级卫视"弯道超车"提供了新的机会。卫视频道以 PGC(Professional Generated Content,专业生产内容)形式在互联网进行内容分发传播,发挥强大的组织及节目制播优势,入驻互联网"公域",以用户兴趣为导向,依托网络基建与用户体量打造爆款内容,实现精准内容推荐、平台流量倾斜。西部省级卫视摆脱了覆盖率与开机率的束缚,构建自有客户端,大小屏发力共同探索打造"爆款"。

小屏碎片化的特点和"短平快"的用户习惯要求传统媒体及时转变思维,以用户需求为中心,利用短视频讲好大屏内容。小屏的编辑不再是新闻内容的单向搬运工,更应该在内容的基础上,对时政新闻、社会新闻、专题事件、文体节目等不同表达形态的产品进行二次加工和再创作,力图在符合"短"的用户阅读习惯和"快"的用户预期下完成应有叙事的表达,并在二次创作中保证短视频内容的专业性与完整性。短视频平台应该成为大屏的补充与抓手,而非大屏的附属品。

传统电视通过台网联动和台网融合谋求与新兴媒体的融合。融合的重点是联系起拥有权威性和受众资源的传统电视,与具有资源设备共享能力的新兴媒体平台,中国电视生态环境从割据局面走向融合格局。从传统思维来看,"台""网"双方在用户时间占领意义上是竞争性的,但媒体融合视野下的"台""网"产品不论产出何内容,都是抓取用户时间和注意力,为内容的传播送达服务。

宁夏卫视《品牌宁夏》栏目通过宁夏"小省区,大作为"的鲜活案例以及最具特色的故事和传奇,展现宁夏特色和时代风采,每集时长 6 分钟左右,短小精悍,亮点与爆点突出,经提炼后在小屏端容易引发关注和讨论。其中"硒砂瓜""西吉土豆"等内容贴近本地受众,叙事主体统一,贴近平台受众阅读习惯与传播规律,内容分发更成功。

二、双向赋能:借新媒体智能投放反哺大屏内容传播

融媒体时代,大屏端的节目内容将通过小屏的碎片化传播模式吸引更多流量。这意味着传统主流媒体在网络媒体、门户网站、自媒体、新闻客户端、社交平台、短视频平台等进行的大屏分发,将作为"内容试读"使小屏用户向长视频阅读转化。内容转化不只依赖卫视融媒体矩阵各账号发布短视频内容的分类标签,更是通过平台的算法对账号内容与对应用户匹配推流,从而完成推送传递和接收。

国防大学政治学院教授、博士生导师蔡惠福认为,主流媒体必须努力提高统摄力、渗透力和影响力,创新议程设置。差异化的内容创意设计成为融媒体账号保证流量稳定集中投放至固定受众群体的主要方式。宁夏卫视在抖音、视频号等多平台开通账号,通过设置栏目与内容标签向不同特点的受众进行内容分发,不断提升精彩节目或直播内容的影响力。以小屏为接口吸引潜在用户关注、互动,促进长视频收视转化,发挥主流媒体强大的制播能力优势,盘活融媒生态。

"内容试读"的分发模式对西部省级卫视的融合传播新生态打造有较强的借鉴价值。以2023年宁夏卫视"两晒一促·我是家乡带货王"活动为例,其围绕节目内容生态的组织备战与人物故事两个中心点多平台宣发,通过节目正片切片宣发、选品探店实录、幕后人物故事三个维度,以短视频作为长视频的"补充叙述"议程,呈现选手的组织准备、产品选择等幕后内容,多维"填充"节目。

三、生态"竞合":大小屏联动实现产品内容共创

媒体深度融合时代,新的传播生态不止于大小屏的导流与互动,更在于内容制作方与接收者之间的互动和交流,这意味着内容制作方不再闭门造车,可以更好地把握受众的意见、关注点、兴趣点。共创方通过间接参与形式,在技术、资本、创意等方面与专业媒体合作,以多赢的"竞合"关系开展创作。在实际操作中,内容的选题与创意设计、宣发通路都可以通过供受双方的用户画像分析、视频产品流量分析、用户喜好分析和互动、点赞、评论、转发等多维度的喜爱值进行整合,直接完成观众喜爱的要素汇总并作为对应环节的重点工作。传统主流媒体以"竞合"成果为依据,结合本身宣传需要、宣传重点,进行内容制作,播出时获得"兜底性"效果保障。

主流媒体可邀请普通观众参与到主题选定、环节设置、嘉宾拟定等内容制作环节中来。近几年由宁夏出品或在宁夏取景的经典影视剧展示了宁夏

的自然风光和文化特色，受到大众欢迎。宁夏卫视可借邀请剧组重回拍摄地，重现影视剧高光场面，挖掘文旅宣传新的流量密码。

湖南卫视综艺节目《你好，星期六》在与受众互动中完成内容共创的模式同样可以借鉴，要让广电专业人员与观众在长短视频创意设计、内容制作、后期传播等多个维度实现二创"竞合"，真正打通融媒生态内容的上下游。

内容共创不只局限于观众与普通内容创作者，主流媒体也可选择与MCN机构共创内容，以KOL（Key Opinion Leader，关键意见领袖）在垂直领域的内容生产能力和粉丝号召力降低内容制作难度，提升传播效能；与政府相关部门共创内容，围绕当地文旅、经济、优势产业等打造热点话题，嵌入传统文化内核和社会百态,带动文化旅游、城市建设、特色产业的发展。如宁夏卫视"我是家乡带货王"活动就以竞赛形式发动 KOL 对宁夏资源特产进行销售转化,推介宁夏特色文旅项目、农副产品、民俗风情与特色美食,扩大了宁夏回族自治区形象传播声量。

四、媒体融合新生态:赋能地域社会效益与经济效益多维提升

媒体融合新生态应不局限于新旧媒体形式和内容的融合发展,还在于借助媒体力量促进社会经济生态文明高质量发展。我国西部省份在能源、文化、旅游、物产、营商环境等方面的开发空间极大,省级卫视肩负扩大省域影响力,以宣传推动文旅发展、资源开发等的责任。西部省级卫视节目制作能力与播出渠道的打通除满足于媒体运营,还需与当地经济、生态文明、居民生活等相结合,打通媒体触达各端口,助力本地特色产业发展,完成广义的生态构建。

以大小屏联动发力打造媒体融合新生态的重要拓展方向是产业链的延伸环节。接入当地社会生态系统,全面为所在区域的政治、经济、文化、生活服务,它可以做政务传播、经贸平台、文化产业以及打造生活服务圈,成为一个当地最具影响力和权威性的综合服务提供者。媒体应与当地发展结合,以互联网思维强化卫视频道与受众的连接,满足当地政务、商务、生活等多场景的需求,用具有鲜明特色的地域元素与丰富的文化资源,为文化旅游、科技能源、农畜产品等特色产品完成内容制作、广告营销、直播带货等多种手段的商业赋能。卫视频道融媒生态只有"双重嵌入"媒体生态与社会生态,才能真正形成内外双循环的运作模式,在承担职责使命、服务人民群众、实现商业价值等多个领域获得新动力。

作为西部深度融入"一带一路"建设、推进内陆开放型经济试验区建设、黄河流域生态保护和高质量发展先行区建设的重要力量,宁夏高水平的对外开放和绿色发展需要高水准的对外传播与形象塑造。当前,讲好宁夏故事,传播好宁夏声音,展示真实、立体、全面的宁夏已成为宁夏卫视的新使命、新方向。

搭建平台推进上下游企业集中于平台开展业务，构建一个开放合作的生态系统。当前，宁夏回族自治区聚力打造"六新六特六优"产业。宁夏卫视依托宁夏广播电视台"黄河云视""红枸杞"等自有客户端平台和以"两微一抖"代表的公域流量池，产品资源与媒体资源协同传播发力，聚合政府能量、媒体优势、企业产品，打通渠道终端，用电视大屏的覆盖力、公信力为宁夏当地中小企业、商户搭建购销宣一体的融媒生态，实现品牌、流量、传播和电商的融合。

在宁夏卫视的传播实践中，"晒文旅·晒优品·促消费"大型文旅推介项目（后文称"两晒一促"）已探索执行近四年，不仅打造专题宣传片大屏播出，剪辑炫彩60秒短视频小屏配套分发，搭建云上文旅馆链接各县区旅游商品销售平台，而且制播市长访谈环节，组织录制《县长晒优品》访谈节目，并推出《这里是宁夏—宁夏有礼了》节目与黄河云视公益直播带货节目同步播出。2023年宁夏卫视"两晒一促"IP聚焦乡村振兴，组织制播《乡村环游记》，邀请书记、县区长与文化学者、旅游从业者、旅行达人等嘉宾作为乡村体验官深入宁夏乡间村落，推介展示当地美食、美景、民俗风情，推广当地旅游资源与物产资源。

同时，宁夏卫视发挥媒介议程优势，通过"幸福看我的""幸福在哪里""我是家乡带货王"幸福三部曲，引导民众关注生活变化，展现宁夏人民幸福生活；推动宁夏全域旅游主题宣传，包括5市文旅主题产品宣传推广、县（区）特色主题宣传推介、县（区）特色文旅访谈节目、多平台传播短视频，在新媒体平台开展优质文旅及特色产品直播带货大赛等活动，通过多种形式向全国展现"塞上江南·神奇宁夏"的主题形象，并推动文旅"声量"向游客"流量"、农副产品"销量"与经济

发展"质量"高效率转化。

权威咨询机构美兰德数据显示,2022年8月至2023年2月,宁夏卫视"两晒一促"IP引发网络媒体报道近千条,"我是家乡带货王""幸福大篷车"等活动极大地激发了宁夏全域受众的参与热情,吸引各领域微博KOL发文,触达用户584万人次。宁夏各地融媒账号花式宣传家乡,不仅增强了宁夏人民的荣誉感、自豪感,还吸引外省人民关注、爱上宁夏,"两晒一促"相关话题在抖音、快手播放量超5638万次。

在嵌入社会生态的融媒综合体建设中,宁夏卫视以"两晒一促"为契机,全面盘活自治区资源,探索媒体融合传播新途径、生存新空间,以实用性和服务性聚合社会力量,实现品牌、流量、传播和售货的有机融合,对宣传宁夏、助力乡村振兴,服务好本地中小企业、商户,搭建购销宣一体平台发挥了积极作用。

五、结语

宁夏卫视作为主流媒体,一直坚持以习近平新时代中国特色社会主义思想为指导,在重大主题宣传报道、节目编排、节目创新创优、媒体融合传播、国际交流合作等方面取得了显著成效。自办栏目《品牌宁夏》围绕自治区重点工作开展专题报道,筑牢主流舆论阵地;国际传播面向共建"一带一路"国家开展交流与合作;连续四年精心打造宁夏"两晒一促"品牌,助力全域旅游示范区的创建。宁夏卫视在自治区政务公开、宁夏地域形象宣传和反映民生等方面已有作为,正在短视频与媒体融合内容制作方面,积极探索展现宁夏元素、具有西北特色的新型融媒生态之路。

当前,宁夏卫视已成为讲好宁夏故事,展示宁夏形象的重要窗口和平台。未来,宁夏卫视将始终贯彻落实习近平总书记重要讲话精神,为宁夏高水平开放、高质量发展提供新型融媒传播生态,为讲好宁夏故事、传播好宁夏声音作出新尝试与新贡献,成为西部省级卫视大小屏联动发力的生力军,提升竞争优势,加强品牌运营,谱写融合传播新篇章。

挖掘乡味底蕴 赋能乡村振兴
农村体育题材大型报道如何出圈
——以全国和美乡村篮球大赛西北赛区为例

丁半农

2023 年 8 月 31 日晚,全国和美乡村篮球大赛（村 BA）西北赛区比赛在宁夏回族自治区西吉县落下帷幕。这次"村 BA"西北赛区比赛，是宁夏首次举办的规模最大、规格最高、社会关注度最广的全国性农民专项篮球赛事。比赛期间,宁夏同步开展农文旅宣传推介,组织全区 120 家企业推介宁夏优质农产品,累计接待游客 40 万人次。本次赛事受到全国 398 家媒体、410 余家自媒体关注,全网累计播放量超 8 亿次。

在为期五天的赛事过程中,宁夏广播电视台提前谋划、敢打必赢,统筹调度全台媒体资源,对比赛全程进行内容立体形态多样的融媒体报道,全台合力形成声势,顺利有序亮点频现,受到观众网友的广泛好评。全台发布原创图文、短视频 1239 条,网络阅读量近 5000 万次。直播团队克服类型多、难度大、时间长等困难,在完成 11 场重要比赛的直播同时,还对比赛开、闭幕

式及开幕式文艺表演进行了全程直播，直播总时长近 1000 分钟，其中宁夏卫视频道电视直播 160 分钟，直播场次规模和内容点击流量均创下全台历次体育赛事活动之最，实现了宁夏台在长周期、高强度体育赛事直播方面的重要突破。

一、技术先行保障专业，确保赛事直播无忧

从 8 月 21 日开始，宁夏广播电视台严格标准，制定整体方案，梳理直播流程，统筹协调全台媒体资源，高效组织推进，精益求精做好前后方规划引导、直播间导控、应急预案准备和联络保障工作。技术团队抽调实践经验多、专业素质好、技术能力强的业务骨干与相关部门对接，制定直播技术需求、应急保障方案、电力供应方案。由于时间紧、任务重，保障级别高，基础保障条件要求能够满足 2 辆卫星车、1 辆转播车的使用，由于对活动现场情况不熟悉，技术中心迅速安排人员踏勘现场，确定行车路线，确认特种车辆使用要求保障条件，察看车辆停放环境。

比赛场地西吉县吉强镇篮球公园是一个下沉式体育场，为了满足赛事转播的需求，转播车、卫星车及配套电力、网络设施均安置在体育场北侧约 15 米高的马路上。技术人员顶着烈日、扛着设备往返于球场和转播车之间，完成设备连接、线缆铺设、摄像机架设、音视频调试、网络连接、信号调试等工作。比赛期间，技术保障团队紧密协作，每场活动仅设备部署、撤收就需要 4 至 6 个小时。开幕式揭幕赛结束后，技术团队收完设备回到住地，已是凌晨 1 点。

作为到场最早、离场最晚的队伍，技术保障团队默契配合、团结协作，用不懈努力和辛勤付出，为本次全国和美乡村篮球大赛（村 BA）西北赛区直播

的视音频传输提供了强有力的支持。

二、创新直播手段,圆满完成精彩直播

8月23日晚确定直播日程后,宁夏广播电视台直播团队广泛借鉴贵州台等媒体直播经验,组织摄制团队,设计直播方案,保证比赛场面和仪式环节的自然过渡和顺畅转场,在双卫星车同时传输信号的同时,增设光纤回传信号通路,确保播出绝对安全。

直播过程中,前方团队克服准备时间短,不确定因素多等困难,不断调整机位,改进呈现手段。因转播车长期没有承担过体育赛事的转播工作,车上没有配备计分系统,另外,慢动作回放系统(EVS)也没有操作手,达不到体育赛事转播要求。虽然外请了慢动作回放系统操作手,但慢动作回看时缺乏转场动画,观看体验不佳。直播团队积极想办法、找对策,利用现有条件解决了比赛计分呈现并制作了慢动作回放转场动画,同时增设实时比分显示、航拍直播等技术手段,丰富了直播的观赏性和趣味性,提高了转播的质量和观赛体验。

后方演播室根据前方拍摄回传画面,结合固原市和西吉县的特色产业、民俗文化,准备了近60分钟的备播素材。移动直播团队还以专业主持人+沉浸式直播的赛事直播报道形式,对固原市原州区、西吉县承办的部分比赛进行了第一人称视角移动直播。

经过统筹安排,比赛画面通过宁夏卫视频道、黄河云视、红枸杞客户端等渠道全网直播,"宁夏卫视""宁夏广电新闻中心""直播60分"等宁夏台融媒体账号组成的矩阵统一同步转播,全面覆盖微信、微博、抖音、快手等社交平台;全区五市电视频道、融媒体中心矩阵也完整转播了比赛实况。电视信号有效覆盖全国各省区市有线电视网络和IPTV,覆盖人口超过11亿人。宁夏黄河云融媒体中心充分发挥平台技术优势,与宁夏台前方直播团队密切配合,在做好全区县级融媒体中心协调配合的同时,为大赛官方提供全网独家直播信号。包括央视频、人民网、中新网、中国日报客户端在内的200多家全国各地媒体通过宁夏台信号进行了拉流直播,黄河云视客户端与极光新闻、闪电新闻、石榴云、潮新闻等客户端积极互动,比赛网络直播观看量预计超过5亿

次。此外,宁夏 IPTV 还协调贵州、福建、辽宁、天津、广东、山东、湖南、四川等全国 20 个省区,在开幕战与决赛直播期间,在各省级 IPTV 直播区首页予以引导推荐,受到全国球迷热捧。

通过长时间、多角度、形式多样的系列直播,直观展示了"村 BA"欢乐的现场氛围感,呈现出如下特点:

一是更具氛围感。专业主持人融入观看比赛的人群,和周围的乡亲以及网友们一起看球、聊天、欢呼、互动。这样既有别于传统媒体的专业球赛直播,又因为专业主播和内容支撑团队的加入,较之自媒体直播更权威、更有料。

二是更有亲切感。主持人不再是单纯地单向输出信息,画面也不再是高高在上的"最佳机位",通过融入观赛现场、走进百姓中间,让观看直播人有和朋友一起身临其境观看比赛的体验感。

三是更有陪伴性。主持人的注意力在对现场和背景情况进行解说的同时,更加关注直播间里的互动。观众们在直播过程中可以与主播进行互动,畅所欲言,共同分享笑声与热情。他们也可以在现场感受比赛的紧张氛围,为喜欢的队伍加油助威,共同分享喜悦。

通过不断地摸索、尝试与调整,直播的内容、主播的状态与观众的喜好和期待越来越契合,直播数据也一路走高。

三、丰富报道形态,融媒产品出圈出彩

和美乡村篮球大赛举办期间,宁夏广播电视台全台各中心对赛场内外进行了全程关注,比赛期间,宁夏台各渠道共发布原创图文、短视频 1239 条,网络阅读量近 5000 万次。

从 8 月 21 日起,宁夏广播电视台在宁夏网络广播电视台网站、黄河云视客户端、红枸杞客户端及新媒体矩阵全面启动了村 BA 宣传报道工作,并派出新媒体小分队赴固原西吉进行采访报道,采制了大量鲜活的新媒体产品。在聚焦比赛本身的同时,特意挖掘推出了大量宣传当地特色和发展情况的作品,起到了良好的宣传报道效果,微博话题 # 村 BA 西北赛区 #,宁夏台贡献率为官方媒体第三位。比赛期间,宁夏卫视《品牌宁夏》快速行动,聚焦乡村振兴,关注农民选手,推出两期特别节目。《直播 60 分》《都市阳光》等栏目及全台各频率频道融媒体中心持续关注报道。

图文传播方面,比赛前期多为大赛相关信息以及宁夏本地两支球队参赛的介绍,来源均为组委会和记者采访报道等官方渠道。随着赛期临近,新媒体也逐步加密报道数量,对赛事进行充分预热,同时配合推出了部分固原地区经济社会发展的成就性报道,让大家在关注比赛的同时,对宁夏特别是固原地区取得的跨越式发展进行充分了解。进入比赛阶段,宁夏广播电视台突出准确、权威、快速的特点,及时对赛事进展情况进行报道,同时聚焦周边趣事、当地特色等,推送了大量相关作品。

这次宣传报道中,短视频是新媒体发力的重点,呈现出"提前策划、团队出击、因地制宜"的特点。赛事举办期间,29 条视频登录抖音、快手、同城相关话题热榜,超过 90 条短视频被黄河云视、宁夏广播电视台所属各新媒体及"学习强国"学习平台、宁夏日报、固原电视台等区内媒体及陕西电视台、湖北日报等多家外省媒体以各种形式转发。这次报道呈现出以下特点:

(一)提前策划。在大赛开始前,抽调精锐力量组成村 BA 小组,大量梳理贵州、云南等地的成功宣传报道经验,结合本次赛事和当地实际情况,形成了九大类、超 20 条短视频的策划方案,全平台播放量超 32 万的《"村 BA"激情开赛!西吉县吉强镇党委书记喊你来看球赛喽!# 村 BA 西北赛区 # 这里是固原》、超 100 万的《"村 BA"西北赛区火热开赛!普通话、固原方言无缝切换!村 BA 场上的"双语"直播间 # 村 BA 西北赛区 # 这里是固原》、超 165 万的《吃着土豆看篮球,主打一个氛围!西吉洋芋嘹咋咧 # 村 BA 西北赛区 # 这里是

固原》等视频产品均是成功案例。

（二）团队出击。新媒体团队赶赴到比赛核心区宁夏西吉县，将拍摄、编辑、发布的全流程带到了比赛现场，拍摄画面、导入素材、编辑发布一气呵成，将新媒体的快速大量产出的优势充分发挥，同时后方编辑也全程在岗，通过直播拆条、线索思路提供等方式进行着前后方紧密配合，在8月27日开幕当天，有12条短视频登上快手同城热榜，发稿数量、速度、浏览量、点赞量均远超以往。

（三）因地制宜。除了提早策划之外，新媒体编辑也根据自己的网感挖掘着赛场内外的各种新鲜事儿。播放量超150万的《决赛见！甘肃省吹麻滩镇代表队帅气小哥哥隔空约战宁夏三营"杨家三兄弟"》、播放量超24万的《"村BA"来啦！记者探班全国"村BA"西北赛区开幕式彩排现场—起来看看"红旗"下的少年＃村BA西北赛区＃这里是固原》《全国"村BA"西北赛区火热进行中！赛场激烈对战台下"火热"应援！看老乡如何"花式防晒"＃村BA西北赛区＃这里是固原》超50万的《全国村"BA"西北赛区开幕式现场，个个都是神仙颜值！泰酷辣》等均为现场捕捉的产品。

在此次宣传报道的策划阶段，宁夏广播电视台就积极对接了快手平台，充分研究了平台属性和粉丝情况，制作推出了多条专供快手的独家消息，以此精准命中平台调性，从平台表现来看，综合表现明显优于其他平台。

四、经验与思考

（一）应急直播工作有待进一步提升

此次直播时间较为紧急，从8月21日下午与固原市委宣传部初步沟通，到 8 月 23 日晚，当地才最终决定由宁夏台执行重要场次的直播任务，留给直播团队准备和沟通的时间只有 96 个小时，与兄弟省区媒体及相关通路的沟通时间极度紧张。适逢周末，部分省区 IPTV 推荐页面无法调整，如果时间充裕，整体传播效果会有更大提升。此外，借助类似赛事热度，宁夏台可以更好地宣传当地乃至全区的乡村振兴工作，同时拓展广告衍生产业，以上工作需要宁夏台在今后的工作中予以改进。

（二）媒体深度融合应当发力小屏

与以往大型赛事报道相比，此次篮球大赛的舞台在农村，传播互动的主阵地也在农村，宁夏广播电视台借助短视频＋直播的方式，让全区乃至全国的网友突破大屏限制，随时随地传递并感受到群众体育的魅力。宁夏广播电视台将进一步研究小屏特点，充分运用互联网和新媒体技术，整合优化各类媒介资源、生产要素，统筹运用各类传播平台、信息技术，加快流程优化、平台再造，激发活力、形成合力。

（三）主流媒体表达应当更加年轻化

年轻化是媒体发展的必然趋势，主流媒体要在年轻一代中保持影响力，就必须以更具吸引力的方式进行内容表达。这意味着主流媒体必须跳出传统的"庙堂之高"，将传播方式转向年轻人更易接受的方向。在此次报道的过程中，作为主流媒体，尽管报道数量众多，但很多作品依然难以引起网友尤其是年轻网友的共鸣。当前，主流媒体正积极塑造适应当下时代的宣传报道风格。在内容表达、传播方式等方面进行创新，以适应年轻化、数字化和社交化的需求。官媒应当实现与用户的更紧密互动，将传统价值观与现代表达方式相结合，形成独特的气质和风格。勇于尝试年轻化表达方式和数字化手段，实现了内容创新和媒体融合。采用纪实的手段，突出生动的细节，在宏大叙事中突出生动细节，于细腻处见真情，从而增加了读者的参与感，利用网络热歌、热词、热梗等开展有声有色的创新表达。通过这种方式，提升自身的影响力，赢得年轻受众的认可与关注。

（四）农村体育题材值得深度挖掘

充满"农耕农趣农味"的乡村体育,在丰富着传统媒体内容生态本身的同时,也为固原的乡村带来了非常丰厚的流量与关注度。将球赛、特色文化、地域产品等融入一起的赛事,蕴藏着掘金乡村振兴的种子,"体育搭台,经济唱戏"的故事,值得在宁夏乡村的每一片热土上演。作为自治区主流媒体和制播能力最强的视频制作机构,宁夏广播电视台有义务有能力深度介入,助力乡村振兴趋势,实现融合发展。

结语

"村BA"的举办是乡村振兴不断推进的生动实践,也是群众精神文化生活日益丰富的缩影。自2022年贵州省台江县台盘村的乡村篮球赛火爆出圈以来,村BA热度一直在持续,而这场"村BA"也为宁夏固原的农特产带来了市场机遇。8月27日至31日,在"村BA"比赛期间,固原市组织120余家名优特色农文旅企业及西吉好吃头经营主体携100余种产品亮相展示,累计销售额236.22万元。

赛事期间,承办比赛的乡镇以篮球为媒介,开展丰富多彩的文旅配套活动,吸引八方来客共享文体旅融合盛宴。让"老字号"美食带动新消费,推动文体旅资源的利用转化,激发乡村活力,不论是对篮球比赛感兴趣的球迷,还是对美食有兴趣的游客,都能在这里畅享文体旅融合的成果。打造"村BA"这样的平台,把篮球赛办在乡村,让体育赛事走进基层,让更多的群众有机会参与到篮球运动中,亲身体验赛事魅力,让赛事活动"有农趣、出农味"。作为地方主流媒体,宁夏广播电视台有责任通过传统民俗拉动乡村旅游,让更多游客在传统民俗与乡土风情中感受文化的力量,持续推动"文旅+"拓展的消费场景"上新",消费链条不断延伸,促进文化与旅游融合发展,推动乡村旅游形式不断创新,为乡村振兴赋能,诠释乡土文化在乡村振兴中的独特魅力。

"诗情画意"与新闻节目的结合

——从《宁夏新闻联播》报尾《看见宁夏》谈媒体情绪价值

范成瑜

　　情绪价值一词，兴起于经济领域，形容的是给他人带来舒适、愉悦等美好感受的能力。一直以来，提供情绪价值与主流媒体的职责和使命关联得并不紧密，反倒是与自媒体更接近些。情绪作为主观产物，有人认为与媒体的专业标准相悖，影响理性客观的表达。其实不然，情绪价值强调的是受众的情绪，而不是表达者自身的情绪。不论平台属性如何，内容生产者都需要通过作品与观众隔空互动。观众从中获得怎样的情绪反馈，直接影响到其二次传播的意愿，继而影响作品的传播效果。进入融媒时代，越来越多具有情绪价值的作品出现在主流媒体平台上。

　　2024 年 3 月 18 号开始，《宁夏新闻联播》每天结束时推出报尾《看见宁夏》，并在黄河云视客户端等新媒体平台同步推出合集。主持人用简明扼要的引导词后，主题画面在恰如其分的背景乐曲中徐徐转换。一分多钟的视频，展现了今日宁夏的勃勃生机和历史渊源，观众的情绪由此受到感染。

　　总观已经播出的《看见宁夏》，基本内容涵盖了宁夏各个方面。但无论哪个方面,都有一个共同点——给观众提供情绪价值。同时,还在潜移默化中增强了对当天新闻节目主题的印象,进一步加强了对节目的情感认同。《看见宁夏》内容基本可以分为四大类。

一是配合当天重点稿件进行内容延伸,满足受众求知。《宁夏新闻联播》担负着区内重点新闻宣传任务,其节目的严肃性和客观性自不用说。但是,如何做到内容严肃客观和理想传播效果的完美融合?这就有一个技巧问题。而《看见宁夏》这个看似不起眼的报尾,恰恰起到这样一个作用——让受众在放松的状态下,既对当天的重点新闻内容有了理性认识,也在情感上产生了回应和共鸣。2024年8月9号,第四届中国(宁夏)国际葡萄酒节文化旅游博览会在银川开幕,当天《宁夏新闻联播》的重点稿件都是围绕大会各项官方活动编排的。《看见宁夏》播出时,伴随着舒缓轻松的背景乐曲,观众通过镜头将这届葡萄酒节的"五新"特点,即新技术、新品种、新装备、新产品和新设计,具体而形象地进行了展示。这就是对当天客观新闻报道的一个感性延伸。

二是紧跟新闻舆论热度,引导社会心理。2024年3月,伴随甘肃天水麻辣烫火遍全国的时机,宁夏借助与天水地理接近的优势,推出"吃了天水麻辣烫,顺带来宁夏尝尝辣糊糊"的宣传。同时,自治区旅游部门也出台一系列宁夏景点优惠政策,推介宁夏美景美食,希望在当年五一假期给宁夏文旅营造一个小高潮。在此背景下,《看见宁夏》先后推出宁夏代表性的二十一景以及宁夏盐池羊肉、吴忠早茶等美食内容,以官媒的立场外加赏心悦目的画面,对营造和引导当下全区旅游热点风向,起到了积极的正面作用。

三是配合当天的节日、纪念日或节气,营造社会氛围。在媒体融合时代,

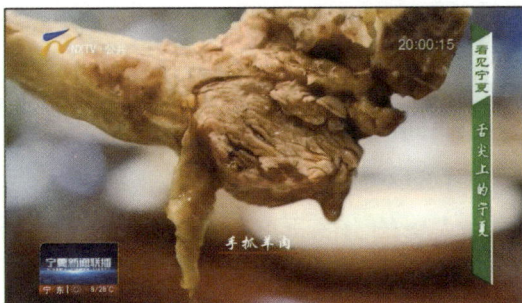

实现节目内容的提升和创新需要另辟蹊径。利用节日、纪念日或节气进行创作，不失为一种"讨巧"的手段。《看见宁夏》推出以来，既可以就清明节、劳动节、国庆节和环境日等节日或纪念日播发对应画面。也可以配合二十四节气播放相应诗文。无论是节气还是节日，《看见宁夏》作为一档新闻节目报尾，起到了对当天新闻节目画龙点睛的作用。

四是播出地区四时风光，令人怡神悦目、抽离日常。从 2024 年 3 月开播以来，《看见宁夏》会根据四季变化，通过镜头带领观众一同感受宁夏各地雪融、鸟来、柳绿和花红等风景转变。屏幕中四季美景的各色呈现，会给因快节奏生活而浮躁的现代人营造一种平和心境。

《宁夏新闻联播》作为一档以地方时政新闻为主要内容的电视栏目，像这样推出带有"诗情画意"的专栏，是否影响新闻节目的传播效果，削弱新闻节目的严肃性和客观性呢？笔者认为，《看见宁夏》在《宁夏新闻联播》节目最后播出，一分钟的节目并没有削弱整档新闻的严肃性和客观性，播发的位置和时长也符合受众接受信息的规律。在接受二十多分钟的新闻后，受众的精力、关注度和情绪需要有个调整，而《看见宁夏》恰好给这种"疲劳"一个缓冲，使整体"硬"性新闻内容有了一个"软着陆"，让受众在轻松愉悦的信息氛围中，大脑得以放松，情绪得到释放。

根据清华大学与传播学院等机构联合发布的《传媒蓝皮书：中国传媒产业发展报告（2023）》中所提，主流媒体正处在深度融合下的数字化转型过程中，短视频渠道成为主流媒体提升网络传播力的重要赛道。可以看出，媒体融合从最初浅显的尝试，已经到了深度融合阶段。《宁夏新闻联播》作为电视新闻节目主打品牌,如果要保持自身主阵地作用,就要借鉴网络媒体传播手段的长处以适应新传播趋势。其中,新媒体中信息传播和情绪传播同时发生的手段就可以借鉴。

2024年7月巴黎奥运会期间,时隔二十年的刘翔再度在网上翻红。从传播学角度来看,刘翔的"翻红"现象,不仅是个人影响力的再度彰显,更是媒体在内容传播与品牌建设上可以借鉴的宝贵案例。有文章分析指出,"回忆杀"引发集体情感共鸣是这一现象不可忽视的重要方面。正如北京关键之道体育咨询有限公司创始人、董事长张庆所说,"与其说公众在回忆明星的点点滴滴,不如说公众潜意识里对曾经某个社会事件、某个热点人物有关联的场景进行回顾,实际上是在借由这些回顾,对自己青春岁月进行一次回望。"由此可见情绪价值的重要作用。具体来说,一是把握传播生态中的情感转向。《看见宁夏》依托《宁夏新闻联播》品牌并借鉴新媒体的情感性,达到两者相得益彰的效果。二是挖掘并传播品牌节目的深层价值。《宁夏新闻联播》本身具有一定观众基础,结合当前传播新趋势,再次拓深它的节目价值,同样便于调动观众的情绪。

总之,《宁夏新闻联播》片尾《看见宁夏》是一次积极的尝试和创新,它所传递出来的情绪价值效果已经显现。相信随着《看见宁夏》的长期播出,一定会给观众带来更加丰富的情感体验。

主流媒体如何打造"爆款"短视频新闻？
——以中国新闻奖获奖作品为例

祁　丽

融媒时代，短视频已成为新闻传播的重要赛道。

《2023 中国网络视听发展研究报告》显示，截至 2022 年 12 月，我国短视频用户规模达 10.12 亿，在整体网民中占比 94.8%，用户人均单日使用时长超过 2.5 个小时。

如何把短视频作为创新引擎，赋能新闻宣传全方位创新，更好地彰显主流力量，理应成为主流媒体持续发力、深耕不懈的必争之地。

作为新闻行业优秀作品的"风向标"和"定星盘"，中国新闻奖自 2018 年首次设立媒体融合奖项，12 件短视频新闻获奖作品浮出水面，平均时长 5 分 30 秒。自此之后，一批既有高度又有温度，既有深度又有热度的短视频在适应用户碎片化阅读的同时，将优质内容与技术创新深

度融合，不仅成为网络爆款和刷屏之作，也树立了短视频新闻报道的"样板"和"标杆"。

所谓"一寸短、一寸险"，"爆款"短视频既是对"内容为王"的坚守，又要融入思想性和趣味性。

在时长方面，不同的传播平台有着自己的标准，但无论是快手的"57秒、竖屏"，今日头条的"4分钟"，还是抖音从"15秒"到"1分钟"的过渡。短视频的速生，契合用户对碎片化内容消费的需求。"短"视频绝不仅仅意味着缩短时长，而是同时具备短时和高信息密度的融合特征。

在内容呈现上，爆款短视频作品通常短小精悍、高度凝练、迅速切入主题和高潮，规避了主题模糊、节奏缓慢以及形态老旧等问题。作者要在短时间内打磨新闻要素，"快准狠"地深挖新闻背景，在保证整体逻辑性的前提下，充分释放作品内在的张力和闪光点。

在制作环节上，视觉冲击要强，不是娓娓道来，而是爆发式渲染。要充分体现所谓的"三秒吸睛、五秒转场、八秒反转"。既有内容也有形式，既有故事也有悬念，既有呈现也有互动，给用户带来沉浸式"信息喂养"的感受。

在传播机制上所具备的强社交属性，应该被纳入短视频作品的策划环节，作为内容制作的一部分前置考虑。

"麻雀虽小，五脏俱全"。纵观近年中国新闻奖获奖的短视频作品，我们可以看出，"爆款"短视频绝不是电视新闻节目的简单拆条，而是打通资源、重组要素后精心策划的产品。作品中那些看似不经意打动人心的"泪点"、令人热血沸腾的"现场"以及耳目一新的表现形式，既需要媒体人捕捉新闻的专业能力，也需要对网络传播规律了如指掌，在主题呈现、内容表达、形式创新和传播机制等方面通盘考量，从而实现专业性和网感化之间的无缝衔接。这些获奖短视频作品的创作理念、手法和方式等,值得我们学习借鉴。

一、主题聚焦 紧贴时代 找准差异化竞争的发力点

一条短视频要想在信息爆炸的网络时代独占鳌头,首先必须做到主题精准,与时代同频共振、同社会民生息息相关,突出新闻舆论宣传工作的重点,作品中的人、事、物要深入体现其核心价值观和精神层面的内涵。

近年来,在中国新闻奖获奖题材的分布上,时政要闻、重大突发事件以及弘扬主旋律的专题报道是三个最主要的题材领域。这原本就是主流媒体发挥"看家本领"的主阵地,然而要想在网络时代"破壁突圈",更好地实现有温度的传播,还需要找准差异化竞争的发力点。

获奖作品《独家视频丨游客:"彭麻麻呢?"》,在游客与习近平总书记一问一答中尽显大国领袖的亲民形象。23秒的视频发布当天即获点击量23亿。在快速反应敏锐捕捉现场的专业内功基础上,"放下身段"用新活泼、接地气的话语方式,拉近了与用户的距离,让带有强烈情感色彩的内容引发用户共鸣。

除此之外,诸如《十八洞村龙金彪的Vlog|脱贫之后》《"韩寒井柏然都为她加油!一个武汉90后女孩的'方舱日记'"系列短视频》《三星堆国宝大型蹦迪现场!3000年电音乐队太上头!》《放大音量!听百年最硬核声音》……这些获奖作品围绕脱贫攻坚、抗击疫情、三星堆遗址考古新发现以及中国科技创新等重要主题,纷纷在标题的"网感"、内容语态的"烟火气"以及"人情味"上追求差异化辨识度,凭借活泼生动的泥土气息以及趣味性,迅速成为网络"现象级"短视频。

二、技术塑形创意出圈 拓展审美新格局

技术赋能是一切创意表达的基础,不仅能够为内容呈现"锦上添花",也可以为用户带来个性化的审美体验。

尤其是短视频新闻,要在极短的时间里,让浓缩的创意强势输出,迅速抓取用户的注意力,带来别具一格的审美体验,就需要不断在技术层面"更上一层楼"。

当然,形态上的创新绝不是为了单纯炫技。抛开内容的厚度,一味追求形

式上的创新，并不可取。

在获奖作品《超震撼航拍——看，星光战胜火光!》中，航拍技术被发挥得淋漓尽致。从高空俯瞰山火形成的"巨大火龙"和救火人群头灯形成的"星光长城"，一撇一捺，刚好组成了一个大大的"人"字，人们用身躯筑起"防火长城"保卫家园的内涵得以释放，迅速引发全网共振。

尽管在当下航拍已经不再成为难以企及的技术门槛，但如何用好技术助力内容，该片全网播放量超50亿的关注度或许值得我们思考。

梳理近年获奖短视频，有连环画、漫画、插画、版画、沙画等形式的创新运用，有无人机航拍、人工智能、微缩技术、三维建模等技术的融合，也有人像抠图、一镜到底、虚拟动画与实景结合等要素重组的创意表达……新技术的呈现形式层出不穷，形成了个性化、沉浸化的审美体验，通过技术手段"惊艳亮相"来促进短视频新闻"出圈"已成为大势所趋。

习近平总书记指出："要加强传播手段和话语方式创新，让党的创新理论飞入寻常百姓家"。技术实力体现主流媒体的专业能力和专业优势，任何时候都不能丢弃。尽管我们在技术研发上有短板，但必须保持对技术的敏感，并致力于新技术的快速应用。在实践中着眼长远发展，逐渐探索培养一支自主可控的核心技术团队，让新技术真正成为我台融媒改革的强大支撑和关键动力。

三、专业引领 故事化表达 小切口呈现大情怀

一个令人回味的短视频，不仅要有核心主题和新颖的形式，还需要不断

挖掘叙事的完整和深度。在内容构架上的血肉丰满才能使碎片化的叙事链接成为一个有机整体。

1.巧设悬念，吸引用户一探究竟。获奖作品《新中国密码：15665,611612!》在新中国成立70周年之际，用一串数字作为新闻标题，巧设悬念，引导用户去作品中寻找"新中国密码"；《72个红手印，究竟为了留住谁?》从听声音、看事迹再到按手印，讲述贫困村村民以联名信形式挽留驻村干部的故事；《中国一分钟》系列微视频开篇统一采取设问的形式，"一分钟，中国会发生什么?""一分钟，你能做什么?""一分钟，世界在发生什么?"，迅速抓住用户的注意力，启发思考。

2.呈现转折和冲突，让人物在困境中"成长"。获奖作品《脑瘫外卖小哥的小年夜》，讲述脑瘫外卖小哥阿龙小年夜冒雨送外卖的全过程。阿龙每天连轴工作14个小时，顾不上吃饭，但因肢体原因送餐超时，时常遭到顾客差评和扣费。短视频并未回避阿龙的困境，在真实呈现矛盾和冲突时，给出了阿龙自己的答案。"爸妈也一天天地老去，我也要学会自己照顾自己，加油。"在阿龙坦诚的笑容里，一个可爱可敬劳动者的鲜活形象扑面而来，"幸福是奋斗出来的"真谛得以生动诠释。

3.缩小叙事切入口、深化情感共振。获奖作品《当咖啡花遇上茉莉花》从两朵小花切入，以茶为媒，以花为信，选取哥斯达黎加当地咖啡农户萨莫拉一家与茉莉花的故事为缘起，润物无声地传递了习近平外交思想的核心理念——构建人类命运共同体。

好故事最吸引人。通过小人物、小场景、小细节等为切口，将个人前途与国家命运同频共振，通过情感上的共鸣强化价值认同，以小见大实现微观故事与宏大主题相融合。这种"讲故事"的方式已成为诸多获奖短视频的一条实用法则。

四、在交互传播中挖潜 延伸作品生命线

与传统新闻作品发布即终止不同，短视频新闻在不同属性的社交平台发布后，每一个用户都被视作传播节点和放大器，每一次点赞、个性化评论、分享甚至二次创作都是对短视频生命力的延续。让有信息的内容有价值，让有意义的内容有意思。注重网络的社交属性，使短视频的传播迅速升温、发酵，从而获得流量和热度，这也是获奖作品能成为爆款和刷屏之作的要诀。

获奖作品《深蓝！深蓝！》是首部航母主题宣传片，以四个人物故事为内在支撑，镜头饱满、剪辑老辣、声效到位，甚至连人物转场的环节都做了精心设计。然而主创团队复盘时认为一半以上的热度和流量来自视频结尾处埋设的彩蛋。将即将下水的第三艘航母与三孩政策作为一个"梗"引入后，相关话题陆续登上微博热搜，人民海军阔步星辰大海、逐梦万里海疆的壮阔航迹，得到升华和二次深度传播。

新时代饱含新期待，新征程呼唤新作为。发挥专业优势，深耕内容创作，树立传播领域的价值标杆，既是媒体立足之基，也需要每一个媒体人在融合创新之路上不断践行"四力"，让更多有温度又有力度的短视频新闻作品"化茧成蝶"。

寓情于理，做好生态环境调查报道

张　婷

"十四五"时期，我国生态文明建设进入了以降碳为重点战略方向、促进经济社会发展全面绿色转型、实现生态环境质量改善由量变到质变的关键时期，有关污染防治攻坚、生态环境保护等报道的受关注程度也与日俱增。其中，生态环境调查报道以内容的深度、广度经常汇聚舆论的焦点。但做好生态环境调查报道并不容易。很多生态环境问题背后往往有着较深的历史根源，牵扯关系错综复杂，面临着眼前利益和长远利益、局部利益和全局利益等多种矛盾和博弈。

近年来，宁夏广播电视台在宁夏贯彻新发展理念、大力推进生态立区战略的过程中，发挥主流媒体的职责使命，采制了大量生态环境调查类报道。回顾这些报道，都离不开在讲清"理"的同时说好"情"，也就是"寓情于理"的思路。

立场要"专情"

思想是行动的先导，厘清方向和思路至关重要。任何一项复杂的生态环境问题,都不是孤立存在的,常常与错综复杂的自然、社会因素息息相关。例如,有些破坏环境的行为也许就是当下群众赖以为生的经济来源,一旦中断,似乎"民生"难保,可能会让记者陷入"两难"的境地。其实这个时候,只要抓住唯一标准——习近平生态文明思想的核心要义来检验,即可明辨是非。努力建设人与自然和谐共生的现代化是习近平生态文明思想的集中体现。"情感"方向明确了,思想就能统一,进而以问题为导向,寻找解决办法。

2017年宁夏深入推进贺兰山生态环境保卫战,向愈演愈烈的违法开矿亮剑。宁夏广播电视台聚焦整治行动,策划拍摄电视专题片《贺兰山在哭泣》。然而由于当地依托煤矿采掘衍生出的产业链已经存在了相当长的时间,报道刚开始启动的时候,记者听到不少来自各方面的牢骚埋怨,"要环保还是要发展"的声音不断出现。在多种声音下,宁夏回族自治区党委政府坚定地提出:"必须从政治、战略和全局的高度来认识和维护贺兰山保护工作。"在这样的思想指导下,记者心无旁骛地将镜头和笔触聚焦在盗采盗挖对贺兰山造成的破坏景象上。通过采访调查,科学、深刻地指出贺兰山对于宁夏乃至全国在生态环境、物产资源、可持续发展等多方面的重要性,滥采滥挖造成的不可逆破坏,以及如果不加遏制将会带来的灾难性后果,全面说明做好贺兰山整治工作的极端重要性和紧迫性,让大家对以破坏贺兰山自然保护区换取经济利益的短视行为形成了"必须立即停止"的共识。《贺兰山在哭泣》因对主题的深刻挖掘获得了较大影响力,被授予宁夏新闻奖年度特别奖。

事实上,立场就是站位要高,找准方向,同时找准问题,不被一些假象所迷惑,坚定大局观,向下深挖,挖掘到主题的富矿。

叙事要"动情"

"情感"一度被很多新闻人排斥,认为新闻就是"客观事实的描述",所以必然不应该有情感在内。但事实上,记者在报道中,根本无法置身所有客观事实之上,排除自己的情感。如果说新闻的客观与主观、理智与情感在传统新闻实践中并非水火不容,那么在社交媒体时代,感性新闻(affective journalism)的回归或者转向更是不可避免。当然,在旗帜鲜明亮明情感的同时,要充分考

虑如何让作品的情感得到受众的共鸣，而非盲目"带节奏"。

为什么虐待小动物、孩子受伤害等题材的新闻报道，人们常常为之动容，而有些环境保护的题材却不容易引起我们的感同身受？笔者认为，"环境""自然"是一个庞大、不够具体的主体，人作为感情动物，不容易将其作为一个情感交互的对象，也就难以引起共鸣。因此，将环境主体人格化，是行之有效的手法之一。2019年荣获宁夏新闻奖一等奖的电视专题片《黄河在怒吼》，通篇将黄河作为"母亲"的口吻来表述。"宁夏的确是母亲河最宠爱的孩子。""然而，我们却肆无忌惮地索取着……"等表述，一针见血地对污染黄河行为进行了鞭挞。这些表述与受众有着强大的感情基础，因此引起了广泛共鸣。片中的受访者说到黄河作为"亲人"被"伤害"后的焦虑和痛心，例如，银川西夏区惠台村的一位村民说："以前小的时候，这个沟里的水我们都喝呢。现在看着这个沟，反正是很揪心！"中国工程院院士、水文学及水资源学家王浩说："让'母亲'回到年轻的时代，这样子我们才有了可持续发展的前景。"这些同期声透过真情实感所表达出的张力，让作品呈现出了直抵人心的传播力量。

除了将自然环境人格化，让报道聚焦在有生命、有灵性的动物身上，也能增强报道的感染力。人类在动物身上能找到很多包括生命、亲情等方面的感情互通,因此会报以更多的关注。荣获第三十届中国新闻奖电视消息一等奖的作品《贺兰山生态环境整治后大批野生动物重回家园》,镜头捕捉到了在整治修复区七只岩羊在山崖间跳跃、一只金雕在天空盘旋,以及一眼泉水边印满了动物来往的脚印等细节,让受众深切感受到人类活动对动物的影响如此直接,从而增强对整治工作的价值认同。

事实上,在每个环保报道中,任何一次具体的环境污染、生态破坏等事件,直接影响的群体都是有限的,但如果晓之以理,动之以情,就可以牵动受众的心,让他们判断出事情的发展后果,从而投入更多的情感关切。当然,注入情感的同时,必须注意有足够的事实支撑,防止情感"盲目抒发"。

论证过程要"共情"

"共情"是心理学上的一个概念,如今越来越被新闻界所熟知。它指的是建立在客观事实认知基础上的"同理心",就是了解他人感受的能力。例如提问、采访要"共情式",意思就是要设身处地,从体验他人处境、充分理解和感受他人情感的角度来拉近与被采访者的心理距离,从而推进采访。

很多生态环境问题都有着客观存在的历史原因和社会原因,因此环境调查报道如果想达到与受众同频共振的心理共识,就要在呈现事实的同时,多用历史的、辩证的观点剖析环境问题,而不是简单粗暴地"一刀切"。在立场"专情"、叙事"动情"后,应主动与人民群众"共情"。新闻媒体在做调查性报道时,要心里有人民群众,有大局意识和方向感,有对假恶丑的憎恶和对真善美的褒扬,及时发现问题、调查问题、解决问题,用镜头和文字为公众展现一个不断改进的社会,为推进国家建设作出应有的贡献。

在我国经济由粗放型转向集约、绿色发展的过程中,很多过去看似"正常"的发展方式,已经不适应新要求了。在此过程中,由于信息不对称,经常还会发生谣言四起的情况。这时候,报道要充分理解群众的情绪宣泄,避免产生新的对立情绪,激化矛盾。与此同时,要把破坏环境的危害讲清楚,把停止破坏性生产的政策讲清楚,把变革生产方式的要求讲清楚,帮助群众增强法治意识、树立绿色理念、担当环保责任。

　　例如，宁夏广播电视台在进行关于压砂作物种植的调查报道中，发现普通民众不是认识不到大面积压砂种植会对生态环境造成恶化，但他们更为关心的是自己的眼前生计，这样的想法对于普通百姓来说无可厚非。因此，该报道一方面聚焦提升群众的法治意识、环保意识，一方面则思考在环境保护和民生发展中间如何找到一条更可持续的有效路径。

　　面对汹涌的民意，如果只求摆事实、讲道理，不顾情感安抚与价值认同，效果会大打折扣，有时还适得其反。主流媒体环境调查报道的落脚点应该围绕勇于承认既成事实、承担应有责任、探讨可行性建议，而不要一味批评、吐槽，或者站在道德的制高点上颐指气使。

　　随着移动互联网及新媒体技术的高速发展，人们进入了情感大于事实的"后真相"时代，匿名化的社交媒体成为网民意见表达和情感宣泄的绝佳场所，加剧了网络空间中非理性情感的聚集和蔓延。主流媒体在做环境调查报道的时候，也要充分对情感的作用进行再认识。在生态文明的建设过程中，面对转型期的种种阵痛，"情"是发自对人民群众美好未来的真感情，是源于构筑我国生态文明体系、保护美丽中国的初心；"理"是找准环境问题背后的"真问题"，例如"猫捉老鼠"式的污染防治背后，其实大多隐藏的是发展问题。"寓情于理"做报道，易于让各方受众对报道的调查结果接受进而认同，从而凝心聚力，在新发展理念的指引下，找到解决问题的根本途径。

电视新闻如何讲好新闻故事

陈建军

随着我国社会经济快速发展，媒体之间的竞争日趋白热化,传统的电视新闻制作形式和传播方式已经无法满足受众的实际需要。电视新闻故事化作为当前电视新闻领域相对流行的一种表现方式,是以讲故事的方式来表现新闻事件,更贴近群众生活。

一、电视新闻故事化叙事的基本特征

电视新闻故事化叙事就是以讲故事的方式来表达新闻事实,从叙事的角度来说,它的特点主要体现在以下三个方面。

(一)以探寻人性为出发点

新闻故事的解读需以满足受众的合理需求为出发点,以共情挖掘读者内心,以故事化叙述构建报道情节。电视新闻故事化叙事充分体现了电视媒体对新闻受众的人性关怀,以人性为出发点和落脚点,这是电视新闻故事化叙事的主要特征之一。从电视新闻角度来说，通过讲故事的方式来不断深化主旨，有利于加深受众对新闻作品的印象。而且电视新闻故事化叙事是从受众的角度去思考和分析问题，更加关注受众的实际需要，从而实现更好的传播效果。

（二）以营造感染力为目标

电视新闻故事化传播就是不断营造良好的感受，让受众有身临其境的感觉，从而提高整个新闻事件对受众内心的冲击，给他们留下深刻的印象。对于电视新闻来说，通过使用故事化的传播手法，密切配合生动的声音与画面，把抽象的信息用形象的方式进行呈现，从而提升新闻的感染力。除此之外，受众在观看电视新闻时也能够了解事实真相，自觉进行深度思考，认真分析新闻背后的社会问题。

（三）激发受众观看新闻的兴趣

电视新闻故事化叙述更加强调对整个新闻细节的刻画与描述，再配合上精彩的画面，设计扣人心弦的故事情节，用引人入胜的场景氛围来有效激发受众的好奇心和求知欲，提高受众观看电视新闻的兴趣，进而提高电视新闻的收视效果。

二、电视新闻故事化叙事存在的主要问题

现如今，越来越多的电视媒体在进行新闻报道时会使用故事化的叙事方法，但是在表达的过程中也出现了细节被过分放大、主题过于平淡或者新闻的引导力较弱等问题，这些都不利于电视新闻的长期传播。

第一，新闻细节被过分放大，这是电视新闻节目故事化叙事中存在的一个重要的问题。一些电视媒体在制作新闻时虽然采用了故事化手法，但是对新闻的真实性有所忽视，过于放大部分细节，出现以偏概全的情况。这种严重影响新闻真实性的做法，让电视新闻传播的意义和价值受到了损害，也极大地降低了电视媒体的社会影响力和公信度。

第二，一些电视媒体在制作新闻时所选择的主题不具备特色，同质化现象比较明显，不管是节目结构还是节目内容都比较缺乏新颖性和独特性，所选择的新闻主题较为平淡。此外,一些电视媒体在进行故事化创作的过程中始终迎合受众习惯,导致新闻的价值得不到有效发挥,整体的传播质量和传播效果也就难以提升到更高的水平。

第三,新闻作品引导力不强。一些电视媒体在制作新闻时,比较重视营造故事氛围,着力突出故事化的制作手法和对受众所产生的吸引力,忽视了新闻的社会价值,对受众的引导力不足。

三、提升电视新闻故事化叙事效果的主要策略

(一)以新闻的真实性为基础

对于电视新闻来说,真实性是最基本的要求,这也是电视新闻故事化叙事制作的前提与基础。电视新闻以画面和声音为传播载体,因此,在进行故事化创作的过程中要充分借助电视语言的画面和声音载体,积极寻找新闻事件内容与故事化传播制作之间的结合点,既要遵循真实性原则,坚持讲真话,还要避免出现"摆拍"情况,严格围绕新闻的真实细节进行叙述讲解,从而提高新闻的可看性和可读性。

例如,宁夏广播电视台记者在讲述《咱们村的带头人》的系列报道中,就用了大量故事化的叙事手法,对每一个致富带头人的创业经历进行深入采访,拍摄时注意捕捉细节,立体化地对带头人的故事进行深刻剖析和全面阐述,给受众留下了深刻的印象。宁夏广播电视台记者始终立足于新闻细节的真实性,详细描述真实的人、真实的事和真实的环境,更为客观地报道新闻事实,更加有效地发掘新闻真相,更好地去进行诠释和展现,更好地提高新闻的传播效果。

（二）提高新闻主题策划能力

对于每一部新闻作品来说，其主题就是核心思想，在确定选题时应当积极追求创新，追求标新立异，强调体现节目特色。电视新闻的故事化讲述和制作方法多种多样，如开门见山、倒叙或者设置悬念等，所以以电视新闻的故事化叙事要始终结合新闻事件的具体内容，积极拓宽选题范围，充分发挥新闻素材的价值，灵活应用故事化的表达方式，通过加入引人入胜的故事情节，快速吸引受众的注意力，把新闻事件的价值最大限度地发挥出来。

例如，宁夏广播电视台组织开展的大型全媒体新闻行动《逐梦黄河》，二十多位全媒体记者分西线、中线、东线三个采访组深入青海、宁夏、山西、内蒙古、河南、山东等省区进行实地采访，对话百余位采访对象，用心倾听、用心记录、用心表达，运用故事化的表现手法，突出报道的主题，讲述了一个个有情感、有温度、有力量的"黄河故事"。《山西：黄土高原如何"锁"住入黄泥沙》《宁夏：精心呵护母亲河保黄河长治久安》《小浪底守护黄河安澜》等一系列新闻作品很好地弘扬了媒体的社会责任。

广播电视台要做好主题的选择与策划，充分激发受众的观看兴趣，让他们在读故事的过程中产生好奇心，持续增进受众与电视媒体之间的感情，提高忠诚度。具体来说，要注意以下三个关键点。第一，要把故事化的叙事理念融入新闻剪辑活动中，做到既叙事，又表现出新闻的传播价值。第二，增强画面的层次性，提升内容的丰富性，分清主次，突出主题，追求更加细致的剪辑，强调逻辑性，并提高内容的丰富性。第三，创新表达方式。电视新闻是靠画面说话的，镜头也是一种语言，新媒体环境下新的拍摄技术不断涌现，改变了人们的视听感受。因此，用镜头讲故事是电视新闻工

作者必备能力。还是以《逐梦黄河》大型全媒体新闻行动为例,宁夏广播电视台在报道中运用了平时新闻摄影不常用的方法,如水下摄影、慢镜头拍摄等,将黄河的灵动与内秀真正展现在受众面前,并灵活运用了延时拍摄、升格拍摄功能,使新闻作品更具视觉效果。

(三)坚持正确的导向

电视媒体肩负着正确引导社会价值导向的使命,所以在新闻故事化创作的过程中不能只强调叙事,还要重视正确的引导作用。真实性是新闻的基础,也是底线,电视新闻的故事化创作要在尊重客观和尊重事实的基础上,加入故事性元素,始终坚持正确的价值观念,深度发掘新闻的内涵与价值,正确发挥新闻的意义和作用。对于新闻工作者来说,要牢牢把握新闻工作主动权,善于捕捉有传播意义和传播价值的信息,以贴近群众实际、满足群众需求的话题为传播主旨,持续地引起受众的关注。比如,在报道事件的对立面时,可以使用烘托、反衬等技巧,用矛盾和冲突来表现故事张力,提高新闻的故事化活力。再如,可以选择有活力且生动的新闻事件,使故事情节跌宕起伏,不仅具有可读性,而且能够引发受众的深入思考,吸引受众的注意力。

(四)重视结构的优化

电视新闻的特殊性决定了其语言的严肃性和官方性,但是,由于受众的普遍性、广泛性、差异性等因素的存在,使得传统媒体新闻不得不考虑其语言的适用和新闻内容生产的革新。在新时代背景下,新闻故事化叙事成为传统媒体的制胜"法宝"。新闻的故事化创作,并不是一件易事,讲究结构才是关键,抓住了结构就如同抓住了"牛鼻子",也就有了正确的方向。比如,记者可以使用单线叙述的方式,按照时间先后来讲述新闻事件,让受众观看起来清晰明了。再如,记者也可以使用双线叙事的方式,两个时间线齐头并进,不仅内容丰富,而且极具吸引力。

以《闽宁纪事》这部人文历史纪录片为例,该片以"小切口,大情怀,正能量"的创作手法,通过多点平行叙述方式,以人物命运展现和记录时代变迁,为受众直观地呈现出闽宁镇的发展变化,体现了闽宁两地山海情、帮扶情、奉献情,使新闻叙事极具表现力和张力。同时,该片用小故事讲述大主题,采用多元叙事方式,从不同人物的视点出发,将平凡人的故事娓娓道来,使得人物形象更加饱满富有层次,情节也更加具有故事性。

(五)以人为本,注重情感共鸣

新闻是"事学",而新闻故事是"人学"。从"人民"视角进行故事化叙述,意味着记者需从新闻事件中发现人物和发掘人性,将新闻报道与百姓日常生活相联系,重点在于让受众了解新闻背后与自身生活之关联。为了真正实现讲好故事的目标,电视新闻必须坚持以人为本,以人民群众的需求为导向,与人民群众的生活紧密结合,引发受众情感共鸣。新闻观点来自群众,也就会更贴近生活实际、贴近日常。

四、结语

综上所述,立意深刻、内容丰富、表达有温度是电视新闻必不可少的条件。电视新闻故事化叙事是当前电视新闻传播实践过程中常用的一种方式方法,各种各样的故事类电视新闻也吸引了受众的广泛关注。对于电视媒体新闻工作者来说,应当立足于新闻细节的真实性,做好主题策划工作,始终坚持正确的导向,深入挖掘电视新闻故事化传播制作的特点,最大限度地发挥电视新闻作品的传播力和影响力,从而有效发挥新闻作品的引导作用和服务社会的功能。

论纪录片创作者和拍摄对象的互动关系

申 冰

关于纪录片创作过程中，拍摄者和被拍摄者的关系问题，一直是业界和学界热议的话题，无论是纪录片的创作者还是影视人类学的研究者，对这一话题的探讨究其根本都集中在纪录片的"真实性"、或"客观性"上。拍摄者的存在是否会影响被拍摄者的行为，被拍摄者的行为是否会影响拍摄者的创作，这种双向的互动影响是否有损于纪录片的真实性和客观性，是否需要以及如何减轻这种影响，怎样使纪录片更真实、更深刻、更生动地表现主题等等问题，成为讨论的焦点。

近年来，中国纪录片的创作方兴未艾，对以上问题的研究方法也逐渐从研习国外纪录片作品转移到通过自主摄制纪录片总结理论成果上来。纪录片的创作实践与影视人类学的调查研究产生了越来越多的交集，"人类学方法

确实可以拓展文化纪录片的视野和提供不同的观察角度，而纪录片在影视表达方式上为民族志影片提供表达手段。"理论研究为纪录片提供了科学的指导，而纪录片也为理论研究提供了丰富的素材，两者相互促进、相得益彰。

本文以作者多年的纪录片创作经验为基础，学习借鉴了影视人类学的一些研究方法，对纪录片创作者和拍摄对象的互动关系这一话题进行了深入的分析和思考，得出了自己的一系列相关论点。

一、拍摄者对被拍摄者的影响不可避免，但可以用某些方法尽量减轻

纪录片的创作是用摄影器材进行拍摄、再对影像素材进行剪辑、最后产生作品的过程，这就决定了被拍摄者几乎无可避免地会意识到拍摄者的存在。当然，使用隐蔽摄像头的偷拍除外。当拍摄对象是动物的时候，这种拍摄方法无可厚非，甚至堪称新锐，但当拍摄对象是人的时候，偷拍行为势必遭遇伦理道德的诘问。因此，偷拍不作为本文主要考量的拍摄手法。

当被拍摄对象意识到摄像机或摄影师的存在时，他的行为或多或少都会与平时有所不同，这是人之常情。作者在拍摄野生动物纪录片《大山的精灵》初期，曾遇到过十分尴尬的情况：在梵净山脚下的一个小村庄，拍摄一位农妇烧火做饭的镜头，这位妇女从来没有被摄像机拍摄过，紧张得手足无措，每次从摄像机前走过，都会下意识地看一眼摄影师，这在"完美主义者"，甚至可以说是有"强迫症"倾向的摄影师看来，绝对属于"穿帮镜头"，于是他提醒那位妇女不要看镜头，保持自己平时做饭时的样子就行，结果那位妇女反而更紧张了，更加频繁地看镜头，拍了十几条都以失败告终，最后妇女和摄影师都崩溃了……

其实,许多纪录片创作者和作者的团队一样,在拍摄之初都会有一种先入为主的观念,认为纪录片的拍摄必须绝对"客观",不能因拍摄而影响被拍摄者的行为,至少在拍摄出来的素材中,不能泄露拍摄者的存在,比如镜头里的三脚架、摄像机包、助理跑来跑去的身影以及导演的大呼小叫等,尤其是拍摄对象有事没事瞟向镜头的惊鸿一瞥,更令摄影师抓狂。但是,无论怎样小心谨慎,纪录片的拍摄都不可能像电影电视剧那样尽善尽美,尤其是拍摄的主人公,毕竟不是演员,能够坦然面对摄像机的"长枪短炮"和耀眼的镁光灯,手忙脚乱、张口结舌、表情僵硬以及过于羞涩或夸张等,各种不自然的表现都是难免的。

事实上,即便拍摄对象是动物,也难以避免"穿帮"的情况——作者拍摄到的野外黔金丝猴的素材,很多都是猴子们"兴致勃勃"看镜头的样子。即使是隐藏在一百多米开外的草丛中,摄像机镜头还是很轻易地就会被敏感的猴子们发现。短暂的震惊慌乱之后,猴子们确认这种黑魆魆的"大眼睛"对它们没什么威胁,也就安静下来,然后好奇而警惕地一直盯着看。在动物学家看来,这样的素材不能体现猴群在完全自然状态下的生态行为,但这并不妨碍把这些素材编辑成一个有趣的纪录片片段,使观众欣赏到猴群面对新奇事物时的可爱表情,哈哈一笑的同时,也更喜欢这种精灵般的动物了。

有时候,人在镜头前的某些"穿帮镜头"也别有趣味,甚至别具深意,这就是所谓的"反身性"(reflexivity),即被拍摄对象意识到自己被拍摄时产生的效果,这也是影视人类学研究的一个方向。在扶贫纪录片《决战贫困》拍摄过程中,曾经跟拍一位老师到她的一个贫困女学生家里家访,可能是因为有人拍摄的缘故,女生的父亲似乎想在镜头前表现出自己对女儿的严格要求,不但没有附和老师的夸奖,反而一直强调女儿的"笨"、"学得慢"、"记不住",等等。女生却没有意识到父亲的刻意表现,因为没有得到父亲的认可而备受打击,直至忍不住哭了出来。本来可能非常愉快的一次家访,因为纪录片的拍摄而改变了走向。这个小桥段看起来有些出乎意料,但却从另一个方面体现出父女二人格外好强的性格,增强了戏剧性的冲突,使纪录片更富于感染力。

反身性有时也译为反思性，是指"研究者对他的研究所处的整个环境以及他与环境的相互影响的必然性的明确意识。"在影视人类学领域，反身性的意思是，"既以冷静的'观察电影'不动声色的旁观为起点，把所有在你的眼前一个个正在发生的故事纪录下来，同时，也通过在拍摄现场拍摄者与被拍摄者、被拍摄者与摄影机以及与拍摄现场中其他人与物之间的种种关系互为作用来推动影片的发展。即反映拍摄过程中拍摄者与被拍摄者之间互动关系。这是一种全新的纪录片类型和理论，即在拍摄中不再回避拍摄者和摄影机的存在，而是坦率地承认这种存在，并有机地把这种'存在'纳入到影片的拍摄过程中去。"以上影视人类学的研究方法对于纪录片的创作也有很高的借鉴价值。

降低拍摄者对被拍摄者影响的最朴实的方法就是——时间。随着拍摄时间的延长，被拍摄者会慢慢忽视甚至忘记摄像机和摄影师的存在，此时他们在镜头里也就举止自然、真情流露了。在梵净山连续拍摄三年之后，还是那位农村妇女，见到摄制组变得十分淡定，她和乡亲们像熟稔的亲戚朋友一样对待摄制组，拉到家里热情招待，这时候再拍摄他们做饭的场景就游刃有余了，不但没人瞄摄像机，而且还很自然地谈笑风生，炫耀自己珍藏的食材和得意的厨艺。他们早就习惯了摄影机，而更重要是对摄制组成员的熟悉、喜爱和信任。

拍摄者和被拍摄者的沟通尤其重要，这往往是导演的职责所在。平等而真诚地与被拍摄者交流，可以使他们尽快放松下来，从而做出最自然的举动，表达出内心深处的真实想法。在云南维西拍摄《幸福的葡萄》和《蜂语者》的过程中，作者和好几位被拍摄者都结下了深厚的友谊，慈祥勤劳的阿奶、多才多艺的阿舅、朴实热心的阿布律、渊博而风趣的蜂子教授……这些人早已超出了被拍摄

者、故事主人公的范畴,而成为作者亲密的好朋友。有了这层关系,拍摄时谁也不会紧张和拘谨,都能表现出自然而然的状态。

而对于那些经常接受媒体采访、被拍摄的"公众人物"来说,无需担心他们在镜头前会紧张、不自然,那种习惯性的"舒适区"、也就是俗话说的"套路",反而是拍摄者所要尽力避免的。《大山的精灵》的主人公之一、也是主要的学术顾问杨老师就是一个典型的例证。第一次采访时,他的表达堪称完美,语言流畅、思路清晰、观点明确、详略有度,甚至不需要导演提问,就滔滔不绝地在摄像机前讲了一个多小时,以至于导演竟无言以对。后来,导演意识到,自己可能已经落入一个高水准的"套路"里了,这套说法可能已经对各种媒体讲了无数遍,基本能够满足大部分媒体和大众的好奇心,且自成体系、无懈可击。然而,作者创作纪录片需要更深入、更内心、更个性化的东西。问题是,在创作初期,导演对黔金丝猴这个题材本身的了解还十分粗浅,的确也问不出更深入、更内心、更个性化的问题,所以也只能暂时接受这位灵长类专家的"套路"讲解。随着拍摄的推进,一年、两年、三年……摄制组在和杨老师等科学家、护林员、环保人士的共同奋斗中,逐渐学习动物生态行为、环境保护等方面的知识,了解野生动物保护的实际问题和困境,感受他们的现实挣扎和精神追求。

终于,在一次野外考察途中,科考队临时就地休息,一条清澈的小溪汩汩流淌,溪畔梵净山报春艳丽盛开。毫无预兆地,杨老师席地而坐,侃侃而谈,敞开了自己的内心世界。他说,他最喜欢一个人进山,轻轻地走在铺满落叶的山路上,呼吸着空气里草木的芳香,密林深处传来各种奇妙的声音,以及古灵精怪的小动物们投来的试探的目光。这时候,他经常会有所发现,心头掠过阵阵惊喜,这种快乐专属于热爱大山、热爱生命的动物学家,多少钱也买不来,多大权力也夺不走。作者及时地打开了摄像机，记录下这段触及灵魂深处的独白。这就是纪录片创作者所追求的更深入、更内心、更个性化的东西了。

二、被拍摄者对拍摄者也会产生一定影响，甚至可以成为共同创作者

纪录片创作者对拍摄对象产生影响的同时，自身也会被他们所影响，有时候，后者的影响可能比前者更为深远。在作者看来，拍摄纪录片的过程是一个认识世界、了解人性的探索过程，在这个过程里充满了未知。任何一个选题在创作之初，对于作者都是一个全新的开始。通过查阅资料、采访专家和知情人士、实地调研等方式，初步的策划逐渐成形。但是，这个规划仅仅是纸上谈兵而已，一旦付诸拍摄实践，方案会不断调整，包括拍摄的全程，甚至一直调整到后期剪辑完成、成片出炉的时刻。可以说，纪录片的创作过程就是一个不断变化的动态过程，变化的动因，除了人物故事的发展和客观环境的改变之外，很多都是出自创作者对主题的认知和理解的变化，而这种变化的根源，往往与被拍摄者有关。

在美食纪录片《食在好源头》香格里拉系列的创作中，一开始的方案是从良好的自然生态环境孕育优质食材的角度表现美食。开拍时恰逢年底，摄制组刚好遇到当地很有趣的一项习俗，每户杀猪时都会邀请全村人来帮忙，并且放开肚子大吃一顿，剩下的肉用来制作火腿、血肠、血豆腐等，长期保存，慢慢食用。村里几十户人家轮流做东，今天你家、明天他家，这种盛宴能持续一两个月之久，每天都像过节一样热闹。作者也被这种气氛所感染，于是决定调整拍摄方案，将拍摄重心从自然环境转移到村民的生活方式和心理状态上，真正的美食固然离不开好食材，但更离不开烹制时的用心和分享时的快乐。

拍摄《大山的精灵》第二季时，包括作者在内的摄制组的大多数成员，都已经和科研团队在梵净山摸爬滚打了四五年的时间，大家早已感情深厚、不分彼此。五一长假期间，悄悄蹲守在保护区核心区监测站的摄制组，也感受到了旅游大军那势不可挡的磅礴力量。一天，二十多个背包客闯入了核心区，被科考队的动物学家牛博士堵了个正着。未经保护区管理局许可，游客不能进入自然保护区核心区，这是国家森林法和保护区管理的相关法规条例明文规定的。阐明观点以后,牛博士坚决阻止这群背包客继续进山,双方发生激烈争执,眼看势单力孤的牛博士可能遭到背包客们的围攻,摄影师再也忍不住了,放下摄像机跑过去助阵。一向温和有礼的牛博士甚至大呼:"今天,谁也别想进去,除非从我尸体上踏过去!"文质彬彬的牛博士显然没什么威慑力,直到护林员给森林公安打电话报警之后,背包客们才不得不放弃进入核心区的企图,悻悻而去。当大家终于松了一口气时,作者发现刚才劝阻游客的精彩镜头,没有拍到。但他并没有责备摄影师,因为他自己也无法冷眼旁观,早已加入了助阵的行列。

保持客观视角对于纪录片的拍摄来说固然重要,但这并不意味着纪录片人要让自己始终置身事外,而这也几乎是不可能的,因为只要是对拍摄内容拥有一份热情,与拍摄对象长期共事、深入沟通,就一定会受到拍摄对象的影响,也一定会对他们产生感情,希望能够助他们一臂之力,成功完成纪录片作品便不再是唯一的目标。在作者看来,这种"情感倾向"不但是纪录片拍摄不可避免的,也是至关重要的,因为纪录片并不是一篇纯理性的科学论文,感性的力量可以为它增添动人的神采,从而打动观众的心。

同样,对拍摄对象的感恩和回报也是顺理成章的。那种先哄骗别人配合自己拍摄,然后为满足自己的某种需要,在成片中断章取义或恶意歪曲被拍摄者的意图,使其名誉受损的行为,作者是绝对不敢苟同的。当然,卧底警察取证和揭黑记者暗访不在本文的研究范围之内。

这其实涉及到纪录片人的职业道德问题,"制作者应该对被研究者负责,承担被拍摄对象所负的道义责任,对公众的责任,对政府(包括对东道国政府)的责任。"

《大山的精灵》第二季的另一位主人公、美国圣地亚哥动物园的首席科学家谭博士在采访中说:她曾经在世界各地研究灵长类动物,取得了许多研究成果,但有一天她问自己,自己为那些研究过的灵长类动物们做了什么?她希望自己的研究成果不仅仅局限在专业期刊上和学术研讨会中,更能使她的研究对象和那些为她的研究提供过帮助的人们都受益。于是,她以极大的热忱

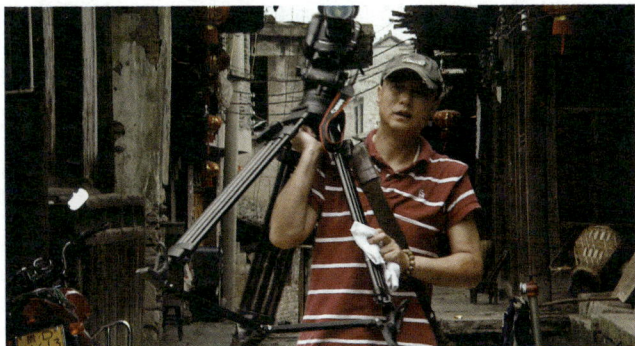

投身于世界各地自然保护区的保护教育事业。作者在被这位科学家的社会责任心深深感动的同时，也反思自己的纪录片创作，是否使拍摄对象和那些为拍摄提供过帮助的人们也都受益呢？每当发现拍摄对象因为自己创作的纪录片而广受赞誉或者取得了更大的成就，作者都会由衷地感到欣慰和自豪。让自己推崇的人和事声名远播、让更多的人认同自己的三观，这也是纪录片人的一项社会责任吧。

被拍摄者不但能影响拍摄者的创作思路和理念，甚至可以成为拍摄者的合作伙伴，共同创作纪录片。在讲述云南三江并流地区养蜂人故事的纪录片《蜂语者》的创作中，养蜂专家匡教授既是重要的拍摄对象，也是纪录片的科学顾问。作者开始的计划是以匡教授为主人公和线索人，拍摄当地蜂农向匡教授学习科学养蜂，生活发生了改变。在和匡教授沟通时了解到，为了克服多民族地区语言不通的困难，他收了分别属于傈僳族、纳西族、藏族三个民族的三个徒弟，匡教授开玩笑说就像唐僧师徒四人西天取经一样，自己带着三个徒弟，通过推广科学养蜂保护和复壮濒危的中华蜂种群，而徒弟们也能脱贫致富、修成正果。作者大受启发，调整了拍摄方案，转而以三个徒弟为主人公拍摄纪录片。每个人物都个性鲜明，拥有各自的理想和目标，也遇到各自不同的问题和困境。这样一来，纪录片的人物塑造变得更加生动，讲述的层次更丰富、结构更立体，更能吸引和感染观众。

拍摄对象深度参与创作，不但提升了纪录片的质量，还激发了被拍摄者的积极性和主动性，他们不只是被动地被拍摄，而是把纪录片当成自己的作品来创作，在镜头前尽情展现自我、表达自我。回看素材时，作者不禁感慨，这几位拍摄对象的表现都非常自然而且出彩，简直像专业演员一样，远远超出了导演的预期。所以说，生活是最好的导演，而我们每个人都是演员。

有的时候,纪录片的后期制作也会有拍摄对象的参与。作者会把粗剪的片子给被拍摄者看,倾听他们的意见:对自己在片中的形象是否满意?片中有没有知识性、事实性、技术性的硬伤?是否准确表达他们的想法和观念?对他们故事的表述有没有什么疏漏?能够比观众早一步看到纪录片、而且参与创作、提出的许多意见都能被采纳,被拍摄者会深深感受到尊重,这段快乐而有意义的拍摄经历,也将在他们心里留下深刻的印象。

三、拍摄者和被拍摄者的双向互动可以为纪录片的真实性加分

真实是纪录片的生命,"纪录片'理念'的核心,在于它永远维护'非虚构事件'的真实性,拍摄者与被拍摄对象永远在'平等'之上进行平视的对等的交流。"许多人认为,客观性是确保纪录片真实性的重要因素,而加诸于影片上的创作者的主观意识,则很可能损害其真实性。绝大多数纪录片人都旗帜鲜明地反对事实造假、真人表演、断章取义、或把自己的主观意志强加于拍摄对象身上,这使得无论采用了怎样的表现手法,纪录片都与电影、电视剧、综艺娱乐节目泾渭分明、截然不同,也赋予纪录片更多的严肃性和神圣性。

然而对于何谓真实、怎样才能做到真实、真实到什么程度等问题,纪录片人却未能达成一致的结论,创作者的主观意图对纪录片真实性的影响,正是争论的核心所在。在纪录片的创作过程中,拍什么、怎么拍、怎么剪以及如何表述,都直接影响到拍摄对象最终所呈现出来的样子。同一个拍摄对象,在不同的导演、摄影师、剪辑师手中,可能呈现出完全不同的形象,表达出完全不同的观念,而这些创作者自认为都是秉持着"真实"这一基本原则的。不只是纪录片,所有的影视作品,归根结底都是创作者的主观表达,这种主观性从最初的选题阶段,就已经开始了。为什么选择这个题材进行拍摄?为什么要拍这个人物故事、而不拍那个人物故

事?拍摄的重点为什么是这个细节、而不是那个细节?剪辑时为什么要突出这个方面?讲述时为什么要展现这种态度、观点、价值……每一个选择,其实都是由创作者的主观意志所主导的,即使他认为自己已经非常非常客观了,但事实上,主观性根本无法避免。

许多纪录片创作者都十分警惕自己被拍摄对象所影响,认为这样会降低作品的客观性,进而损害其真实性。而作者认为,创作者与拍摄对象之间的互动,反而能够增强纪录片的客观性和真实性。其实原因很简单,对于拍摄的题材和内容来说,拍摄对象往往比创作者拥有更多的信息、经验、感受,因此拥有更多的真知灼见,他们理应被赋予更多的话语权,而不是仅仅作为展示创作思路的案例和工具。作者在纪录片的创作过程中,尤其注重拍摄对象的自我表达,让他们用自己的语言表述自己的故事,表达自己的观点,并在后续的拍摄中充分吸纳这些故事和观点,而后结合各个拍摄对象的想法和自己的理解,形成新的创作思路。这并不是被拍摄对象牵着鼻子走,而是通过与拍摄对象的沟通,加深对题材的认知,以期越来越接近真实。

作者在创作《蜂语者》时,对于匡教授的三徒弟、藏族青年尼玛次里的拍摄思路,经历了数次重大调整。一开始,作者有一种先入为主的观念,认为尼玛次里是一个敢拼敢闯、喜欢尝试新鲜事物的年轻人,这也是他学习科学养蜂法的动因所在。这种概念主要来自于匡教授的介绍,毕竟在师父面前,尼玛次里的表现基本符合这个评价,而根据作者的所谓"常识",二十出头的年轻人大多都是这样的。但是,随着拍摄的深入,作者发现尼玛次里选择养蜂的原因,很可能更多的是在和父亲"赌气",父亲对他不信任,经常说他一事无成,激起了他的逆反心理,他把自己的微信名改为"被掌控的人生",可见一斑。于是作者将拍摄思路转移到父子关系上来。或许是因为拍摄挑破了父子之间矛盾的窗户纸,两人都开始(至少是在镜头前)有意识地克制负面情绪,耐心沟通,父子关系出现了明显的缓和迹象。然而,来自父亲的压力减轻之后,尼玛次里反而失去了坚持养蜂的动力,心思越发活泛起来,跑进城里打工去了。于是作者再次调整创作思路,转而探讨心性不定的年轻人如何找到自己的定位。

每个人都是矛盾的综合体，人性也是复杂多面的，无法用简单粗暴的一两句话来涵盖总结。对一个人也好、一件事也好，往往了解得越多，就会发现不了解的也越多，很难达到完全的了解。或许，这就是生活最大的真实。在纪录片的摄制过程中，拍摄者和被拍摄者之间长期的、深入的、触及心灵深处的互动，可以引领创作者逐渐接近事件的真实、生活的真实、人性的真实，逐渐实现纪录片的核心价值。

《大山的精灵》第一季完成播出之后，虽然取得了很好的社会反响，并在央视纪录频道多次重播，但作者仍感觉有许多不足之处，除了技术设备、拍摄手法、科学内涵、讲述方式等有待提高之外，对人物个性和精神追求的刻画，也可以做得更扎实、更细腻、更深入。比如通过科研团队在野外科考过程中更多或有趣、或感人的生动细节，加上他们由衷的内心独白，让观众感受到他们真实工作状态的同时，也能理解他们常年坚守如此辛劳、孤独而清贫的生活，甚至乐此不疲的真正原因。这样既能提升纪录片的思想高度和社会价值，又能更加吸引和打动观众。于是，作者的纪录片团队重整旗鼓，开始了《大山的精灵》第二季的拍摄，耗费的时间和精力甚至超过了第一季。

创作纪录片的过程，就是一个不断探索、不断反思、不断自我批判、又不断自我提升的过程。"纪录片作为一种'精神'，它既包含着制作者对苦难的关注，以及制作人对苦难的忍受，包括怎样在险恶环境中怎样适应环境，怎样与你拍的文化和被拍人融为一体，以及与被拍摄者一样思维、一样呼吸、一样的喜怒哀乐；也包含着制作人（导演、摄影师等等）和投资人（监制、制片人）对社会的责任和执着所需要付出的代价，这种代价包括可能无法或者无需收回投资。"事实正是如此，《蜂语者》和《大山的精灵》第二季的制作仍在继续，作者的创作思路也一直在调整，代价就是投入的人力、物力、财力不断增加，而成片却迟迟不能完成，发行收益自然也遥遥无期……

然而，任何苦难和煎熬都不能阻止纪录片人探索的脚步，缤纷的世界和深邃的人性，始终诱惑着他们，义无反顾地投入这项充满遗憾、而又魅力无穷的艺术。

新闻报道里的画中"话"

——以《灰鹤"落户"迎河湾》为例

李咏梅

生态兴则文明兴。作为主流媒体，如何践行习近平生态文明思想，讲好绿水青山就是金山银山的故事，是非常有意义和有意思的。近四年来，围绕以生态文明、生态建设、生态修复为题材，宁夏广播电视台先后有三件作品获得国家级奖项。其中《贺兰山生态环境整治后大批野生动物重回家园》获得第30届中国新闻奖一等奖；《六盘山与秦岭之间形成动物迁徙通道 秦岭53种珍稀动物来六盘山安家落户》荣获第32届中国新闻奖一等奖；《灰鹤"落户"迎河湾》荣获中国广播电视大奖2021—2022年度广播电视节目奖。在新闻资源相对匮乏的宁夏地区，生态建设题材无疑成为媒体争相报道的新闻资源，但是如何创新、如何创优，把有意义的报道做得有意思，是需要下一番苦功夫的。以《灰鹤"落户"迎河湾》的采访报道为例，我们梳理出以下三方面的特点，表达新闻报道里的画中"话"。

一、探究,让"画"要生动。

2022 年 8 月,记者在采访石嘴山市银河村党支部书记王学锋的时候了解到,八年来,这里原灰鹤从几只、几十只、几百只到扩展几千只。远道而来的灰鹤,时而在水边嬉戏觅食,时而展翅高飞,冲向蓝天,把空旷寂寞的黄河滩地变成了水鸟的乐园。那我们第一步要做到的是——探究,让"画"要生动:在黄河滩地,我们经过很长时间的等待和观察,终于等到了成千只灰鹤进入我们的镜头机会,根据专业拍摄要求,为了不伤害灰鹤,我们选择让无人机随机记录。这就有了我们开篇的画面,这也让灰鹤的消息有了第一现场的事实根据。

【现场】灰鹤齐鸣的画面。

【同期声】宁夏群(鸟),正是我们宁夏黄河边的灰鹤,集群迁徙的这种场景,特别壮观。

为了能够找到灰鹤最早在当地的活动轨迹,我们专门联系到了当地的摄影爱好者芦有碳,他为我们提供了 2014 年自己第一次在惠农区礼和乡银河村拍摄到了越冬的灰鹤,并为我们描述了当时的情景。

【同期声】摄影爱好者芦有碳:来到黄河边拍的灰鹤,自由地觅食,自由地翱翔。

紧接着,节目中呈现了摄影爱好者陈小组 2017 年拍摄到的超过 2000 只灰鹤"落户"到银河村越冬的图片。

有了专家和摄影爱好者的见证和描述,我们又安排了当地的村干部进行再度描述,让新闻事实不仅生动,更重要的是客观真实。

【同期】宁夏石嘴山市惠农区礼和乡银河村党支部书记兼村委会主任王学锋:成片的灰鹤,站得远远的,特别的壮观,飞起来就是遮天盖地的。尼葛洛庞帝在 1996 年出版的《数字化生存》一书中将"数字化生存"解释

为：人类生存于一个虚拟的、数字化的生存活动空间，在这个空间里人们应用数字技术（信息技术）从事信息传播、交流、学习、工作等活动，这便是数字化生存。但是这从另一个方面恰恰让我们发现，即使是新媒体数字化时代，我们的信息客观真实依然是核心。这也是新闻报道的传统坚守成为唯一且重要条件。能够让报道鲜活有三个要素：一是优美的画面，二是生动的同期声，三是得体的解说词。

《灰鹤"落户"迎河湾》集纳了2014年到2022年灰鹤在迎河湾大量的图片和视频，它们都是当地摄影爱好者多年精心拍摄并主动提供的，很多画面也是第一次走进公众的视野。节目中专家和村民的同期声都各具特色，通俗易懂。

【同期声】宁夏回族自治区湿地保护管理中心监测科工程师韦宏：宁夏地处西北，属于干旱半干旱地区，众多的湖泊湿地形成了生物多样性，物种的丰富就带来了很多的鸟类，同时鸟的粪便啊，带来种子等等，由一定关系形成了一个完整的食物链。

【同期声】宁夏石嘴山市惠农区礼和乡银河村村民柏波：灰鹤吃下咱们地里落卜的稻谷，同时也会留下有机肥。这个肥也是从天上掉下来的宝贝嘛！俗话说："庄稼一枝花，全靠肥当家"。

自然有趣的同期声，是一个好报道必备的。

至于说到文笔，在中华文明的长河中，出现过很多歌咏壮美山河，描绘自然风光的文学作品，但是，严格地说纯写景的并不多，几乎所有的文章都要体现思想力。做灰鹤报道，我们从开始就注意了，除了"画"要生动，还要——

二、追问，让"话"要有力

【同期声】宁夏回族自治区湿地保护管理中心监测科工程师韦宏：孔子说"鸟则择木"，灰鹤呢，对它的栖息地生存条件是非常挑剔的。物种的丰富，鸟类种群数量，就是湿地好坏的晴雨表。近几年，在惠农区越冬的灰鹤呢，几十倍地增长，是罕见的。

我们多次与专家学者、摄影爱好者、相关政府官员分析和研究，消息中"出声"的就有10位人物。候鸟从在迎河湾"经停"，到把它当作越冬的终点，反映

了宁夏黄河段生态环境的改变。这样的改变，说到底还是因为人的努力。而展示曲折，也正是报道要展示的另一方面。

2002年以来，石嘴山市持续推进退耕还林、退耕还草、退耕还湿行动，累计造林55万多亩，湿地面积稳定在5万多公顷。

【同期声】宁夏石嘴山市惠农区礼和乡银河村党支部书记兼村委会主任王学锋：靠山吃山，靠水吃水，咱们靠这个黄河边，从八几年形成出来的，这个一万亩的黄河湿地，那么种到这个2009年的时候，因为政策性的问题，给大家就让退耕还湿，压力特别大，因为老百姓的意见也大。

【同期声】宁夏石嘴山市惠农区礼和乡银河村村民杨新平：政府不让我们种河滩地，我们全部社员都闹情绪，我也几乎上就是大病了一场。

【同期声】石嘴山市惠农区礼和乡银河村党支部书记兼村委会主任王学峰：现在来说，咱们这个退耕还林，还湿，这一步路是走对了。通过这个集体的产业带动，老百姓的生产生活越来越好。宁夏作为唯一的全境属于黄河流域省区，一直以来就是全国重要的生态节点、生态屏障和生态通道。习近平总书记指示要"努力建设黄河流域生态保护和高质量发展先行区"。多年来，宁夏采取移民搬迁、退耕还林、小流域治理等措施，改善生态环境，取得了长足进步。

所以，我们的消息，"画"中说灰鹤"落户"，"话"中说环境变迁。

20世纪原创媒介理论家、思想家麦克卢汉说："我不解释，我探索。"就《灰鹤"落户"迎河湾》的报道而言，我们是在新闻事实的调查采访中传达主流媒体的观点，用思想定力提升影响力。

三、执着，让"四力"践行

2022年11月和12月，我们选择了立冬、小雪和大雪三个重要节气，分别在迎河湾湿地公园进行拍摄采访。

（一）脚力所至，眼力相随

【同期声】宁夏石嘴山市惠农区礼和乡银河村村民刘宏：现在真是大不一

样了，好多游客来，都说是迎河湾是这个。

随着迎河湾湿地公园生态环境的改善，每年都会有灰鹤、大小天鹅、苍鹭、灰雁、豆雁等上万只野生鸟类前来过冬。

【同期声】摄影爱好者陈小组：鸟儿不会说假话，哪里环境好，它就往哪里跑。

【同期声】宁夏石嘴山市惠农区自然资源局检疫站副站长景建伟：在十年前，我们这个地方很难监测到珍稀鸟类。现在有大量的灰鹤，在我们这个地方越冬，这绝对不是一个偶然现象。

(二)脑力引导，笔力升华

比如开始的时候，我们起名《灰鹤"驻扎"银河湾》，定稿题目是《灰鹤"落户"迎河湾》。三个字的改变，思考多多。作为主流媒体，我们的表达，我们的观点，都是要有体现主旋律、主色调。如果说一条新闻，只有可看性，没有思想性；只见树木，不见森林，那都是没有意义的。

退耕还林还草还湿，悄然改变着石嘴山市这座工业重镇的面貌。珍禽远道而来，当地正在拟申报"中国灰鹤之城"。

【同期声】宁夏回族自治区湿地保护管理中心主任魏晓宁：湿地具有保护生态安全，保护生物多样性等多种功能。宁夏不断加强湿地保护，建立重要湿地 39 处。湿地保护率达到 56%，高于全国平均水平。像迎河湾这样的重要湿地，也是我们宁夏湿地保护修复的一个缩影。

结语

《灰鹤"落户"迎河湾》是一条近 4 分钟的消息，也是地方台记者用力用心用情采访的一篇报道，讲好中国故事，既要有本土思维，还要有家思维；既要立足当地，还要放眼世界。当受众看到宁夏黄河生态环境改善的同时，也会看到老百姓努力改变世界的样子。作为主流媒体，弘扬主旋律正是我们的责任和使命。

融媒视角下如何创新主题报道形式

——以《黄河谣》系列报道为例

陈 夏

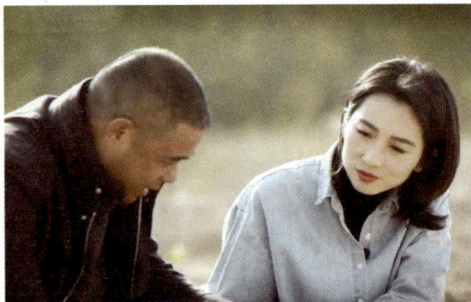

长期以来，电视新闻主题报道在宣传大政方针、引导舆论、传播正确价值观等多个方面都发挥着举足轻重的地位。2021年开始，宁夏广播电视台与湖南中广天择媒体集团联合制作了大型专题类节目《黄河谣》，在形式、手段、内容等方面进行了创新性的探索，在此基础上，宁夏广播电视台在《黄河谣》的制作过程与传播平台等方面进行了整合，进一步提高了《黄河谣》在国际和国内的传播影响力，扩大了"黄河谣"的主流话语的传播价值。

一、传统的电视新闻主题报道存在的不足

（一）报道内容和形式陈旧

一方面，传统的电视新闻主题报道选题比较拘谨，存在较浓的宣教色彩，报道内容的同质化突出。这些数量众多、内容相近的信息，使得受众很难对报道内容产生兴趣。另一方面，老套的报道风格，突出表现为语言的空泛与模糊，数据堆叠，故事性不突出等，使节目与观众的生活距离较远，难以产生共鸣。

(二)传播渠道和方法单一

传统电视节目的播出,固定在某一时段或者某一固定频道,因此受到播放时间、观看地点等因素的制约,其播放效果并不理想。至于内容,哪怕是现场直播,一旦错过时间段,也无法回放。当下,虽然不少电视新闻节目意识到了融合,但是也只是将电视节目进行简单的剪辑,然后在新媒体上播放,其节目内容仍采用传统的节目形式也难以引起观众的注意。

(三)体验感差,缺乏有效互动

传统的电视栏目形式以及相对单一的传播手段,使得传统的电视新闻主题报道缺乏互动反馈机制,影响了受众的使用体验。当前,不少电视台还是以热线为主,受众在电话中提供意见或表达诉求,却不知什么时候能得到回应。由于回馈周期长,使得使用者整体互动感受不佳,直接影响到主题新闻传播的效果。

二、融媒体时代电视新闻主题报道的创新思路

(一)用户思维

在新时期,电视新闻主题报道要实现自身的创造性发展,就要从用户的角度去思考。这是因为新媒体环境下观众不再是消极地接收节目,而是主动地去选择节目。因此,电视新闻工作者要重视用户的需求,借助互联网的传播,把握观众的心理,对观众喜闻乐见的电视新闻主题报道进行剖析和制作。

(二)产品思维

在媒体融合大环境下,各种新兴媒体的崛起,使得传统电视媒体的生存和发展空间受到压缩。面对这种情况,电视媒体要主动地对受众的收听喜好和获得资讯的需要进行深入的研究,将新媒体的有利资源进行有效地融合,搭建一个沟

通和互动的平台,提高电视新闻主题报道的质量和传播效果,像打造一个产品一样,从构思到制作再到投放市场,进行研究,做到有的放矢。

(三)服务思维

在融合媒介条件下,随着时间的推移,电视新闻主题报道在传递资讯的同时,也要随着时间的推移而不断地增添其他的内容。比如,从最初的以新闻工作为中心的宣传,到逐步将服务思维意识融入新闻采集、编导及策划工作的各个方面。

三、从《黄河谣》看融媒体时代电视新闻主题报道的创新

(一)以融媒体为中心进行总体策划

现在,信息已经无处不在,无所不及,无人不用,全媒体持续发展,形成了全程媒体、全息媒体、全员媒体、全效媒体。全程媒体指的是在网络技术的支持下,进行采集、编辑的媒体流程,并对多种形式的内容展开处理和生产。这对新闻的生产和传播提出了很高的要求。

宁夏广播电视台联合湖南中广天择文化传播集团于2021年推出的《黄河谣》,于19:40在宁夏卫视推出,作为一部4K系列的优秀纪录片,《黄河谣》40分钟为一期,以报道宁夏的重点产业、重点项目为主题,以主持人的个人经历为主线,关注社会各界优秀人士的奋斗史,展示故乡、国家的新变化、新面貌、新成就,呈现别样的宁夏。

在项目启动之初,节目组便确立了"移动先行"的战略,以融合为核心,展开内容规划与方式创新,成立了一支10多名新媒体、宣发团队人才构成的小型融媒体中心,并针对主题和行程,设计了网站、App、微信等多个版块的界面。根据移动端的特性,实现了视频的片头、片尾、字幕条、边框和滚动屏幕等可视系统的一体化打包。为了适应互联网信息的"零散"特点,以"行进报道""记者观察""记者评""背景短片""航拍丝路"等为主要表达方式,汇集了宁夏广播电视台和湖南中广天择媒体集团多个团队的记者所拍摄的新闻,将单个视频的时间进行控制,有长有短,既快节奏,又不失趣味性。

在前期,记者们不仅要对电视视频节目进行准备,而且还要随时用相机、手机对行程趣闻等短视频和图片进行拍摄，在某些关键的节点上，对其进行深度报道，为其后续的内容加工和制作提供丰富的素材。在对前期记者回传的资料进行采集的同时，后期制作团队也会利用网站群搜集、媒体渠道接入等各种途径，对文字、图片、音视频等内容进行解构、编辑、排序，并在各个网络平台上进行发布。在传播平台上，每日 19:40 前后，宁夏广播、电视、新闻客户端、手机客户端、"黄河云视"、微信公众号等均同步上线。再配合宁夏卫视官方微博、宁夏卫视抖音号、宁夏卫视今日头条等平台的矩阵推广，总播放量已达 3400 多分钟，将丝绸之路的风土人情，对网络观众、移动群体，特别是青年观众进行了全方位的解读，使当地主流媒体在大外交中的重要地位得到了有效的推广。

（二）打造"故事共同体"，持续扩大优质内容产能

好的策划是导向，好的故事是新闻传播的核心。所谓"故事共同体"，就是把深度新闻中的人物和事件等多种元素聚集在一起，通过故事化和融媒化的方式表现出来，关注个人的人生际遇。以新闻的真实性为前提，创造出影响人们心灵的"叙事集合"。可以说，构建"新闻共同体"不仅是传统深度新闻的继续，也是当今"深融合"的当务之急。《黄河谣》栏目组充分利用人才优势和资源优势，派了一支主要的采编队伍到多地进行采访，对新闻现场进行了实地走访，以故事为先，以视频为先，以精品为导向，推出了一系列的深度报道。

《黄河谣》以"小人物"为焦点，从"大历史"中挖掘出一个个活生生的人物作为突破口，集中展示了宁夏"六新六特六优"产业高质量发展过程中，"杏林妙手"周玮、"草根作家"马慧娟、著名艺术家王志洪、企业家任爱民等一批杰出人才。在生活中，他们遇到了迷茫与斗争，也遇到了脆弱与无助。在这一点上，栏目组没有选择逃避，而是以一种面对现实的姿态，将主人公的人生际遇与心理过程进行了如实的记录与展现。比如，宁夏话剧团的擎旗人王志洪，他用自己的热情与青春，把"文化大篷车"这支文艺队伍，打造成了一支民族文化阵线上的旗帜。但王志洪刚担任宁夏话剧团团长期间，遇到了戏剧发展的不景气。他体会到了被人当作"骗子"的窘迫，也体会到了被人泼了一桶冷水，无可奈何。一出经过长达六个月的苦心排练，却只有两个人带着免费的门票到场。从这个表演中，人们可以看出他的迷茫和尴尬。但即便如此，他也没有半点退缩。"我们走进乡村，和村民一起吃饭、一起干活……从写故事到组织彩排，我们的每个字都要来源于农民的实际生活。"正因为如此，《闽宁镇移民之歌》《六盘鸿雁》《陈九斤脱贫记》等一系列经典作品，都被人们所熟知。

在小切口和细微刻画的背后，关注着一个大的话题，把一个鲜活动人的个体生活历史融合在一个大的叙述中，把正面能量转化为前进的力量。《黄河谣》制片人说，"个人访谈节目受到很多限制，往往是吃力不讨好的。每个阶段都是由导演团队进行了多次的修订和提炼，他们的角度各有各的特点，但是他们的目的都是一样的，那就是展示人物的个性、风骨以及他们所处的时代的精神。这不是一部广告，而是一部带着人类情感的作品，有着更大的商业价值，也有着更大的沟通潜力。"在这个时代的背景下，怎样才能用最鲜活的电视语言，来描绘出最真实的画面，使画面和声音在荧屏上经过岁月的沉淀而熠熠生辉。《黄河谣》（第二季）以"讲故事"为"金钥匙"，开启了谈话与聆听的大门，将单调乏味的话语转化为动人的谈话，让观众耳目一新，振奋了观众的情绪，也开启了与观众之间"交心方式"的全新篇章。

（三）强化跨平台交互传播与技术创新能力

1.借助融媒体优势，实现内容的实时更新

《黄河谣》在宣传方式上大

胆创新,取得了很好的成绩。从整个节目的发展历程来看,它之所以能够取得这样的成就,是因为它利用了融合媒体的优点,从而突破了传统的电视传播通道的局限。因此,观众们可以在任何时候、任何地方都可以看到它。同时,微博端还对微信端的不足进行了补充,在一定时间内,节目在微信端进行的推送是有限的,而在微博端,则可以对节目的各类内容进行实时的发布,比如节目预告、新闻速览等。与此同时,在微博端,更多的权利被打开,观众可以与栏目组就他们所发表的主题进行实时的互动和交流,从而弥补了在微信端无法进行群体多方向的言论的缺陷。让栏目和观众可以即时交流,这就是栏目组要做到的即时更新的目标。

2.促进受众与节目持续互动,保持节目热度

《黄河谣》所建立的融媒体平台,是一种全新的产业模式,以周末节目为中心,利用主流资讯平台,进行多种形式的互动,实现了与观众无时空约束的不断交流。从整个电视节目的历史来看,像这样的周播节目其实是很难取得比较高的活跃程度的,但是这个节目利用了各种不同的平台,让观众可以对节目进行长时间的跟踪,以便快速地得到节目的更新信息,从而可以在一个比较长的时间内,得到一个比较好的结果。为了得到更多观众的认同,栏目组经常会举办一些可以吸引观众参加的活动。为便于本次活动的顺利开展,还特别开设了一个新的公众号,使广大观众可以在首页的"互动"栏目中参与活动。微博平台的开放性和讨论性的特点更加明显,在微博上的节目行为更多的是热门的讨论,观众可以在法律允许的情况下对任何的主题进行讨论。通过这两个平台,将栏目的主题延伸到了不同的地方,增强了栏目的互动,维持了栏目的人气,形成了《黄河谣》的融媒体运作闭环。

(四)增加互动,提升用户体验

在电视端和新媒体平台上,通过多屏推送的方式,实现了矩阵的传播,从而扩大了报道的触达范围,提高了到达率。但是,怎样才能提高用户的黏性,让他们能够积极地去收听、去观看,还能对其进行二次传播,从而达到更好的效果,这就要求我们在策划主题报道的时候,要加入一些交互

的环节，让观众能够有更多的交互体验，让观众有更多的沉浸感和参与感。在电视专题报道的策划中，应在重大而又严峻的题材上寻求微小的切入点，在题材上多做一些全方位的交流。当用户在进行交互时，无形中就会对话题的内容产生更多的关注。而对于网民们的意见，则可以进行过滤，并在文章中反映出来。

《黄河谣》从小切口切入，刻画背后的大主题，每一期都会与新媒体相结合，在微博、微信等平台上，推出一个互动环节，将用户提出的问题和反馈的信息，及时地反馈到演播室，进行现场交流。通过与受众的交互，使受众对《黄河谣》"宁夏影像人物志"的认知度得到提高，使其具有较强的权威与品牌效应。随着5G、增强现实、虚拟现实等新技术的出现，考虑到这一点，节目组在做节目的时候，通过技术手段让观众有一个"虚拟在场"的沉浸感。宁夏广播电视台借助新的智能化技术，为《黄河谣》的播出提供了虚拟实况转播服务。使用者可以选择从空中、地面、远距离、近距离观看。多维度的真实场景的交互，让人有一种身临其境的感觉，那种沉浸感和冲击力，让受众叹为观止。

结语

随着融合媒介的发展，人们获得资讯的方式越来越多，对资讯质量上乘的需求越来越强烈，给传统的电视新闻带来了巨大的冲击。在此背景下，电视新闻主题报道应主动寻求一条具有创造性的发展之路，在报道内容上，对大主题进行精确的提炼，对次要主题进行精心的规划，改变表述方法，以缩短与观众的间隔；目标明确的多屏幕沟通，建立矩阵沟通通道；增强全方位的媒体交互，与时俱进地应用新科技，创造一种身临其境的感受气氛，让观众产生参与的感觉。只有在这三个层次上进行革新，才能使电视新闻主题报道不断获得新生。

广播创新融合的转型探索

——以宁夏交通广播融媒体发展为例

朱　雨

索福瑞媒介研究（CSM）发布的《2021 后疫情时代的广播收听与音频发展盘点》数据显示，2021年人均每日收听广播／音频的时长超过 100 分钟。其中，收听广播和点播有声内容的时长达到 103 分钟，收听广播直播的时长达到 56 分钟。从内容来看，新闻、交通和音乐是拉动收听的"三驾马车"，其中新闻的收听率最高，并保持稳步提升的态势；交通类内容紧随其后，在后疫情时代态势发展良好；音乐类内容已实现连续三年增长。

如何服务好现有听众，发展更多新听众，对传统广播媒体的发展格外重要。探索专属于广播的新媒体融合发展之路，逐渐走进广播新闻工作者的视野。

交通广播作为广播媒体的重要垂类，主要功能是传播交通信息、实时指导路况。在融媒体时代，交通广播要根据自身优势和听众需求做出创新，找准广播节目的定位，使广播节目始终保持新颖性、专业性和准确性。同时还要综合应用广播、微信、微博、视频号、音频 App 等热门传播应用，充分调动其他传播媒介或应用为己用，让更多的听众了解到电台节目存在的价值，从而有效实现创新。通过深度融合，体现融媒体传播特色，以创新作为驱动，提升影响力，完善用户链接。

一、拥抱新媒体　进行多路径传播

在媒体融合深入推进的今天，广播媒体面临着前所未有的压力和挑战，如广播播发内容品质不高、题材不够丰富、报道方式单调、传播渠道单一、衍生活动缺乏等。在信息爆炸时代，听众对获取信息的要求是及时、准确、高效。在全媒体时代，各媒体之间应打破壁垒，尤其是传统媒体，要大胆走出舒适区，加强媒体资源整合，优化新闻生产流程，建立起资源共享、优势共融的全媒体传播格局。媒体融合大势下，广播媒体除了借助新技术、利用新平台不断"横向发展"，扩展自己的融合面外，还在已有融合领域内不断精耕细作、寻求融合"精品化"。无论是"横向发展"还是"纵向发展"，在已知范围内都要不断尝试和优化，技术和模式两手抓，思维和行动共前行，才能让广播媒体的融合之路走得更远更深。

宁夏交通广播从 2010 年开始筹备新媒体运营团队，开通"宁夏交通广播"官方微博账号，并于 2013 年开通微信公众号，同年成立新媒体部。截至目前，宁夏交通广播拥有的融媒体平台包括：微博、微信公众号和视频号、英夫美迪直播平台及官方抖音号、头条号，平台用户粉丝人数超 100 万＋，多平台全方位地为宁夏交通广播服务。通过设置热点话题，

挖掘现有用户的价值,开拓更多的广播融媒体新用户,打通渠道之间的壁垒,让传统广播媒体和新媒体进行用户共享。新媒体部整合中心记者和主持人,再造流程,延展和拓宽传播路径,根据不同收听终端,实施差异化、碎片化、标签化的信息传播,使节目内容完成了由一次生产、一次利用的单一传播模式向一次采集、多次利用、多媒体传播的模式转变,使节目内容和长度设计逐步适应新媒体传播规律,满足不同用户的需求。同时借助微博、微信等平台收集听众的意见和反馈,以便在未来进行内容策划时作为参考,从而优化广播内容。这种高效的互动方式可以激发听众的表达,进一步调动听众本人收听和推荐他人收听的积极性,让听众变成二次传播者。

二、满足受众需求 提高粉丝黏性

对于广播,受众不仅仅满足于听的需求,更希望将视听结合在一起。因此做"看得见"的广播是广播媒体融合发展的需要,更是广大受众的需求,是大势所趋。传播内容和传播媒介的多元化能够为广播转型提供更多的机会和参考,还可以提升广播用户的使用率,进而为用户提供从单一音频到多样媒介信息的内容延伸。广播的区域化、本地化特点是广播长久以来所具备的固有优势,在对本土特产、本地特色、民俗文化等方面的了解,广播人自然也是数一数二的。而在媒体竞争白热化、媒体融合多元化发展的当下,广播大可活用这一优势,尝试以有特点的节目内容、活动策划将本地特色"带出去",更进一步,方能打响广播新媒体内容的"声量",在把握本地化优势的同时实现广播在融合传播中的升华。传统广播如何提升用户忠诚度和使用黏度呢?一是建立关系连接,二是提升用户服务。

宁夏交通广播将微信公众号平台作为节目内容选题的采编来源之一。听众能够通过微信公众号将自己想表达的内容,通过后台发送到广播电台的公众号,交通广播可以通过直播的方式进行内容的播报,有效提升了采编效率,拉近了大众与广播之间的距离,使采编内容的阅读性更强,使用户关注的信息可以得到及时回应,增强用户黏度。

无论是内容、产品、流量的竞争,还是平台的竞争,媒体竞争的根本还是争取用户,将流量变现。交通广播的移动性和伴随性为打造以主持人为中心的社交圈层提供了可能,广播媒体运用用户思维,把节目变成产品,把听众变成用户,通过抓住较大新闻事件或策划组织活动来进行宣传。

宁夏交通广播精准把握社会需求,兼顾主流价值与个性诉求,兼顾传统优势与融媒传播,加强民生新闻的宣传及服务力度,力求让新闻更有温度。宁夏交通广播策划组织的"志愿者徒步募捐活动"二十城同步直播,观看量达数百万次,参与互动人数 97 万人,其中银川参与互动人数达 5.5 万人。截至2022 年 9 月,"为爱朗读 声音课堂"阅读推广公益项目已经持续举办了 30 多期,线上受益人数超过了 50 万人次。通过公益行动提升品牌形象,将新媒体有效引入节目生产和活动执行中,从线上直播互动到线下活动集客,广播的触角多层次、全方位地深入大众生活。

三、营造话题中心 提升品牌形象

广播在新媒体的快速发展中如何保留原有用户并增加用户,是当前面临的一个重大问题,用户对信息和内容的创新性及时效性要求越来越高,广播必须构建多元化的传播格局,满足不同用户的要求。新兴媒体对于传统媒体既是竞争对手又应是合作伙伴。不懂得把握新媒体融合发展的传统媒体,将在发展中逐渐走向衰退。因此广播的发展在新形势下要推行多媒体合作发展战略,借助新媒体,加强整合,通过手机、网络等新媒体整合热点,再通过广播传播热点话题,提供给用户更多的信息选择,从而增加广播的收听率。

宁夏交通广播发挥品牌资源优势,创新广播节目的生产及传播方式,多次对可视化广播融媒直播等业务创新进行深度策划和实践,积极探索广播节目融合传播业务的新流程,使内容更具可看性和互动性。秉持"内容为王,节目为本"的原则,通过加强节目策划、提高节目质量、打造精品节目,以活动为载体,实施走出去战略,办"看得见的广播",以媒体的担当与责任不断提升竞争力、美誉度和品牌影响力。宁夏交通广播创办了《一路同行》《的哥哈喜喜》《红绿灯·方向盘》《984车友俱乐部》《汽车地带》《健康984》等品牌节目,同时依托这些节目打造了"文明宁夏 平安出行""爱心送考""阳光984主播变形季""为爱朗读"等二十余项主题公益活动,树立了宁夏交通广播爱心媒体和责任媒体的形象,使其社会影响力得到进一步增强。主题公益活动打通了听众和广播平台的沟通渠道,尤其是在"阳光984主播变形季"活动中,各位主播走进多个行业,变身为公交售票员、出租车司机、机场安检员、环卫工人和事故现场的民警等众多行业中的一员,将自己的真实感受通过电波、微博和微信公众平台传播出去,与听众互动交流,取得了良好的社会反响。

在充实节目内容的同时,宁夏交通广播打造出有社会责任感的主流广播媒体形象,通过建立听众粉丝群,利用微信、微博、抖音等第三方平台引流。同时,通过新媒体平台,听众在节目时间之外也可以和主持人以及其他听众互动,打破了时空限制,形成社交圈层。

四、打造服务场景 探索可视化路径

广播人只有提供广播媒介特有的线下服务,才能更好地黏合广播会员,不断生产服务型广播节目,形成可持续发展的良性产业链。广播人能争取到的特有服务或独享服务,就是可以为会员听众提供的尊享服务。比如,冬天要换冬季胎,是否可以组织听众团购,让利于听众?我们每年需要一次体检,能不能联合本地最好的体检中心和听众一起办公益活动?我们想在秋收的时候吃上最新鲜的食品,那么能不能将信誉良好的食材供应商请到直播间里……广播人应从收音机中走出来,在线下活动中营造自己的服务场景,升级以往的服务品类。

宁夏交通广播中心结合市场需求,深挖创新场景,以听众社群为核心,链接出行、旅游、餐饮、购物、公益等多种需求,切入多种生活场景,通过对用户进行画像,对社群进行数据分析,打通各类资源,打造一系列精准投放的活动、产品和项目,开发社群经济。在严把节目质量、创新创优的同时,不断开发各类新媒体平台的功能性、互动性服务,丰富微信菜单栏的设置,引入路况、天气、民航、出行等服务内容,将最新的时政新闻、话题讨论、交通政策法规咨询、路况、活动等信息及时推送发布,为广大用户提供及时、快捷的路况疏导等实时在线帮助;同时,利用全国交通广播融媒体联盟、自驾游联盟,拓展旅游产品的销售。在此基础上开发专属的"UP 商城",让广大用户在微信等平台即可享受宁夏交通广播与合作商家共建的各项服务;探索实践UGC 模式和 PGC 模式,增加语音微信的接入、甄别、使用,实现了 UGC 用户生成内容与交通广播节目平台、微信公众平台的对接,将用户的需求带入日常节目互动和宣传报道当中,把听众转化为粉丝,强化了听众的参与度和互动性。乡村振兴、农产品推介、文化旅游、本地美食,这些内容细究起来可以产生不同主题的节目策划,本质上其实又是一家,无论分类别深挖还是融合多主题推广,都是扣紧"本土特色"这一关键词的良好切入角度。广播媒体背靠天然

的区域化、本地化优势，加之近年来各级电台融媒体传播矩阵的成功搭建，有能力将本地特色内容传播做到出彩、出圈，让寻常又不寻常的本土特色文化"站台"，打造具有创新创意的融媒内容，带动区域内外的流量、声量双丰收。

五、积极探索培养"全媒体人才"

融媒体时代下，传统广播电视媒体想要实现转型发展还应当重视强化传统媒体从业人员的专业技能。加强从业人员的整体团队建设并积极引导工作人员突破传统模式之下思维的局限性，不断激发工作人员的工作热情和创新意识，为传统媒体的转型发展提供坚实的人才支持。

2022年宁夏交通广播策划、实施了一系列融媒直播活动"银川市贺兰山路下穿民族街隧道迎来试通车""一袋血液的旅行""江铃福特天福店融媒体探店"等，采取"广播＋视频平台"音视频同步直播的方式，由记者（主持人）和主讲嘉宾与听众互动，让传播途径更多样化，信息传达更直观快捷。高峰时期，宁夏交通广播每年有超过200场次的各类线下直播互动活动，广播记者也由最初的单一声音传播，逐渐向音视频融媒互动直播业务方向发展。有接地气的报道，才有聚人气的节目。深度媒体融合为广播媒体带来了新的契机，使广播媒体能够以一种全新的模式继续服务大众。宁夏交通广播强化平台优势,创新节目内容,丰富节目形式,提高节目质量,在各类节目尤其是新闻节目的策划、统筹、加工、渠道传播上下功夫,使其更有时代特征,做到"贴近实际、贴近生活、贴近群众",继续推进建立更综合、高效的信息发布机制。同时,深耕服务,以"用户思维"熟悉不同平台的特性,确定目标群体,提供目标群体需要的内容和服务,构建专有的媒体矩阵。例如在电商领域进行探索,打造了个性鲜明、专业性强的"直播达人"。2022年"芝麻香瓜助振兴"青山乡第三届芝麻香瓜节音视频同步直播、"消费帮扶稳经济?供销助农促发展"等系列报道,建立媒体生态圈,以全媒体方式展现、立体综合的宣传方式引起社会关注。

六、结语

新媒体时代,广播媒体必须根据环境变化,不回避媒体融合所带来的困惑,勇于运用新的表现形式突破发展瓶颈,独辟蹊径,形成新的发展思路,这样才能顺利与时代接轨。广播媒体的融合发展,不是简单的"新媒体+广播"的形式,而是真正实现二者有机统一。要做到这一点,广播媒体唯有顺势而为,立足核心广播内容,不断更新应用及制作技术,构建全新管理模式,积极开拓"新媒体+用户"的传播方式。广播人也应迅速打开视野,跳出舒适区,让广播媒体在全媒体时代重获新生。

广播媒体要走好融合发展之路,不仅要立足自身特色,还要充分发挥不同媒介载体的优势,利用"广播+"同步发力,探索广播融合发展的路径,力求在第一时间占据赛道,深耕服务,精准推送内容,拓展广播的线下传播渠道,增强广播电台的品牌黏性。

融媒体背景下广播剧的发展与制作探讨

杨晓慧

近年来随着媒体环境的不断变化，广播剧面临着更多同类产品的竞争，发展面临着诸多困境，但同时也有着其他媒体不可比拟的优势。在众多的广播节目中，广播剧属于戏剧艺术和传统文化结合的艺术品，和百姓生活密切相关，一部优秀的持久的广播剧对受众的吸引力远远超过碎片化的新闻内容。因此应积极研究广播剧的制作方法和制作技巧，提高广播剧的制作质量，以引起听众的持久注意。

当前广播剧发展现状

广播是典型的传统媒体，虽然近年来网络新媒体的不断发展，一定程度上影响了广播媒体的社会影响力，但是广播受众仍然有着庞大的基础。日渐匆忙的生活节奏和逐渐繁杂的娱乐形式，许多人开始追求用听觉享受来填满碎片化时间，因此广播剧也正逐渐成为受众

非常喜爱的一种艺术形式。

从受众群体的覆盖面来看，当前我国的汽车保有量不断增多，而车载收音机、车载媒体就成为了有车一族获取信息最主要的媒介之一。与此同时根据有关部门统计数据显示，很多大学生也非常喜欢收听广播电台和网络媒体广播节目。由此可见，融媒体时代广播剧仍然拥有不错的受众基础。《2021年中国在线音频行业发展及用户行为研究报告》的数据显示，近几年来中国在线音频市场规模不断呈上涨趋势，预计2022年在线音频市场规模将超过310亿元，同比增长超过41%。伴随着在线音频的内容不断丰富，更多应用场景进入人们的工作和生活中，在线用户的规模也会进一步扩大，进而不断提升在线音频平台的创收方式，实现双向发展。

新媒体技术给广播剧的发展提供了重要动力。随着5G、智能音响、蓝牙耳机的普及，音频场景从移动端扩展至车载端、智能硬件端、家居端等各类场景，广播剧收听的载体从收音机变为手机。在这一背景下，广播电台不仅可以在数字化的传播环境下快速培养新的受众群体，而且也可以应用现代通信技术和数字技术等，让各种媒介的传播形态相互融合，进而吸引广大网民的关注。新媒体技术也为广播剧的发展提供了新的产品形式，而这也是广播剧实现快速发展的重要原因。在当下，人们不仅可以通过传统的收音机、车载电台来收听电台节目，还可以使用手机App等载体来收听广播节目。在线音频平台广播剧业务不断得到开发，喜马拉雅、荔枝FM、猫耳FM、克拉克拉等音频平台大受欢迎，民间和专业配音室也如雨后春笋般发展起来。总之，在新媒体技术的加持下，广播剧的创作方式和产品形式也日趋多样化。

广播剧的艺术魅力

当年曹禺先生曾有这样的评价："广播剧是魅力女神，像诗、像梦，在声音世界中，使人享受到一切美妙。"广播剧的发展不仅依赖于传播媒介的丰富，更依赖于高品质的内容和独具一格的艺术魅力，这是广播剧能够实现发展的重要基础。一部成功的广播剧必然是在每一个细节上都精益求精，从故事设计到背景音乐选择，任何一个细节都会坚持追求完美。

一个优秀的广播品牌应当具备以下几个方面的特点:高度契合受众的物质和情感需要;能够区别于其他的传播产品,辨识度高;在受众群体中拥有较高的知名度和影响力;受众能够产生较强的忠诚度;能够带来不错的经济效益。而上述五个方面的特点,优秀的广播剧基本上都具备。听众通过收听广播剧而深切体会到自我的生活,进而产生情感上的共鸣,实现精神上的满足,所以说广播剧是与人们的情感和生活密切相连的。

融媒体背景下广播剧的制作

当下的广播剧题材非常广泛,知乎平台为网民总结了2021年的优质广播剧40余部,涉及历史、玄幻、刑侦、经济、穿越等内容,但是不变的衡量标准是其优良的内容和制作。作为主流媒体在生产广播剧时,更需要用精品来获得产品的公信力和引导力。在制作时要做到人物真实、贴近生活,使产品具备思想性、艺术性和可听性,使广播剧具备一定的品位和风格。

确定鲜明的主题,设计有针对性的剧本。广播剧需要确定鲜明的主题,设计有针对性的剧本,确定出剧本的整体感情基调,明确主要的受众群体。当确定主题后制作人员就要构建基本框架,通过巧妙的构思让内容更加吸引人。广播剧面对的受众群体会有所差异,一些是针对青少年制作,一些是针对青年人制作,还有一些是专门针对中老年人而推出的广播剧。因此,在确定受众群体后就要全面地分析该受众群体的收听习惯、收听偏好。

以宁夏广播电视台广播情景喜剧《的哥哈喜喜》为例,该剧从2006年开

播至今共制作播出 3000 余集，始终以一对开出租车的半路夫妻为男女主人公，通过他们的身边人和身边事展开情节，围绕交通安全、百姓出行，把新近发生的交通新闻、社会关注的热点、焦点事件和交通法规、交通常识融入剧中，折射出现代城市交通生活的众生百态。如剧集《良心》讲的是某个雨夜，哈喜喜在拉载一位乘客的途中，亲眼目睹了一起交通事故，当时因为犹豫是否该闯过红灯去截住肇事车辆而眼睁睁地看着车辆逃逸，自此，哈喜喜一直心中难安，为自己背负的良心债而后悔不已；剧集《电话情缘》则讲的是哈喜喜楼下 78 岁高龄的邻居刘奶奶是一个很新潮的老太太，但因为老伴儿的去世，晚年非常孤单，所以刘奶奶想再找个老伴儿，可是没想到令自己非常心仪的老爷子却是个蹭吃蹭喝的骗子……剧集采用宁夏本地方言，故事地点、场景、建筑、街道都是当地受众最熟悉的。不少出租车司机反映，该剧的故事情节、生活细节就发生在他们周围，剧中的人物仿佛是他们生活的浓缩和再现。

为了贴合宁夏受众，《的哥哈喜喜》运用地道的宁夏方言，凭借调侃的风格、幽默搞笑的喜剧色彩、即兴编创演播的形式，成为本地有名的广播剧。《的哥哈喜喜》剧组还广泛搜集相关素材，吸纳各方方言演艺人才兼职加盟，并通过节目公开征集小品题材，增强节目的互动性，缩小了与受众的距离。该剧因为内容坚持贴近实际、贴近生活、贴近群众，主题思想明确、人物性格鲜明、情节曲折动人、结构紧凑明快，已成为广大听众每天到点必听、每天都听不够的名牌节目。

增强音效品质，加入契合的音乐故事。从广播剧的配乐角度来看，制作人员需要根据剧情的发展、实际发展阶段以及不同的人物性格而确定配乐，突出相应的音乐主题。

比如在开展主奏乐器混音工作时，尤其要注意音乐音量不能够盖过台词的音效，通过加入音乐音效可以很好地渲染氛围。比如宁夏广播电视台制作的献礼宁夏吴忠市红寺堡移民开发区成立十周年的系列微广播剧《黄河水甜》，因为有大量的黄河水音效以及农村周边环境音，要让音效配合人物的台词，就需要对背景音效的音量有精准的控制。同时，为了体现宁夏扶贫扬黄灌溉工程这一伟大举措，大部分的音乐都是以民乐为主，像二胡、笛子等，在音乐渐隐或渐强的时候，时长就要靠后期制作人员对音乐的敏锐感知，音乐过长会拖沓剧情发展，音乐过短则气氛感烘托又不够，所以一定要把握好。总而言之，制作人员在进行广播剧的声音编辑时要进行深入的思考并使用巧妙的手段来进行操作，可以通过融入不同版本的音乐类型，突出音乐主题，强化音乐形象，给听众营造更为良好的感受与氛围。

注重台词效果。台词是广播剧最重要的要素，台词也是传达一部广播剧核心信息的重要载体，台词更是广播剧影响人们心灵的重要媒介，台词风格也决定了这部剧的风格。无论是哪一种类型的广播剧，不管它的节奏是快还是慢，都需要台词来表达，只有用心的台词才能够给听众留下深刻的印象。演播人员在调配声音时要最大化增强内容的吸引力，发挥好每一种声音的积极因素，让整部广播剧呈现出更加优质的效果。

《的哥哈喜喜》是部宁夏方言剧，主人公哈喜喜的演播者江涛和夏莉莉的演播者马茵都是专业播音员，声音条件优越，江涛嗓音浑厚，富有磁性，而马茵声音细腻，声线变化多端，加上对人物性格的揣摩，使人物呼之欲出。他们在进行台词设计时突出宁夏方言的趣味性，让听众对家乡话有了全新的认识。对方言的处理，主创人员并没有复制生活方言，而是将其视为一种语言艺术进行了再创作，主要通过对台词进行对仗、歇后语、话语的起承转合等精心设计，加之演播者扎实的音质优势和语言功力，让受众感受到了宁夏方言的艺术美感，发现方言的艺术魅力。在台词设计中，还适当加入了普通话，以方便在更大范围内进行传播，覆盖更多听众重视合成效果，强化广播剧的内涵。 对于一部广播剧的制作流程来说，合成是最

后一个环节。合成就是把台词、背景、音乐音效等其他要素结合到一起，完成合成环节后，那么一部完整的广播剧就制作成功了。声音的合成也是一门重要的艺术性工作，其中蕴含着多种科技元素，使用众多的技术手段。在合成音乐的过程中需要合理把控声音、结构、框架、音量以及节奏，尤其是要重视在剧中转场环节前后衔接，要能够灵活地运用压缩、混响、特效等，来对声音素材进行完全自动化和高效化的处理。当然，如果在特定的环节制作人员需要强力推动剧情，那么就可以把自己认为比较有创意或者符合剧中场景情境的声音制作出来。如果想要制作立体声节目，那么制作人员就需要把控好声音的方向、空间和纵深，让声音效果更加逼真形象。总之，制作人员要从整体角度出发，注重细节，让整部剧更有渲染力和传播力。

融媒体背景下广播剧的融合传播

面对新媒体挑战，广播剧除了在内容和制作上下功夫，还要重视新媒体平台的传播，适应融媒体下受众的收听习惯，主动拥抱新媒体才是正道。宁夏广播电视台在广播剧传播方面做出了一些值得借鉴的探索，除了将广播剧在电视台和广播频道播出外，还在主流网站和音频软件上开设聚听频道，并在微博和微信公众号转发、分享给手机用户。如此组合拳般的融媒体传播格局，换来的是受众人数几何级数的增长。如《的哥哈喜喜》在宁夏广电微信公众号、蜻蜓FM、喜马拉雅FM等音频平台以及宁夏新闻综合频率新浪微博等多平台推送，获得了很多10万+的点击量。加之这些网络新媒体平台实现了24小时的存储，可以让受众能够反复收听，方便了剧集的传播，不断吸引用户的关注。

另外，还要探索微广播剧的生产和传播。安徽广播电视台广播剧编导吕卉曾介绍，近

年来，他们积极与新媒体共舞，通过微数字技术在互联网上进行音图文融合传播，打造长度在 10 分钟之内的微型广播剧。因其成本低、制作周期短，容易形成规模化生产，且每集长度在 10 分钟以内，符合新媒体时代碎片化阅读和收听的习惯，便于手机传播。该系列节目引起广泛关注、转发、点赞，成为一次成功的融媒体创新尝试。

此外，还要尝试打造专属广播剧的新媒体渠道。当前宁夏广播电视台生产的广播剧主要依靠媒体本身的公众号，比如各个频道的微信、微博公众号、音频 App 平台，没有专属的传播平台，无法形成品牌，也就无法实现广播剧资源的合力。究其原因，可能是媒体的维护能力不足，用户的在线收听习惯还没有很好地培养起来。在此背景下，要抓住当前广播剧发展的时机，通过整合资源，围绕音频形成丰富的文字和视觉补充，进行有效的新媒体再造，使其在网络上拥有与其身份相符的地位和影响力。

结语

综上所述，要想提高广播剧的制作效果和整体的制作质量，就需要制作人员在全面了解剧本结构与故事情节的基础上，坚持精细化的操作和处理，从剧本设计到音效制作，从混音制作到最终合成，每一个阶段都要进行详细的研究分析和细节精细化的处理。同时在制作广播剧时还要从听众的角度出发，了解不同受众群体的收听习惯和收听偏好，主动进行有针对性的调整，灵活使用各种各样的处理技巧，让广播剧的质量能够不断提高，获得越来越多听众群体的欢迎与认可。

融媒体时代广播电视台
财务管理问题与措施

杨　燕

　　融媒体时代是当前我国传媒行业发展的新趋势,随着互联网的普及和发展,传统的广播电视媒介已经逐渐被数字化技术所取代。在新的媒介环境下,广播电视台面临着前所未有的压力和挑战,其财务管理也产生了新问题。因此,本文将从融媒体时代广播电视台财务管理概述出发,通过对其存在的问题及解决措施进行分析,以期有效地提高广播电视台的经营效率,为广电事业的可持续发展提供有力的支持。

一、融媒体时代广播电视台财务管理概述

(一)融媒体概念

　　在当今的移动互联网时代,广电行业面临着巨大的变革。传统的单一媒体模式已经难以满足人们的需求。因此,广电行业开始向多元化经营转变。这种趋势被称为"融媒体"，即将传统媒体和新媒体融合在一起，形成一种全新的媒介形态。融媒体的概念是指将数字技术应用于传统媒体领域，通过互联网、移动通信网络等渠道实现内容的传播和消费。它不仅可以提供更加丰富多彩的内容形式，还可以提高用户体验和互动性。同时，融媒体也为广电行业带来了新的挑战和机遇。随着观众需求的变化以及新技术的发展，广播电视台需要不断地调整自己的业务模式和发展方向。然而，由于传统运营方式和管理体制的影响，一些广播电视台仍然存在一定的财务风险和管理难题。融媒体时代的发展，对广播电视行业的财务管理提出了更高的要求。一方面，广播电视台要提高自身的创新能力和竞争力，不断推出有吸引力的新闻节目和娱乐活动；另一方面，也要注重财务管控和风险防范工作。为了应对这些挑战，广播电视台要建立健全的风险控制体系和财务管理制度。

(二)融媒体时代广播电视台财务管理特点

融媒体时代广播电视台财务管理特点主要包括以下几点。其一，多元化经营模式。在传统的广播电视基础上，广播电视台开始涉足互联网、移动通信等新兴领域，开展数字化业务和新媒体内容的生产和传播，从而形成了多元经营的新格局。这种多元化经营方式不仅提高了广播电视台的盈利能力，也为广播电视台提供了更多的发展机会。但同时带来了新的挑战，如资金筹措、人才引进等问题需要得到有效解决。其二，信息化建设成为关键。随着信息技术的发展和应用范围不断扩大，广播电视台也在加快推进信息化建设步伐。这包括了对现有设备进行升级改造、引入先进的技术手段以及加强人才培养等方面的工作。信息化建设对提高广播电视台的运营效率、降低成本、提升服务质量具有重要意义。其三，市场竞争加剧。随着市场的开放和监管政策的变化，广电行业的竞争环境日益激烈。在这种情况下，广播电视台需要更加注重自身的竞争力和发展方向的选择。

(三)融媒体时代广播电视台财务管理目标

融媒体时代下，广播电视台财务管理目标是实现广播电视事业的可持续发展和提高经营效益。在当前的市场竞争中，广播电视台需要不断创新和发展自己的业务模式,以满足受众的需求并保持竞争力。因此,广播电视台的财务管理目标应该围绕这些需求进行调整和优化。首先,广播电视台要加强对收支平衡的控制。收支平衡是指广播电视台收入支出相抵,不产生盈余或亏损的状态。收支平衡对广播电视台来说非常重要,因为只有实现了收支平衡才能保证广播电视台长期稳定运营。其次,广播电视台还要关注资产负债率的变化。资产负债率是指总负债占总资产的比率。如果资产负债率过高,意味着广播电视台的资金使用效率不高,可能会导致广播电视台陷入债务危机。最后,广播电视台还需注重现金流量变化的趋势。现金流量是指流动资产和流动负债之间的差额。现金流量的变化可以反映出广播电视台的偿债能力和盈利水平。通过分析现金流量的变化趋势,广播电视台可以更好地把握其财务状况和未来发展趋势。

二、融媒体时代广播电视台财务管理存在的问题

(一)财务管理制度不健全

随着数字化和信息化的发展,传统的广播电视业务模式已经逐渐被颠覆,而新的商业模式也随之涌现出来。在这种情况下,广播电视台需要更加注重财务管理方面的工作,以适应市场的变化和发展趋势。一是财务管理制度不够完善。由于广电行业的特殊性,其经营状况相对稳定且资金来源较为单一,因此对财务管理的要求相对较低。但是,随着市场竞争加剧和新媒体崛起,这种局面正在发生变化。二是财务管理制度缺乏透明度。由于广电行业属于公共事业领域,相关部门对它的监管比较严格,所以财务数据往往难以公开披露。这导致投资者和社会公众难以了解广播电视台的真实情况,从而影响了广播电视台的形象和声誉。三是财务管理制度还存在一定的缺陷。例如,一些广播电视台可能会因为过度追求短期利益而忽视长期发展规划

等问题。

(二)预算编制不科学

在融媒体时代,预算编制不科学已经成为广播电视台面临的一个主要问题。由于广电行业的特殊性和市场竞争的加剧,广播电视台需要不断提高服务质量来满足受众的需求。但是,传统的预算编制方法往往过于简单,难以准确反映当前市场的需求变化以及新技术的应用情况。虽然近年来大数据技术的发展为数据收集提供了更多的手段和途径,但是对广播电视台来说,数据采集并不容易。广播电视台可能会过于注重短期利益而忽视长期规划。这种短视行为导致了预算编制上的失误,例如,过度投资某些项目或忽略了一些重要的成本支出。广播电视台内部的沟通不够顺畅也是一个原因。由于不同部门之间的沟通不到位或者管理层没有充分了解员工的想法等因素,会导致预算编制出现偏差。

(三)财务风险防控不足

目前,部分广播电视台在财务风险方面存在一些缺陷,这些缺陷导致了严重的后果。缺乏有效的财务预警机制是广播电视台财务风险防范不足的重要原因之一。由于广播电视台通常需要进行大量的投资活动,而这些投资往往伴随着一定的风险。如果未建立有效的预警机制,就很难及时发现潜在的问题并采取相应的应对措施。广播电视台内部的财务监管不够严格也是一个重要的因素。广播电视台内部的财务管理制度不完善、人员素质不高等因素都可能导致财务风险的发生。广播电视台外部环境的变化也会对其财务状况产生影响。例如,政策法规变化、市场竞争加剧等都会给广播电视台带来相应的影响。

(四)财务管理信息化程度不高

随着互联网技术的不断发展,融合了传统媒体的新兴媒介——移动互联网,使传统的广播电视业务受到了极大的冲击。因此,如何应对新的竞争环境成了广电行业的重要问题。然而,在实际操作中,发现广播电视台的财务管理水平仍然存在一定的不足之处。其中一个主要问题是财务管理信息化程度较低。目前,仍有部分广播电视台的财务管理系统依然采用传统的记账方式进行记录和核算。这不仅增加了工作量,而且容易出现错误,导致数据不准确。同时,由于缺乏有效的财务管理软件支持,也难以实现对财务数据的实时监控和分析。

三、融媒体时代广播电视台财务管理的改进措施

(一)完善财务管理体制

为了更好地适应市场需求,广播电视台应该建立更加科学合理的财务管理体系。因此,必须提高财务人员的专业素质和业务水平,使其能够更好地理解广播电视台的经营状况和发展趋势,为广播电视台做出正确的决策提供有力支持。广播电视台应注重财务信息化建设。随着信息技术的发展和应用范围不断扩大,越来越多的广播电视台开始采用现代化的信息技术手段进行财务管理。这不仅可以提高效率和降低成本,还可以帮助其实现更好的数据分析和预测能力。此外,广播电视台还应该积极探索新的商业模式和盈利模式。当前,互联网已经成为传媒行业的新常态,广播电视台也应当在这方面有所突破。通过开展数字化内容生产和销售、广告营销等方面的新尝试,可以在一定程度上增加收入来源并提升竞争力。

(二)合理的预算编制

制订合理的预算编制是指对未来一段时间内的收支情况进行预测并确定相应的支出计划的过程,其对广播电视台的经营和发展具有重要意义。预算编制的目的是为实现广播电视台战略目标提供资金保障,同时保证广播电视台的正常运转。要考虑各种因素的影响,包括市场环境、政策法规等因素,还要加强预算执行过程的监督和评估工作,及时发现问题并采取相应措施加以解决。为了确保预算编

制的合理性和有效性,还需要建立健全的预算编制制度,规范预算编制流程和程序。在实际操作中,应该结合实际情况制订预算编制方案。了解广播电视台的业务状况和经营特点,分析其收入来源和支出方向,需要考虑到未来的变化趋势和可能出现的风险事件,以便更好地规划预算。再将预算编制结果反馈给管理层和相关部门,以达到更好的效果。

(三)提高财务风险防控

通过对广播电视台经营情况进行全面分析,及时发现潜在的风险隐患,制订相应的财务风险控制方案,从而有效地预防和化解各种可能出现的风险事件。还要完善内部审计制度,强化监督力度。通过定期开展内部审计工作,严格落实各项规章制度和规定,确保财务工作的合规性和有效性。同时,需要注重人才培养建设,培养一批具有较高素质的专业人才,为广播电视台提供有力的支持。此外,要积极探索新的融资方式和投资渠道,拓宽广播电视台的资金来源和发展空间。通过引入外部资本,优化资产结构和负债比例,实现广播电视台的可持续发展。

(四)健全财务信息系统

财务信息化是现代企业管理的重要组成部分,对广电行业来说更是如此。在融媒体时代,广播电视台需要加强对财务信息系统的建设和完善,以更好地应对市场竞争和经营风险。因此,需要建立一套完整的财务信息系统。这包括财务会计核算、预算编制、成本控制等方面的内容。通过建立一套统一的标准化体系,能够有效提高广播电视台财务管理的效率和准确性。同时,可以为后续的工作提供基础保障。此外,还要注重数据安全保护。随着信息技术的发展和应用范围不断扩大,网络攻击、黑客入侵等问

题日益突出，必须采取一系列有效的措施来保证数据的安全性和完整性。例如，采用加密技术、设置防火墙、定期备份数据等。为了提升信息化水平，应积极引进先进的信息技术手段和应用软件，如 ERP、CRM 等系统，以便更好地满足业务需求和用户体验。

四、结语

综上所述，本文通过对融媒体时代广播电视台财务管理存有的问题进行了分析，提出了一些相应的措施。其中，最主要的是要加强文化建设，提高员工素质和专业水平；同时，要注重创新和发展新技术手段，提升广播电视台的竞争力。此外，还应该建立健全风险控制体系，确保资金安全并积极探索新的商业模式和盈利模式，实现可持续发展的目标。旨在为广电行业提供有益参考，以期能够促进我国广播电视事业的发展和进步。

浅议传统媒体广告经营模式与创新

王 娟

经济效益决定着媒体产业发展的规模和方向,支撑着媒体产业的经济基础,牵动着媒体产业自有产品的品质。资金充足能够创作优质的节目,获得受众的喜爱,提高收视率,拉动广告价值,创造经济效益,从而带动产业发展。融媒体时代海量信息和多元化渠道充斥着市场,对传统媒体原有的固定受众和经营模式进行了重新洗牌,这无疑是一场残酷的竞争。

一、传统媒体广告经营面临的困境

1.受众分流

融媒体时代,网络早已渗透到了老百姓衣食住行等各个细微之处,更重要的是它正在改变着人们的思维方式和生活习惯。对于传统媒体来说,曾经拥有发布官方消息的唯一平台如今已全面被新媒体所替代,曾经的忠实观众早已不满足于苦苦等候在收音机、电视机前收听收看节目,而是通过新媒体随时随地、按照个人喜好准确地获取信息,便捷且效率高。受众的分流直接导致传统媒体广告的贬值,没有影响力就失去了品牌效益,自然就没有品牌广告愿意投放。

2.市场匮乏

市场资源是有限的,特别是对于二三线城市的传统媒体来说,要想在市

场经济大潮中讨口饭吃,就必须遵循市场规则,广告商投放广告也是一样。广告商看到新媒体的市场表现及反馈,自然愿意将广告投放在新媒体中。如腾讯、爱奇艺等视频网站,或是淘宝、京东等网络购物平台,仅是广告悬窗一个广告位带来的经济价值就比传统媒体播放广告的性价比高。以宁夏为例,宁夏是少数民族聚集地区,人口少,本地的品牌产业也少,投放广告的份额有限,这对于当地广播电视媒体来说,市场资源严重不足,加之受新媒体的影响,传统媒体对外来品牌广告也基本没有吸引力,导致传统媒体的广告无人问津。

3.模式落后

融媒体时代的广告宣传和经营模式发生了前所未有的变革。新媒体广告成本低,广告植入手法新颖,广告投放定位准确,极大限度地为客户争取最大化利益。对于传统媒体而言,广告宣传模式陈旧老套,类似格式化、灌输式、强压式的广告宣传早已被老百姓所厌倦和摒弃,老百姓更愿意尝试新媒体给他们带来的便捷高效与互动体验。同时,传统媒体的广告经营模式相对落后。据了解,在二三线城市的广播电视台中,广告采取打包的形式委托社会公司代理运营,社会公司为了获得更多利益,将广告时段捆绑经营,就出现了10分钟以上类似专题节目的广告,这类广告风险系数大,给广播电视台带来了无法规避的风险。

4.专业人才缺失

新媒体从业人员年轻、专业、技术过硬且精力旺盛,对前沿信息捕捉敏锐、把握准确,能够按照客户的要求定制服务,具有较强的专业性。传统媒体受体制制约,从业人员普遍年龄偏大,从事的专业多数以广播电视采编播为主,专门从事广告经营管理的人才和团队缺失,也是传统媒体广告经营良性发展的瓶颈之一。

二、传统媒体广告经营模式的创新策略

1.媒体融合多种渠道推送

传统媒体的广告经营模式创新中,要打通自身的广告传播途径。互联网并非新媒体的专利,融媒体时代刷新了传统媒体的传播方式,传统媒体可以借助互联网进行广告的精准推送。与新媒体相比,传统媒体具有更高的权威性和公信力,这是新媒体所不具备的优势,所以观众在接收到广告推送的时候,如果对产品有需求,更愿意相信传统媒体的宣传。因此,传统媒体要加大宣传力度,通过互联网模式弥补短板,分析网络用户群体喜好,达到广告宣传的覆盖效果,抢占广告市场份额。

2.线上线下统一整合

传统媒体在为广告客户做广告宣传时,要注重线上与线下活动相结合,利用自身优势,多组织活动,用线下活动增强受众的体验感和参与感,最终达到良好的宣传效果。通过互动模式能很好地解决广告空洞的问题,使广告有的放矢,进一步提高传统媒体的公信力。

3.广告内容影响效果

传统媒体的广告宣传中,通常以明星代言的方式获取受众的信任从

而推销产品。进入融媒体时代，很多自媒体也涌现出许多民间网红，虽然可以借助这些明星的影响力做广告宣传，但更重要的还是广告内容的品质。好创意＋好内容＋好形式，迎合受众的收听收看习惯，广告植入不要僵硬死板，让受众不反感、不排斥，才能达到事倍功半的宣传效果。

4.商业广告向公益转型

商业广告除了品牌广告外，还有部分时长 10 分钟以上的专题类广告，主要涉及生活用品、医疗器械、食品保健品类购物广告，这些广告活跃在二三线落后地区的广播电视台中，是传统媒体重要的经济来源。按照《广告法》等相关条文，这类广告时常游走在涉嫌违法的边缘，经常被国家广电总局等监管部门叫停处罚。鉴于此种窘境，传统媒体的广告经营应该顺应新时代的要求，试图与各兄弟台、各大机关单位、院校及企业加强合作，转变思路，策划制作带有公益性质的广告，从而提升广告品质及品牌效应，真正成为传统媒体牢靠的经济支柱。

三、结论

总之，在新的时代背景下，媒体之间的竞争只会越演越烈，优胜劣汰。传统媒体要在竞争中生存下来，唯有转变思路、自我革新，借助融媒体时代的新机遇，乘风破浪，重整旗鼓。

Ku 波段高清卫星车融媒体化改造与实现

张树春　张之国

1 引言

2019 年 3 月，宁夏广播电视台 Ku 波段高清卫星车交付使用，该车主要功能为保障我台重要活动现场信号的回传工作，该车还配备一台索尼 MCS-8M 切换台，可实现 4 讯道节目现场制作。当前，宁夏广播电视台正处媒体融合发展的关键时刻，为加强广播电视制播能力建设，不断提升高清节目内容供给能力，既要满足传统节目制作、传输，又要满足全媒体融合制作手段，在保证 Ku 波段高清卫星车原功能的基础上，以最小代价，将其改造成 8 讯道高清 /4K 融媒体直播车。通过技术创新引领节目生产，进一步深入推进宁夏广播电视台媒体融合发展。

2 原 Ku 波段高清卫星车介绍

Ku 波段高清卫星车具备高标清视频源编辑、视频编码、调制和接收解调、解码处理功能,具有适应大部分可见卫星的上、下行通信能力,并遵循广电总局要求保有一定链路余量,系统能够对音视频信号进行监测、监看、监听,实现对现场媒体任务的有效支撑。图1为Ku波段高清卫星车系统拓扑图,图2为车内设备布局图。

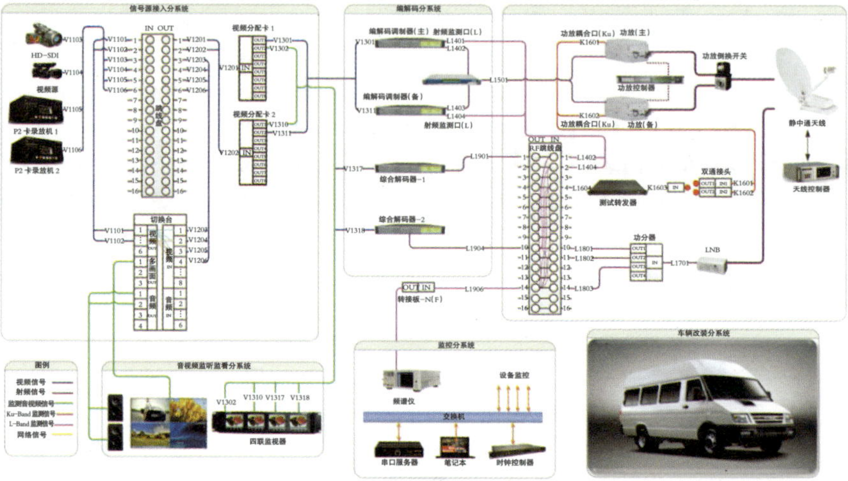

图1　Ku波段高清卫星车系统拓扑图

配备功率足额的UPS和发电机,能保障系统正常运行使用的供电需求;冗余配置系统卫星传输系统中的编码调制器、功率放大器等关键设备,具备主备自动切换功能;配置链路关键监测节点,保障系统业务流程可察性和系统测试性;对所有信号源和相关监测节点的音视频监看、监听功能。

图2　Ku波段高清卫星车设备布局图

3　融媒体化改造系统方案

3.1　电源系统

车上原有两路 380V 市电接入，将其中一路改为 220V 市电接入。增加一台 6KVA UPS 与原车 APC 10KVA UPS 互为主备，使双电源设备和主备设备分别通过主备 UPS 供电，加上原来配备的熊猫牌发电机，增加网络直播供电的安全性。

3.2　信号源传输系统

在保持原车功能的基础上，增加无线传输设备无线图传、5G 背包，有线传输设备光缆、光端机，实现了信号传输方式多样化和便捷化，可适用于不同的直播环境和地形特征。

3.3　节目制作系统

增加 4K/ 高清导播编辑制作设备，具有 SDI、IP、光纤等输入 / 输出口，用于节目制作；且可与车上索尼 MCS-8M 切换台互为主备，两台导播台共同使用松下 Panasonic TH-42LF8C 监视器。

增加一台工作站，安装 VMIX 软件，可实现简单字幕的编辑。

增加两台移动非编工作站，可实现现场录制、编辑特技、字幕、动画等多种功能，拥有入库系统、审查系统、实时配音系统、文稿录入系统等功能，有利于直播新闻的特色程序，能提高新闻制作的效率。

3.4　节目传输系统

增加网络聚合路由器，在 4G/5G 信号强的地方进行点对点传输，将节目传至播出机房或演播室；根据需要可增加直播推流设备和格式转换设备，将节目传输到直播平台，实现即时播出。

3.5　无线通话系统

增加无线通话系统和公网对讲机，用于导播和摄像师联系，有效提升导播、摄像师、音频

等各工作人员之间的交流,极大地提高了现场导播的指挥效率。

改造后该车具备高清/4K制作、多格式处理、全媒体网络实时推送等功能,传输采用无线图传+4G/5G+传统线缆等多种传输方式,真正实现同步、视频、音频等信号的无缝倒换,保证直播的高安全性和高可靠性。图3为8讯道高清/4K融媒体直播车系统图。

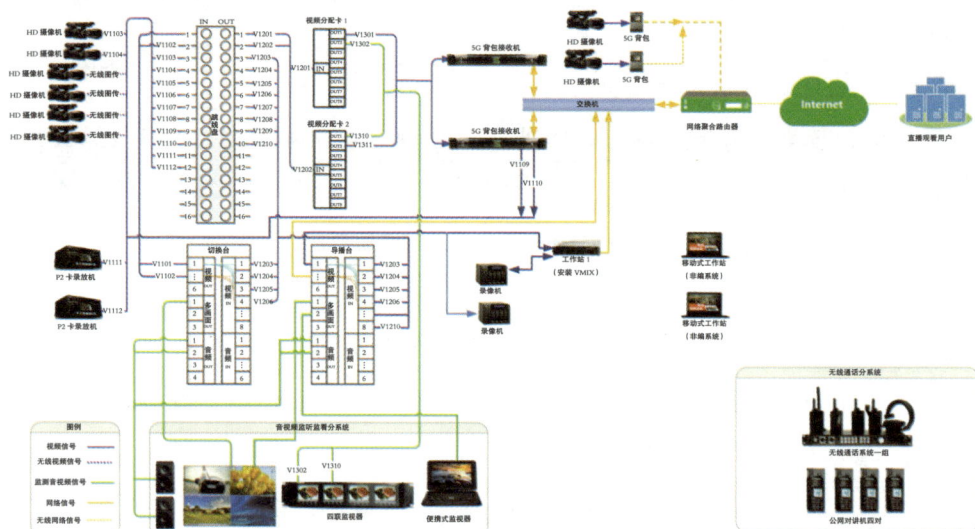

图3 8讯道高清/4K融媒体直播车系统图

为便于实际应用,将5G背包接收服务器、网络聚合路由器、导播台、录像机、监视器、工作站、无线内部通话系统等整合放置于航空箱中,并配置输入输出接口板、电源接口板,具备更强的兼容性和灵活实用性。便于该套系统在电力和网络环境允许的条件下,脱离卫星车独立工作。

作为移动的演播室具备机动性强、操作方便快捷、数据传输灵活多样、全平台同步直播发布、远距离无线音视频传输,从采集、编辑、制作、发布实现音视频同步的高清/4K超低延时制播作业,完全满足了现场活动的直播转播需求。

4 设备选型

兼容性:系统改造充分考虑与宁夏广播电视台现使用系统对接,设备具备高可用性和高兼容性,满足新采购设备完全接入现有系统。5G背包、5G背包接收机选择 TVU 产品，考虑网络聚合和传输的兼容性，网络聚合路由器也选择 TVU 产品。

经济性和实用性：在先进、可靠和充分满足系统功能的前提下，体现高性价比。3 公里超远距离无线图传和 2 公里无线图传各选择两台，可实现不同拍摄环境的合理搭配。

可靠性：充分考虑使用需要，无线通话系统和公网对讲机各选择一套，可有效保障导播和摄像师之间的通讯。

5 系统创新点

创新点 1：车上原有两路 380V 市电接入，将其中一路改为 220V 市电接入，可实现 380V/220V 市电接入，优先使用 220V 市电。增加一台 6KVA UPS，使双电源设备和主备设备分别通过主备 UPS 供电，提高了供电的可靠性。

创新点 2：信源输入方式可通过无线图传、5G 背包无线方式，也可通过 SDI 电缆、光缆有线方式进行传输，增加了传输方式的多种选择，可适用于不同的直播环境。

6 结束语

8 讯道高清 /4K 融媒体直播车是我台媒体融合改革的一个积极探索。在保证原车功能的基础上，以最小的改造成本，打造了一辆实用、高效、高性价比的全媒体直播车，既满足了传统节目制作、传输，又满足了全媒体融合制作手段，极大地提高了我台宣传传播能力和市场竞争能力。

融媒体时代传输方式的变革

——互联网技术在融媒体直播中的应用

刘军凯

随着通信技术的发展,5G 互联网、各种媒体的新技术也不断推陈出新,带来的最大变革就是各种网络制播新技术不断地突破和融合。而传统广播电视主要依靠卫星、光纤、微波等传输方式传送视音频信号,发送端将视音频信号编码复用调制经过卫星、光纤、微波传输,接收端再经过解调、解复用、解码等技术手段还原视频音频信号,在时效性、便捷性、经济性上存在一定的局限性。而在 5G 互联网技术发展的当下,5G 网络的全域覆盖逐步完善,一切新技术都与互联网相结合逐步地 IP 化。广播电视以及各种媒体制作平台在外场的直播和新闻素材的回传制作,依托 5G 互联网采用 IP 数据流信号进行现场直播的传输应用逐渐增多,各种传输方式混合应用的方法层出不穷。广播电视制播系统从原来基带信号架构向 IP 架构逐渐转变已经是发展的趋势。宁夏广播电视台在融媒体新闻报道中采用多种网络传输新技术新装备,很好地解决了各种媒体发布平台现场直播信号的传输问题,大幅提高了新闻发布的时效性,应用也方便快捷。

一 SRT 传输——大型活动现场直播信号回传监看

1.应用场景

自治区党代会开幕式在宁夏人民会堂举行,会场内共设置 8 个高清有线机位和会场外代表通道两个游动机位。现场直播信号将会场内外采集的实时画面经过转播车上视频导演切换编辑处理后输出给卫星车和光缆传输车,利用卫星和光缆两条信号链路送给台内直播演播室。演播室经过主持人对现场画面解说、字幕包装、视频导演切换编辑合成视音频信号后输出,再经过演播室视音频延时器延时 30 秒送给电视播控中心和网络云平台同时发布。现场直播最终呈现在电视、广播、互联网和手机端的信号都是经过 30 秒以上延时处理后的信号画面。现场转播车切换导演和技术信号调度都需要实时监看无延时的台内演播室输出直播 PGM 信号(见图 1)。

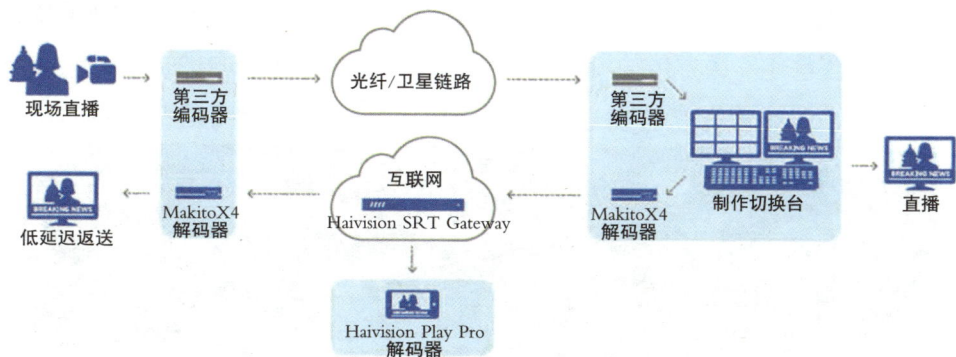

图 1

如果利用卫星通道和光缆传送监看返送信号,实现技术成本高,设备投入大。经过现场测试,利用互联网专线采用 SRT 网络传输方式将演播室直播信号点对点送回转播车作为监看返送信号使用比较适合,既经济又实用(见图 2)。

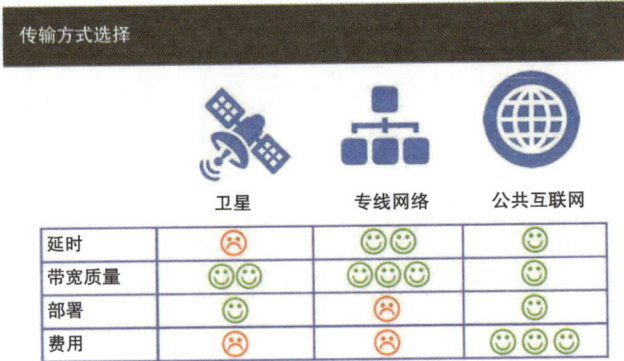

图2

2.SRT 传输技术

SRT 是一种用于在互联网上传输视频的协议，也是一种低延时的点对点流信号传输协议。它是基于 UDP 底层做的开发，结合 UDP 流的低延时特性和 ARQ 自动重发请求功能把传输过程中丢失的文件包恢复，通过互联网可以提供视频信号传送。网络传输视频信号经常会出现图像马赛克、静帧等现象，这是因为视频信号编码封装后视频流信号出现乱序、缺失、间隔失调的传输。

为了解决恢复丢失的数据包以及防止网络抖动，SRT 传输协议在发送端和接收端都设置一个延时缓冲区，在数据被送给解码器接收端之前，SRT 接收器缓冲区会重建发送方传输流的数据包和序列号。如果一个数据包在传输链路上丢失了，接收方就会发送一个数据包序列号不连续或是不完整的信息

ARQ 给发送方,然后发送方将数据包从其缓冲区取出,并重新发送给接收方。为了允许数据包重传,SRT 延时缓冲区可以配置为 RTT(往返时延)的倍数,而倍数的取值取决于网络条件和距离。这样就可以很好地解决网络传输中的丢包、抖动、带宽波动等问题。

直播现场提供一条带宽 200M 的互联网专线和一台 SRT 解码器,台内演播室部署一台 SRT 编码器。按照互联网 SRT 传输协议设置好地址后把发送端—编码器和接收端—解码器绑定成一对点到点的传输组。就可以通过 SRT 传输方式将演播室的直播信号发送给现场转播车,发送端和接收端的信号延时量经过实际测试小于 300ms。这种方式很好地解决了在直播中台内导播和转播车现场导播之间信号监看的问题,能够让视频导演切换衔接两地直播画面时更加准确流畅。

SRT 编码器支持 1 路 4K 或是 4 路高清信号的处理,支持 H.264 和 H.265 压缩编码。一台解码器在同时接收 4 路信号时可以保持 4 路信号的同步,封装格式在支持自身 SRT 编码同时,也支持 UDP 和 RTP 传统编码(见图 3)。编码器支持 16 对立体声和 4:2:210bit HDR PQ/HLG 格式标准,可以同时接入两个网络运营商的专线实现传输链路冗余(见图 4)。

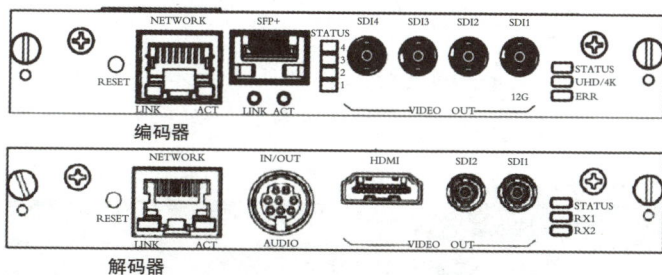

图 3

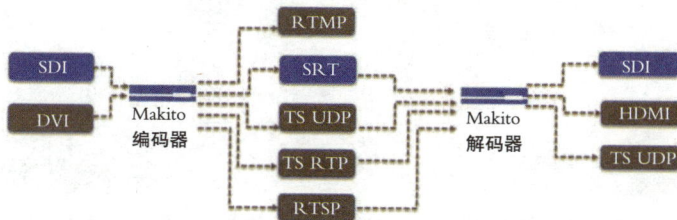

图 4

STR Gateway 网关服务器可以部署于台内，也可以是一个虚拟机的状态部署在虚机系统上，还可以部署在公有云(腾讯云、阿里云)的网络节点上。能够实现流复制分发、网络冗余备份、流协议的转换、公网的桥接等功能。如果不需要

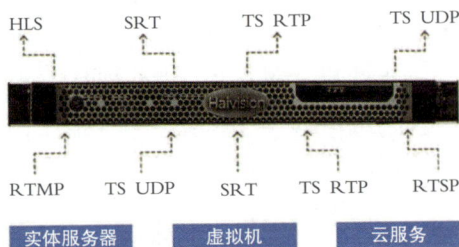

图 5

SDI 输出，只需要流信号输出，那么 SRT 协议封装后的流信号进入网关后转换成 TS 或者 UDP 流输出，可以直接到台内网络解码或是二次制作。如果有第三方的设备不支持 SRT，也可以将 TS 或者 UDP 流输入网关转换成 SRT 流进行传输，到达接收端再转换成 TS 或者 UDP 流输入给传统的设备(见图5)。

新闻直播报道任务一般都很紧急，短时间协调一条公网 IP 的专线往往很难达到。SRT Gateway 网关可以部署在云端也可以部署在台内，只要网关具备公网 IP 并设置成 Listener mode 状态，编码器和解码器设置成 Caller mode 状态，则编码器和解码器均不用再设置公网 IP，编码器和解码器都可以用 5G CPE 网络连接使用。

二 5G 背包传输——外场移动直播连线

1.应用场景

在直播连线时，演播室的主持人和外场嘉宾采用 5G 传输背包在线上直播连线，这样的直播连线相对图像画面比较固定，移动范围不大，上行带宽要求不高，网络环境相对稳定，对于 5G 背包传送视频信号非常适合(见图6)。

图 6

宁夏广播电视台于 2021 年配置了一批 5G 传输背包设备和 5G 网络聚合路由器。主要用于新闻素材快速回传、新闻直播连线、会议现场网络直播等,如自治区两会、自治区党代会、新闻发布会和民生新闻直播栏目在演播室直播连线中使用。5G 传输背包设备主要包括移动发射背包和接收服务器。

2.移动发射背包特性

移动发射背包支持 5G 信号传输,根据视频格式要求可以采用 H.265 和 H.264 编码方式,根据网络环境传送码率可实时调整 VBR 参数,如果网络带宽能够达到 50M 以上,视频连线的延时量就可缩短到 2.5 秒左右。能够支持 4K P50/60 信号传输,内置 6 路 modem(其中 2 个 5G modem 和 4 个 4G modem)、4 路 USB modem、1 路 Wi-Fi、1 路以太网共 12 个通道同时并行传输。支持 U 盘传输、FTP 共享文件夹传输、SSD 收录后传输等。也可以聚合多个网络变成 Router 模式,可以在移动中为非编工作站、笔记本电脑、手机等提供互联网接入。支持 VoIP 网络通话功能,演播室接收服务器端可以随时与任意指定的前端移动发射背包设备进行双向语音通话。

3.接收发服务器特性

接收发服务器需要分配公网固定的 IP 地址或是局域网映射固定 IP 地址,以确保网络配置保持稳定与发射端配对不变。可以映射两个局域网映射地址同时接收两路 5G 背包的信号,还可以将直播视频通过编码成 IP 格式进行传输,最多可发送 6 个不同的远端地址实现推流发布。

接收发服务器需要配置路由器或防火墙,设置完毕后 5G 发射背包就可以与接收服务器连接配对使用。每一路传输信号只需要网络带宽大于 20Mb 的下行带宽和大于 2Mb 的上行带宽就可以完成信号传输。可以多个背包和一台接收服务器配对成组，接收服务器可以选择组内的任意背包信号源，只要发射背包的信号被一台服务器配对接收后，其他接收服务器不能再接收此背包的信号。

4.5G背包传输技术特点

一是高带宽，H.265编码标准下，4K P60的码率为12Mbps到40Mbps。二是反向复用多链路捆绑技术，可以混合各种网络资源（4G、5G、卫星、有线、Wi-Fi等），并在传输过程中信号链路切换。三是动态前向纠错FEC，根据网络情况，判断丢包率，实时调整冗余包数量，以最大程度降低丢包重传情况出现。四是可选择CBR和VBR两种传输码率，系统针对变化的网络带宽监测并预测出有效的传输码率，编码模块自动调整的编码码率以达到最优编码。

三　多卡网络聚合路由器－融媒体直播车

1.系统组成

融媒体直播车传输制作系统由Router多卡网络聚合路由器、5G背包及收发服务器、公网编码器和解码器组成。

2.应用场景

网络聚合路由器适用于车载移动设备的网络接入，可实现利用5G网络进行外来信号采集汇聚，并将制作完成的PGM信号通过5G网络回传到台里网络直播间、演播室、播总控系统。5G背包可采集远距离机位、移动机位直播信号回传到融媒直播车中，接收服务器利用聚合路由器Route提供网络接入及公网IP地址可实现远距离机位5G背包直播信号的接收。可实现融媒直播车或转播车通过5G网络进行视音频信号的采集、制作、回传。融媒体直播车也可以通过Router聚合的网络访问云端或台内媒资内容，可实现云编辑、云发布。现场直播时可通过公网编码器实现直播信号的回传，利用多卡聚合路由器Router提供高带宽网络链路。如果融媒直播车与台内演播室各有一台聚合路由器Router可组成P2P网络，将现场与后方组成点对点可联通网络，可实现前后方IP通话、Tally、控制信号

的前后通联。

3.功能特性

5G 多卡聚合路由器 Router 主机前面板设置有 6 个 5G 网络卡槽，分别可以插入 3 个网络运营商的 5G 流量卡。也可以外接其他传输链路（如卫星、微波、Wi-Fi 和以太网连接），能够为融媒直播车提供 4Gbps 带宽的网络。

采用 Inverse StatMux Plus(IS+)技术，就是将一个单一的信号源通过反向复用多个信道用于传输，然后在接收端重新聚合。当一个网络链路连接中断或带宽波动，可以无缝切换其他网络连接让整体聚合网络带宽链接不受影响，视频传输流及各种网络应用也不会中断。具有带宽预测、动态调整、智能纠错、智能重传的功能。

多卡聚合路由器 Router 配置有 6 个 5G 天线，每个天线有 4 条连接线。每个天线的连接线按照顺序连好：LMH 连接 ANT3；任意 MH 连接 ANT2；任意 MH 连接 ANT1；LMH# 连接 ANT0，确保最佳网络信号强度。

四　对比总结

1.SRT 封装传输协议与 5G 背包传输协议特性对比

SRT 封装传输协议与 5G 背包传输协议特性对比如表 1 所示。

表1　SRT 传输协议与 5G 背包传输协议

	特性	SRT 传输	5G 背包传输
1	技术架构	纯硬件编解码,基于 FPGA 架构	软件编解码,采集卡+服务器架构
2	传输协议	SRT(开源协议)	背包厂商私有传输协议
3	支持 7×24 小时运转	是	否
4	使用场景	适用于相对固定的点对点传输	适用于移动式新闻应急报道
5	对公网 IP 地址的需求	编码端或解码端任一端有公网 IP 即可;当在台里部署一台网管(具备公网 IP),则编码端和解码端均不需要公网 IP,即编码+解码端都可以用 5GCPE 网络使用	必须接收机端有公网 IP 地址
6	公网环境下端到端编码传输延时	0.3 秒左右,常规网络稳定在 0.5 秒	大于 2.5 秒
7	多路传输同步能力(公网环境)	支持大于 10 路信号同步传输,每路信号间误差小于 1 帧,并 12 小时以上稳定同步	每路信号误差大于 3 帧,并随着时间误差越来越大
8	支持信号格式	1 路 4K 或者 4 路高清	只有 1 路 4K 或 1 路高清
9	视频信号接口	1 个 12G 接口+3 个 3G 接口	1 个 12G 接口
10	4K 信号常规传输质量	可以传输至 120M 码率,H.265 编码	常规传输 2M~8M 码率,适用于应急新闻传输报道,VBR 编码方式保证信号流畅性
11	支持网络接口及链路	1 路 RJ45 网口+1 路光口,2 通道信号冗余备份传输	2 路 5G 卡+4 路 4G 卡,支持多卡汇聚传输
12	设备配置方式	B/S 架构远程配置	背包触摸屏配置

2.产生的结论

SRT 编解码器适用于高质量信号传输场景,如时政新闻的回传和现场直播信号的传输。对网络环境条件要求高于 5G 背包,信号视频流传输延时低,多路信号可以做到同步,并可以实现远程制作场景。信号延时低,所以可以实现固定现场直播信号的互传,有效降低传输链路的成本。缺点是移动性不好,SRT 传送模式只能支持小范围移动,不能够进行基站间的切换,不太适用于紧急或突发新闻采访的场景模式。

5G 背包适用于应急新闻报道传输,当现场网络特别差的时候,可以实现多运营商多卡聚合,移动性强,遇到基站切换可以用其他运营商网络补齐。缺点是传输延时长,通常达到 2~3 秒,信号质量会因网络波动不稳定,能保证流畅性但会影响视频质量,不适用于高质量画面的回传和多地点互传模式,多路同步不稳定，不适用于远程制作。

SRT 可以实现信号多路分发，将无中断故障切换技术引入 SRT 传输协议，通过在多路网络链路上同时发送视频流来提高信号的可靠性，并防止某一路网络发生故障时中断视频流的传送。数据包调序和实时拥塞控制改进了发送数据包的优先顺序，以便在源码率发生变化或网络带宽大幅波动时帮助避免拥塞。

5G 背包只需要与接收端绑定一次，无论转换多少次应用场景场地和网络接入端口，每次开机传送视频流信号都不用再重新绑定配对。

五 结语

融媒体改革也是传统广播电视与新媒体新技术的深度融合，需要依靠5G、互联网、云技术把传统广播电视节目制作云端化、IP 化，逐步将部署在局域网内的硬件、软件、网络等系统资源部署在云端，实现数据计算能力和存储能力的池化。新媒体制作与传输的 IP 化可以实现节目制播终端远程控制管理，硬件轻量化、便携化，软件云端化、门户化，能够大幅提高节目的传播效率，提升广播电视新媒体的传播力和影响力。

论基于虚幻引擎和 AI 智能识别
的虚拟演播室建设及应用

张　鑫

一、项目介绍

1.项目背景

传统演播室是根据节目形式来搭建不同的场景，对不同栏目之间的实景更换，实景修改都会使工作量增加、材料浪费、工作效率降低，无法满足各栏目的即时需求，且实景中无法加入很多动感元素，导致整个节目呈现比较呆板，给予节目观众视觉上的享受和冲击力较低。

虚拟演播室通过专业的图像图形处理技术，模拟真实的节目场景，极大程度缩减了传统节目的场景搭建、道具制作等流程。通过三维虚拟场景的渲染和色键抠像技术，使得人物与背景在三维透视关系上基本一致，达到虚拟结合的制作效果。通过三维虚拟设计，将符合节目需求的三维背景叠加各种灯光、效果、图形等元素，使节目呈现出千变万化的深度沉浸式空间。

宁夏广播电视台原有高清虚拟演播室系统采用网格、机械、小红外等定位追踪技术，使用傲威虚拟服务器渲染三维虚拟场景后叠加摄像机前景来实现虚拟节目制作。由于定位追踪技术局限性很大，对制景的要求也很高，且渲染服务器的渲染性能较弱，遇到复杂的三维虚拟背景已无法实现实时渲染，导致高清虚拟演播室的使用一直停留在基础应用，限制了节目效果的呈现。

随着计算机技术、跟踪传感技术、图文图像技术、色键抠像处理技术水平的日趋完善和提升，虚拟演播室技术也迎来了更新迭代。为满足新时期电视节目制作的需求，宁夏广播电视台搭建了一套高清虚拟演播室系统，采用双引擎架构，基于高质量、高效率的双渲染引擎，利用 CPU+GPU 技术，通过优化系统算法，提升了渲染性能，引入实时光线追踪技术，实现了光照材质、特技滤镜、粒子系统等效果，拥有无限蓝箱、软色键抠像技术，支持 HDR/WCG 信号处理，提供前后端 HDR/SDR 实时转换处理手段，向下兼容 HD/SD 信号格式，支持高清数字信号的输入输出。针对高清格式的应用采用了畸变处理算法与精确镜头标定，完美呈现了虚实结合的跟踪效果。搭建的高清虚拟演播室系统极大提升了三维虚拟场景的仿真能力与视觉光效体验，为各栏目实现多元化、多功能的场景制作提供了硬件基础。

2.项目意义

（1）为多档栏目提供更加逼真的视觉特效

高清虚拟演播室系统可以根据节目要求导入不同类型的虚拟场景（如时政新闻、人物访谈、体育赛事、气象预报、课件制作、专题报道等），极大地减少实景演播室制景更换需求。通过高清虚拟演播室的三维仿真能力与光效视觉特效，充分发挥节目创作团队的想象空间，结合三维虚拟场景的制作，叠加各栏目相关元素来丰富节目展示特效。

（2）提升节目制作效率

在高清虚拟演播室系统中，可以对三维场景和场景中物体的大小、形状、位置、纹理、灯光效果、特技动画等属性进行实时调整。在背景叠加软件中，拖动虚拟场景缩略图就可迅速生成场景，并立即在渲染窗口中进行预览，可拖拽所拥有的特效元素（贴图、材质、特效）到场景以及场景的物件上，支持对渲染窗口中所有物体的直接编辑。在时效性较高的节目中，快速修改和编辑三维场景可让节目人员在短时间内完成背景的调整，极大提高了节目的制作效率。

（3）栏目改版

台里各栏目定期需要改版，通过更换制景、增减元素，来提升节目属性，贴合节目内容的动态调整。高清虚拟演播室系统可很好地为栏目人员解决此类问题，通过引入多元化的三维元素、动感特效、粒子效果等，为节目的栏目改版提供一个高效便捷的制作工具。

（4）丰富广告呈现形式

传统演播室如要加入指定的广告内容需要花费较高的人力物力且效果不佳。在高清虚拟演播室系统中，可以应用三维场景中的任意位置，添加不同形态，虚拟变幻，静动结合的呈现形式。

二、系统使用技术及功能介绍

1.高清虚拟系统概况

高清虚拟系统为使用者提供了不受限制、自由创作的空间。不论是繁杂的二维和三维场景，或是动画和活动视频相互结合的场景，都能通过简易直观的设计界面来创建。为设计人员提供了强大的虚拟演播室场景设计软件，通过拖拽元素就可实现场景设计，可以让用户更专注于创意和设计，而非软件操作本身。高清虚拟系统提供高质量的

三维虚拟图形,利用全新的 Unreal 虚幻引擎来创建虚拟演播室,支持原生虚幻引擎的完整渲染效果。系统直接启动虚幻引擎进行场景渲染, 通过使用 UELink 引擎将 UE 引擎渲染画面发送给包装系统,作为其虚拟演播的一个图层与包装系统内部其他图层叠加使用。通过内部直接完成色键抠像、传感跟踪、无限蓝箱、后期处理、虚实合成和视频板卡输入输出等工作。虚拟包装系统室实现了虚幻引擎注册功能,可以导出虚幻引擎工程的指定物件、蓝图动画、媒体对象、动画序列等信息,由主控端读取和调整相关参数,通过网络协议操控虚幻引擎工作,完成虚拟背景生成和虚拟前景植入。Unreal 虚幻引擎可以极大增强虚拟物体与主持人的互动, 创建更多在传统演播室中无法实现的富有科幻效果的节目效果,使创建的虚拟演播室与真实演播室无较大差别。

2.高清虚拟系统的双端模式

高清虚拟包装系统采用主控端和渲染端模式。主控端通过网络指令操控渲染端虚拟场景的编辑与播出。编辑内容包括物体位置姿态、纹理材质、场景原点、机位参数、无限蓝箱、色键抠像等;播出内容包括机位切换、摄像机跟踪、动画播出、大屏播放等。渲染端部署三维渲染引擎和虚幻引擎的相关服务,场景编辑所见即所得,可实时完成虚拟场景渲染与虚实合成输出。充分发挥 GPU 可编程渲染管线特性,利用 GPU 在浮点运算、并行运算等方面的强大能力, 编写 Shader、CUDA 函数完成节目制作所必要的特定功能, 包括 HDR 支持、HDR/SDR 相互转换、WCG 支持、畸变处理、图像变换等算法。支持 3.5 亿以上面片,30G 以上纹理的复杂场景实时渲染,视觉效果达到飞跃性提升。能够高度仿真实现纹理材质、片段光照、凹凸贴图、高光反射等真实细腻的效果。HDR 动态环境反射贴图,能将三维环境贴图在场景中的光亮表面实时反射。实现环境遮挡、高级泛光、颜色分级、景深、镜头光晕、光束和色调映射等影视级后处理效果。

3.虚幻引擎系统的功能

通过虚幻引擎系统实现实时光线追踪,所有特效完美模拟真实环境。虚幻引擎系统具有丰富的光源类型、粒子特效、自定义编辑的材质属性。光源类型包括点光源、聚光灯、定向光源、矩形光源、天光,各个光源的发射点、颜色、范围、方向等参数可做到实时调整,能实现静态光照和固定光照的实时烘焙。粒子特效可以模拟雨雪、烟雾、海洋等效果,通过粒子编辑器控制粒子生命周期、尺寸、方向,使用粒子发生器设置粒子位置、姿态、延时、发射个数。系统具备金属、木材、玻璃、布帛等材质的反光特效,可通过对材质进行蓝图编辑和Shader脚本控制实现材质属性的自定义设置。

4.兼容主流包装系统

兼容主流的在线包装系统、字幕系统等,例如石墨系统、A10字幕模板等,能被无缝整合到高清虚拟系统中,能支持主流的摄像机跟踪方案和其他为创建虚拟演播室提供抠像的外围设备。完全开放的高级PC图形工作站硬件架构,拥有最方便和最节约成本的硬件升级方式,可以随时按需要升级新的硬件来提升性能。完全基于开放的Windows10操作系统,可以非常方便地进行软件升级。

5.视频输出模式

使用完全基于开放的支持高清的Matrox和Redlink视频I/O卡。支持高清制式输入输出,支持UHD(3840×2160)50p/60p,向下兼容高清和标清。支持多种高清信号格式,12G SDI、4×3G SDI、4K在4×3G SDI模式下支持2SI、IP-2110(支持SMPTE ST 2110视音频输入输出;SMPTE ST 2059-2 PTP时钟锁相;SMPTE ST 2022-7自冗余;NMOS IS-04/IS-05自动联通;输入输出端口通过网络交换机系统的连通性;多种非基带信号接入,包括HDMI、NDI、RTSP、RTMP、UDP)。支持10bit色深、HDRUHD视频信号输入输出、10bitYUV422和YUVA4224输入输出、HLG/PQ HDR色彩与BT.709色彩兼容和混合渲染、HDR(包括HLG、PQ、SLOG3)和BT.2020色域、HDR和SDR双向转换、BT.2020与BT.709色域双向转换。

6.系统支持的追踪技术

支持通用的FBX、OBJ、3DS格式,可以导入第三方制作软件如3dsMax、C4D、Maya、Softimage制作的模型,继承纹理、材质和物体位置关系;支持大部分的摄像机跟踪技术，包括机械、光学、图像和红外跟踪的方式，具备摄像机镜头标定能力，基于图像识别算法，支持并不限于 Cannon、Fuji、LeitzThalia、Angenieux 品牌镜头的数据解析，实现对镜头 ZOOM、FOCUS 参数的精准测量；适配专业厂商的传感跟踪系统，精确跟踪云台 PAN、TILT 以及镜头 ZOOM、FOCUS 的参数变化，实时获取摄像机平遥、俯仰、位置、变焦、聚焦参数，传输给渲染引擎进行虚实合成，跟踪精度达 0.001 度，支持主流跟踪协议。系统采用智能识别算法，实现虚拟摄像机高精度一键定位，可选择任意物体作为参照物，通过多张不同角度的拍摄画面，自动计算虚拟摄像机初始点定位，定位精度准确到毫米。系统采用智能识别算法，实现虚拟摇臂自适应跟踪补偿，选择任意物体作为参照物，通过真实摇臂运动拍摄的多张画面，自动计算虚拟摇臂跟踪补偿。

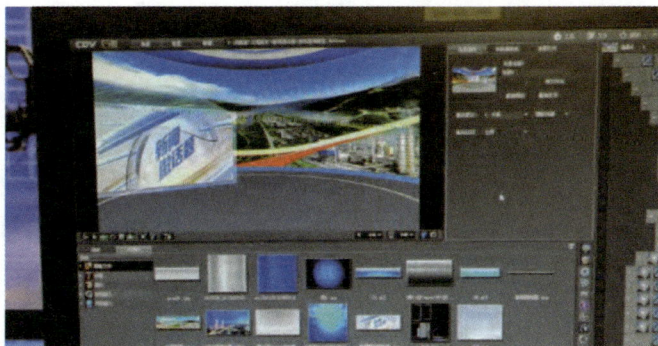

7.系统色键功能及附加功能

虚拟系统还支持多路多级内置色键，支持 4 路以上高清输入源同时抠像，支持 HDR 输入源，每一路可设置多级多区域抠像，每一级参数可以不同，形成级联抠像结果。色键基于 GPU 技术研制，参数调节简便，效果卓越。抠像结果无失真、无闪烁、无色溢、边缘过渡自然平滑，可实现对发丝、烟雾、阴影和透明体的细腻处理。可以在主控端或渲染端监看色键任意一级的源画面、键通道和抠像结果。支持内混、外混无限蓝箱，外混无限蓝箱可选择正反键输出。支持无限蓝箱动态编辑，包括长宽高度、左右墙张角、地面倒角、位置、旋转等，可针对不同机位进行不同的无限蓝箱设置，也支持所有机位联动调节。支持 FBX 骨骼动画，实现关节联动、皮肤置换等功能。具备动态捕捉设备，可实现 FBX 人物姿态联动。

三、在电视栏目中的应用

在中国共产党第二十次全国代表大会召开之际,宁夏台推出党的二十大特别报道栏目《数说这十年》,以回顾党的发展史为主线,用层层递进的方式讲述了党领导宁夏各族人民开拓奋进、全面建成小康社会的辉煌过程。

为契合栏目主题,首先由三维设计团队听取栏目策划负责人对栏目主旋律、栏目形式、栏目内容、每期播出安排等各个环节作详细介绍,提出设计构想和场景配色方案,包括场景中出现的动态元素、虚拟植入模型等。三维设计团队根据设计经验向栏目策划团队提出建议,双方团队成员以头脑风暴的形式,畅谈己见、共同策划节目呈现形式,制定契合栏目主题的场景设计方案概况及相关虚拟植入元素等内容。由三维设计团队设计 DEMO,通过虚拟包装系统加载样板场景配合主持人预演节目内容,双方再进行场景细化讨论并做出修改,最终确定用于录制的场景设计方案。

在每期栏目录制前,虚拟包装系统技术人员首先对摄像机机器人进行参数配置,调试摄像机在蓝箱中的定位追踪。宁夏广播电视台使用两台配有松下高清摄像机和全伺服富士广角镜头的摄像机器人进行虚拟节目的录制。

1.摇臂机器人

搭载杰讯虚拟跟踪摄像摇臂机器人 Antelope-3VR,可预设摇移轨迹,实现连续摇移、单点摇移、循环摇移、自动跟踪人物、自动变焦聚焦、速度调整等多种智能化功能录制。摇臂机器人多用于开场全景拍摄以及转场滑动,通过俯冲、仰视等运动给观众视觉冲击。

2.遥控云台机器人

搭载重型摄像机智能虚拟

跟踪遥控云台 Foxqueen-VR，可实时对机位进行云台和镜头的控制，配有提词器，利用人体识别自动跟踪功能，云台可自行捕捉人体动态，保证主持人的目光永远直视摄像机镜头中的阅读文案。

摄像师通过操控集控面板对 7m×6m×5m 的蓝箱中的两台摄像机器人进行远程控制，利用 AI 智能人体识别跟拍系统 AI-Blue Whale 遥控云台自动跟踪拍摄行走中的主持人，实现节目的精准高效录制。

调试完摄像机参数后由虚拟系统技术人员根据栏目负责人提供的节目流程单在虚拟包装系统上编辑播出单，预加载虚拟场景。摄像师根据节目流程单逐一加载测试各个预设场景，设定主持人最佳定点景别，并在摄像机参数中以场景为单位记录转场和定点等数据，使用 AI 智能人体识别跟拍系统，让云台自动跟踪被拍摄主持的行动轨迹，在以后拍摄过程中摄像师只需对镜头的景别修改进行操控。

一切测试完毕后，就开始节目的正式录制。在节目开场时，可以使用摇臂俯冲大范围摇移拍摄，给观众由远至近的视觉冲击，或以全景开场、或以虚拟植入元素由近至远作为开场，在不同场景间切换转场时，虚拟包装系统根据摄像师预设的参数自动切换云台摄像机与摇臂机器人，实现主持人远近景别与场景内容无缝衔接。

虚拟包装系统通过参数配置不仅能实现实时跟拍自动转场，还拥有非常强大的实时渲染引擎。例如在录制一段讲述党史的片段时，为纪念中共一大在南湖游船上胜利闭幕这一历史事件，三维设计团队使用 UE 虚拟引擎加载三维场景，对场景进行实时渲染，利用 GPU Lightmass 加快光照烘焙速率，使场景在移动过程中就能根据环境变化和光源变化做出实时响应，运用全局光照和反射效果使画面达到逼真的效果，再通过虚拟包装系统加载已实时渲染的三维场景并植入虚拟元素，配合主持人在船舱内的讲解，真实还原了中共一大在南湖游船上胜利闭幕的伟大时刻。

UE 虚拟渲染引擎负责场景中光线粒子特效的实现，虚拟包装系统渲染引擎负责虚拟植入及叠加 UE 虚拟渲染引擎的输出，使原本只有在电影特效中才能

实现的光线追踪效果在虚拟包装系统中完美展示出来，极大地提高了场景的真实感，给观众一种身临其境的感受，双渲染引擎的使用不仅提升了节目制作的效果和布景的效率，还赋予节目更多的立体元素，实现了用画面就能传递节目内容的意境，更能引起观众的共鸣，为节目的呈现增光添彩。

四、总结

随着计算机硬件性能的提升，在虚拟技术应用中，普通的三维模型渲染和贴图材质、光影效果已经不能满足大众的视觉体验了。电影级别的渲染引擎逐渐引入虚拟系统中，UE 虚幻引擎是当今主流的渲染引擎，拥有强大的实时渲染功能，能对人物角色、场景制作、灯光渲染、动作镜头、粒子特效、材质等进行高质量的处理，实现电影级别的渲染效果，不仅可以避免传统蓝绿幕中抠像色溢的问题，还能通过 LED 屏等方式在拍摄现场实时看到最终的特效，即所拍即所得。在制作环节提升主持人身临其境的感觉，在播出环节也提升了用户体验的质量。

高清虚拟系统基于双引擎架构，可以有效利用 UE 虚幻引擎渲染的场景来提升节目制作效果。通过在节目中的实践应用，可以积累和挖掘 UE 虚幻引擎在制景、渲染、植入等方面的知识，为探索 VR、AR、XR 等主流虚拟技术打好技术基础。在高清系统中还实现了 AI 人脸自动识别、自动跟踪技术，提升了节目录制效率，减少了人为因素。通过 UE 虚幻引擎和 AI 人工智能方面的应用实践，我们将不断学习和总结经验，优化现有节目制作流程，争取在节目多元化方面有所创新突破。

双云多资源库融合生产设计

张 瑞

1 引言

在媒体深度融合发展的背景下，各级媒体机构既要承担传统广播电视节目生产责任，又要面对媒体深度融合发展带来的新媒体生产经营压力，传统的电视全台网、"烟囱式"独立网络制作系统及专属云、混合云等模式已经

不能满足业务发展需求。此前，宁夏广播电视台基于政务云环境，建设了融合媒体项目，在很大程度上优化了电视台"策、采、编、发、追、评"的新闻业务流程，提升了新闻节目生产效率。然而，随着融合媒体技术进步、新闻节目生产发布方式的快速发展，电视新闻制作与新媒体短视频制作在生产工具及环境、内容生产工艺、素材来源及格式、视频审核模式、互动反馈机制方面存在巨大差异，导致电视新闻制作系统和新媒体制作系统融合困难，存在"两张皮"的问题。

本文从宁夏广播电视台自身媒体融合发展需求出发，深入调研，设计出一套全新的架构方案，可将多种资源库和工具组合，并在生产工艺上进行创新，帮助实现传统电视媒体与新媒体内容真正意义上的一体化融合生产。

2 电视与新媒体一体化制作设计

2.1 一体化制作总体架构

一体化制作的核心是通过本地融媒资源库构建融合统一、可快速共享、可随时随地访问的融媒资源管理体系，并在融媒资源库上根据电视新闻制作和新媒体内容生产的实际需求配置适合的生产流程和工具集。一体化制作总体架构如图 1 所示。

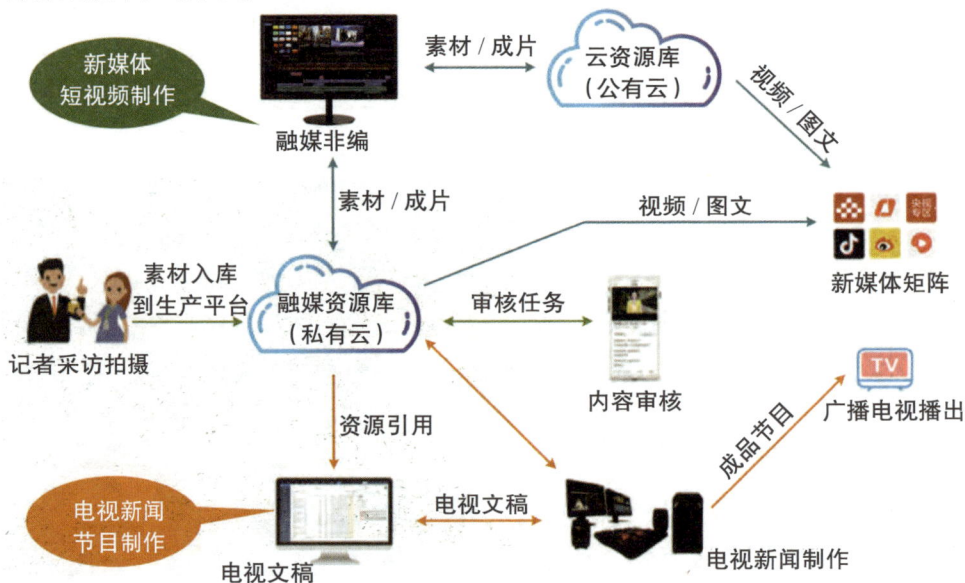

图 1 一体化制作总体架构

融媒资源库是专为一体化生产和发布业务服务的轻量化资源管理应用，负责融媒全线业务中各类媒体资源聚合、管理和共享。融媒资源库可以对新闻生产、视频制作过程中需要的各类来源及各种格式的素材、成品进行统一管理和个性化展现，还可以基于素材或节目的来源、类型、时间等不同属性进行分类存储和管理。只要用户有权限，就可以使用各种生产工具直接访问资源，无须复制迁移。这种"内容平台＋生产工具"的架构，可有效支撑传统电视

354

和新媒体节目制播的相关工作流程。

2.2 融媒资源库支撑新闻生产流程

融媒资源库提供适配多种编辑工具的资源管理器组件，将资源库直接嵌入精编工具中，编辑记者可直接拖拽资源素材文件到故事板进行编辑。在一体化生产系统中，精编工具采用"一体化生产"模式，用融媒资源库替代传统的制作素材库，进行所有视音频素材、成片的管理与共享。而制作素材库只负责字幕、故事板等非编本身资源的管理。

此外，无论是精编工具还是其他生产工具，均使用同一个资源库进行生产，电视新闻素材和成片可以第一时间共享，避免在多个业务系统或业务环节间进行数据迁移、复制，彻底打破了"资源壁垒"，不仅节省文件传输拷贝的时间及存储空间，还能提高整个融媒生产的效率。

2.3 融媒资源库支撑新媒体制作

融媒资源库除了满足台内电视新闻制作生产网的需求，还提供互联网访问功能。当编辑记者在办公网或台外互联网环境下进行视频生产时，可通过融媒非编工具中的融媒资源库页签，浏览当前用户权限范围内的资源，并通过台内的流媒体服务器访问融媒资源库中的低码率素材文件。

由于融媒非编工具在台外以读取流媒体数据为主，因此即使访问也不会对融媒资源库中的原有素材进行修改，从而保证数据安全。

2.4 云资源库与本地融媒资源库混合制作

融媒非编工具同时对本地资源库和云资源库接入访问和编辑。在同时接入本地网络和互联网后，用户可通过融媒非编工具直接打开本地资源库和云资源库使用其中的素材。使用融媒非编工具访问资源库中的素材,无须下载素材即可进行编辑制作,支持直接拖拽上故事板,也可双击打开素材编辑窗进行播放、打点、上板等操作。

对于直接使用的云资源库素材,在添加到故事板轨道后,会在素材名旁增加"云素材使用中"的提示信息,表明正在编辑的是云上的资源文件;当云资源库的素材文件同步到非编本地后,该提示信息会自动更新为"已下载"。通过状态提示,编辑人员可直观了解当前素材的存储位置及同步情况。

2.5 对第三方工具的资源纳管

因融媒资源库与 Windows 资源管理器在资源访问上的设计原理相似,所以融媒资源库还可实现对国外或第三方不做开发的编辑工具资源纳管。对于 Premiere、Edius、剪映、达芬奇、喜马拉雅等第三方工具,可通过资源库映射的客户端实现对接。

融媒资源库提供在 Windows、Mac 平台下运行的轻量级客户端,将核心的资源管理能力集成到客户端软件中,与第三方制作系统 / 工具进行文件交互。客户端通过视窗式服务提供资源的浏览、查找、调用、上传等。这样可以实现台内所有融媒非编工具统一基于融媒资源库生产加工。

2.6 移动办公及内外场协同生产设计

用户既可以在台内的生产网、办公网访问私有云的融媒资源库,也可以在台外通过互联网访问,进而实现内外场协同的视频制作。

2.6.1 电视内容高低码套片制作

在融媒资源库中,每一个资源所对应的不同码率文件,都会采用相同的资源 ID。无论是在互联网访问时使用的低码率文件,还是在生产网使用的高码率文件,都以资源 ID 作为素材的唯一标识。在故事板工程文件中,也会保存所使用素材的资源 ID,这样就可保证台外制作的故事板工程文件回到台内生产系统后,可通过资源 ID 对应到该资源的原始高码率文件,实现套片制作。

对于电视端的大屏内容,在台外制作的故事板工程文件回传台内后,将根据资源的 ID 进行套片,并将故事板上的低码率文件替换为原始高码率文件进行打包合成,从而保证电视大屏的画面质量。

在套片制作时，使用的制作工具可能存在差异，台外生成的故事板上的部分字幕、特效等可能不能完全继承到台内精编中，但是剪辑列表等基本信息通常能得到较好继承。

2.6.2　不同非编工具对故事板的继承

在外场，记者可通过安装在笔记本电脑上的融媒非编工具进行素材的上载导入、镜头挑选、画面剪接、上同期声字幕等一系列操作，完成故事板的制作。外场制作完成后，可通过 AAF/FCPXML 等标准的制作交换格式进行故事板级交互（需对方支持按标准导出）。如果该制作工具不支持将工程文件导出为 AAF/FCPXML，则可以由第三方制作工具直接打包生成视频文件，进行文件级的交互。

3　双资源库云网结合业务设计

在"云网结合"的部署方式下，云资源库构建在公有云上，可支撑现场直播、活动直播、视频连线、短视频快速制作等新媒体制播场景。而对于电视节目制作、融媒演播室等，由于文件大、带宽要求高、涉及专用硬件等，通常在本地部署资源库，赋能本地制播业务。公有云与私有云双资源库设计示意图如图 2 所示。

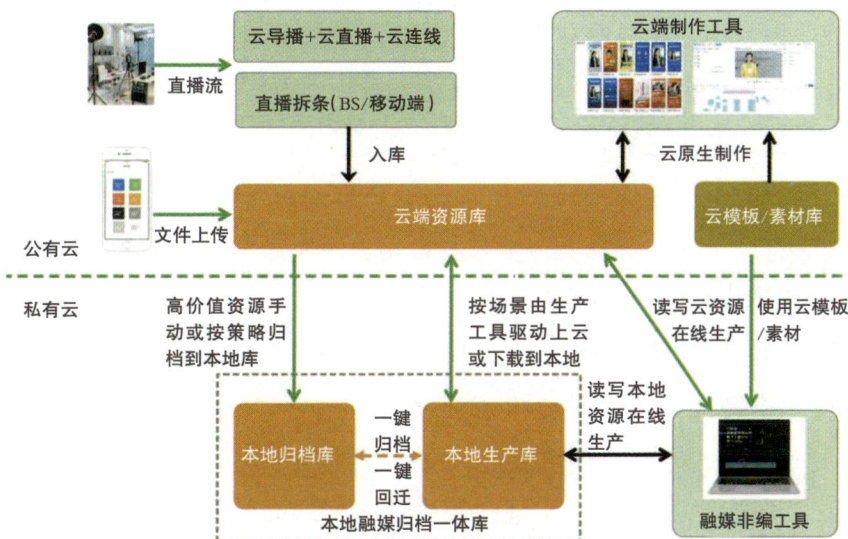

图 2　公有云与私有云双资源库设计示意图

3.1　云资源下载/归档到本地库

云资源库中的素材,如重要人物采访连线、重要活动直播录像等,需要长期归档保存时,可以通过提交本地归档的方式,选择存储到本地库的位置,素材资源以原码文件的方式存储到本地归档库或生产库中。此外,后台可以通过策略指定云端库的文件夹或者满足一定条件的资源自动向本地库归档。

3.2　本地上传或同步资源至云端库

融媒非编工具可以同时访问云端资源库和本地资源库进行视频制作,通常不需要单独把资源从本地库上传到云端库或者从云端库下载到本地库,而是根据协同制作和场景漂移的需要,由融媒非编工具发起资源在2个库之间的迁移。

对于需要基于云资源库构建移动化的生产平台以及在云端构建本地资源库的部分或全部镜像(低码率)的场景,可以通过策略自动将本地库中指定目录或者符合条件的资源上传至公有云端资源库。

4　本地生产归档一体库设计

本地的融媒资源库设计引入AIGC、ChatGPT智能问答、跨模态意图检索等技术,结合智能标签体系,提供全业务(稿件生产、视频生产等)的内容支撑服务。通过生产+归档一体化设计,提供生产库和资产库2个逻辑单元,在一个资源管理框架内,既可以实现视频生产素材的高效管理利用,又可以支持其作为内容资产长期保存,同时满足生产和归档的需求。

4.1 生产库设计

在系统建设使用时,生产库通常有空间大小配额限制,资源涉及生命周期管理,要求到期清理。在日常使用中,生产库通过个人空间、公共空间、项目空间3个逻辑空间进行资源的管理或隔离,在每个空间内部还可以进一步设置文件夹等进行管理或隔离。

个人空间包含个人生产资料,由编辑制作人员上传或收藏产生;公共空间包含公共生产资料,如片头、片尾、Logo 等,由技术或编辑人员统一上传;项目空间是各子媒/部门/栏目的共享空间,由相关的记者、编辑、摄像等上传入库。

4.2 资产库设计

资产库主要用于长期保存有价值的素材和成片。生产库中的内容可一键迁移到资产库,或者按生命周期管理策略等自动触发归档操作,也可从资产库一键回迁到生产库。

资产库的存储空间可以不断扩展,而且提供分级存储能力,能够对在线、近线和离线3个存储区进行统一调度,根据资源的热度和分级存储策略来决定资源文件的存储位置,在存储成本、访问效率、资源安全方面取得平衡。分级存储服务是资产库的可选服务,在不进行资源文件分级存储,即全部采用在线存储时,不需要配备该服务。

此外,生产库和资产库也可以实现与全台中心媒资库的互联,将高价值的素材或者节目在全台中心媒资库进行永久归档存储。而从中心媒资库中下载素材用于制作时,通常直接接入生产库,由生产库与生产工具进行对接。

5　结语

双云多资源库一体化的设计,为宁夏广播电视台节省了大量人力成本和时间成本。在信息共享方面,打通了电视台传统业务与新媒体业务各部门之间的壁垒,使各业务部门互联互通,协同一体生产,提高了整体工作效率;在流程方面,结合宁夏广播电视台实际情况,再造的全新内容生产流程提高了生产效率,具备较强的实用性。

路在脚下

编辑完这本书，照例要写篇后记，留下最后想说的话。一般的写法是——回顾一下此书编纂的经历，或者感谢一下相关人员的帮助。当然，仅仅这样写无可厚非，也比较符合一般读者的心理预期。可我们却问自己——

此书的句号应该划在这里吗？

——不。

其实，编完或读完这本书，我们的任务并没有完成。如果不推动书中内容向现实转化，无论编书或者读书，都没有实质性意义。正如本书序言中说的那样，我们编辑此书的期待是——唤起行动！

世间万事，知之非艰，行之惟艰。

曾听一位同事说起改革之艰，直言"太难了！"我们明白，此话的潜台词，不是说认识之艰，而是想表达行动之难——要改变原有惯性，太难了；要触动一些人的既得利益，甚至更难！

克服改革之难，需要讲究策略和方法。

——改革要以目标为方向，但要注重通过小步渐进来实现。目标的意义，人人都懂。但面对宏伟目标，如果不注重任务拆解和步骤设计的话，往往让人无从下手。其实，始终咬定目标方向，保持节奏、循序渐进，才能积小胜为大胜，让付出的努力开花结果。

——改革要坚持问题导向，以解决问题为目的。我们应该把问题作为行动的起点，抓住根本性、关键性问题并统筹兼顾。要经常提醒自己——必须直面问题，不解决问题的行动往往是形式主义。

361

——改革要依靠人才，更要依靠大多数人。关键人才的作用固然重要，但要看他的行为是否为了大多数人，能否带动大多数人。只有这样的人才，才真正值得倚重。正确的价值观，是人才的试金石。

——改革要以我为主，在此前提下兼收并蓄。改革必须注重借鉴外来经验，注重开放合作。但外来经验必须结合自身实际，否则会"橘生淮北则为枳"；开放合作必须有助于提升自身本领，否则无异于"自废武功"。

…………

以上种种策略的运用，还需要在行动中揣摩。需要说明的是——无论多么高明的方法，只有对不怕困难的人才有意义。

写到这里，回顾和感谢仍不可避免。但任何结束，也都是为了新的开始。

本书编辑任务最初由宁夏广播电视台原发展研究中心承担。在台融媒改革的持续探索中，发展研究中心相关职能被分解到其他部门。不过，我们的编纂工作并没有因此取消或停顿。原部门同事利用业余时间继续编辑，才有了此书的出版。这也算是对那段共同经历岁月的回响吧！

本书的编辑完成，需要特别感谢朋友马春辉的不断督促。他让我们深刻体味到了督促对行动的意义。否则，仅仅依靠个人自觉，此书的命运也许会有不同。

本书的排版是由饶凌峰完成的。因特殊原因，他常常利用周末时间开展此项工作，自始至终毫无怨言。巧合的是，他的名字"凌峰"，竟和本书封面图画的意境相仿。相信他今后若能始终保持这份热情和耐心，"会当凌绝顶"的梦想就一定不难实现。

本书得到中宣部全国文化名家暨"四个一批"人才工程项目的资助。我们揣测，这种对人才的资助和我们编书的目的一样，其初衷不仅在于文字本身，更在于去推动实践。从这个意义上说，这个项目尚未完成，仍需持续努力。

收笔之前，又想到两句名人名言，想与读到此书的同事共勉——

北宋王安石在《游褒禅山记》中说，"世之奇伟、瑰怪、非常之观，常在于险远,而人之所罕至焉,故非有志者不能至也。"马克思则说,"在科学上没有平坦的大道,只有不畏劳苦沿着陡峭山路攀登的人,才有希望达到光辉的顶点。"其实,无论古今中外,类似的道理都是相通的。

人间万事出艰辛。

此时,笔者脑海中不禁出现几位同事向着贺兰山顶负重攀登的身影,耳畔仿佛飘来一首熟悉的歌曲——

敢问路在何方?

路在脚下!

编　者

2024 年 12 月